JN160460

井上輝夫
詩論集

詩心をつなぐ

慶應義塾大学出版会

序にかえて

鷲見　洋一
（慶應義塾大学名誉教授）

人生にはおおよそ三つの大きな喪失がある。親の死、恩師の死、そして友の死である。私は昨二〇一四年、慶應義塾大学仏文時代の恩師松原秀一名誉教授を喪い、本年の三月に実母を、そして八月末には友人井上輝夫を喪った。わずか十四ヵ月のあいだに三名のかけがえのない人間が消え去ってしまうという経験は滅多にあるものではない。しばし呆然としながら、いろいろなことを考えているうちに、井上輝夫の書物に前書きを書く羽目となった。

それにしても、友の死はあまりにも唐突にやってきた。井上輝夫は二〇一五年八月二十五日夜、松本市の病院で間質性肺炎という難病により亡くなった。一九四〇年一月元日生まれ、享年七十五歳だった。

慶應義塾高等学校時代、輝夫と私は二学年違いの先輩後輩だった。輝夫は私を「鷲見君」と呼び、私は輝夫を「井上さん」と呼んだ。順番に文学部に入り、フランス文学専攻に進学したあたりから、輝夫は諸般の事情で進級が遅れ、大学院では、ある日気が付いたら私の方が上級生になっていた。その頃から、輝夫は私を「鷲見さん」と呼ぶようになり、以後お互いに「さん」づけで付き合ってきた半世紀ということになる。来年十二月、私は歳を取ることをやめてしまった友人と同い年になり、二年後には一歳年長ということになる。そうした不思議な時のめぐりを惚けたような面持ちで眺めるような今日この頃である。

輝夫は高校時代から文学青年として名をなす存在だった。大学に進学後は文学部フランス文学専攻を選び、吉増剛造、岡田隆彦らと詩誌『ドラムカン』（一九六二〜六九）を発行し、雑誌『三田詩人』でも活躍した。

当時の慶應義塾大学仏文は、日本の外国系近代文学研究の流れに棹さした伝統を墨守する拠点の一つだった。その伝統とは言うなれば「偽悪者」の伝統である。事情はこうである。一九世紀末、文明開化の日本はヨーロッパ列強との付き合い方をあれこれ模索していた。昔から仏文と聞けば「軟弱」、「色好み」、「遊び人」という連想は、当時フランスが普仏戦争でプロシアに敗北した史実に発する。明治政府は先進技術（軍学と医術）を戦勝国ドイツに学び、敗戦国フランスは反体制、ダンディスム、ファッションの温床という虚像が生まれた。この虚像はいまなお健在である。ドイツ文学や英文学を学ぶ日本人には、どちらかというと自分を美しく真面目で立派に見せかけようとする「偽善者」志向が強いのだが、この伝統はヨーロッパの歴史では一八世紀までのフランスを含む強固な古典文化に根ざしている。大革命後、フランスにはその「偽善」を嫌って、自分を実際以上に「悪者」に見せかけようとする「偽悪者」が激増する。井上輝夫が研究していた『悪の華』の詩人ボードレールがまさにその代表格だった。

井上輝夫の文学的営為をここで詳しく紹介はできないが、高校時代以来、自分を不良、無頼に見せかけてそのように振る舞うという仕種は輝夫一流のものであった。詩人でありながら、男っぽく、親分肌で、女性は言うに及ばず、男の教え子にも崇拝者が多いのはそのためである。無頼が祟って進級が遅れるハプニングもあった。下級生だった私は、大学院に進んでフランス留学を目指す内に、輝夫を抜いていつのまにか上級生になり、留学も一九六七年と、輝夫より二年早いという結果になった。

当時、東大仏文を中心とした日本の仏文学研究の世界では、ボードレール風の「偽悪」の伝統が強く、東大本郷の先生方などは教え子に「フランスに行ってこい、だが博論を書いて、博士になって帰ってくるなどというのは愚の骨頂だ。フランスで女とワインを覚え、いい芸術や文学を鑑賞して帰ってこい」といった指導をしていたのである。小林秀雄流である。かたや慶應で輝夫や私の共通の恩師である佐藤朔教授の指導は真逆だった。「フランスで博士号を取得してこい」だった。この指導はいかにも朔先生らしい、先見の明があった。輝夫も私もそれを真に受けて、留学先で一生懸命博論の準備をしたものである。また、当時は留学といえば、猫も杓子もまだサルトルなどが元気だったパリを目指していたが、私は南フランスのモンペリエ、輝夫は二年後の一九六九年から同じ南仏のニースに、それぞれお目当ての指導教授にあこがれて留学したのである。この頃はメールもなく、電話代も高く、地中海岸の西と東でもっぱら手紙のやりとりだったが、これを機に我々は非常に親しくなった。この時期のニース＝モンペリエ往復書簡は私にとっては宝である。

私たちの博士号取得は、当時の日本の仏文学界では飛び抜けて早く、東大や京大などの秀才留学生たちが帰国後の就職のために必死に博士論文と取り組み始める遥か前のことだった。とりわけ詩人井上輝夫が何とフランス政府留学生試験に合格し、ニース大学で博士号を取得したというニュースは、日本の詩人仲間にとっては大きな衝撃だったと思う。「詩人のくせに」といったそれこそ「偽悪的」反響が少なくなかったと想像できる。その意味では輝夫も私も、国立大学系、あるいは小林秀雄流の「近代偽悪者集団」から距離を置いたスタンスを共に維持していたといえるだろう。ちなみに輝夫の『ボードレールにおける陶酔の詩学』と題する博士論文は、一九七七年、東京のフランス図書からフランス語のままで刊行された。指導教授のマルセル・リュフ先生の名著を、同年、輝夫は訳出してもいる（マルセル・A・リュフ『流謫《るたく》者ボードレール―生涯と作品』一九七七、青銅社）。ニースで論文審査が無事終了し、リュフ教授とのお別れに際して、輝夫は「先生、実は私、詩を書いています」と打ち明けたそうである。先生は一言、「そんなことは前から分かっていたよ」と答えられたという。

文学者としての輝夫の第二の特筆事項は、母校の慶應義塾大学に就職後、大学行政に積極的に関与したことである。詩人にはあるまじき営為であった。慶應義塾大学経済学部教授を経て、湘南藤沢キャンパス（ＳＦＣ）の新設に参画し、一九九〇年、同キャンパス総合政策学部教授に就任。一九九九年、慶應義塾ニューヨーク学院長に赴任。慶應義塾大学を退職後、二〇〇三年、中部大学人文学部教授となり、人文学部長などを歴任した。私も慶應義塾大学を退職後、輝夫の推《すい》挽《ばん》で中部大学に五年間つとめたが、人文学部長だった輝夫の名学部長ぶりを教授会のたびに目の当たりにして、唸ったものである。

また、輝夫が慶應義塾ニューヨーク学院の校長を三年少し務めた経験は、本人の後半生にかなり大きなインパクトをもたらしたといえる。毎回、英語で職員会議の議長をするという、私などには想像もつかないパフォーマンスもさることながら、例の九・一一が勃発したときに現地に居合わせたという偶然が、その後のアメリカを中心に展開する血なまぐさい世界情勢の渦中に身を置くという感覚を輝夫に植え付けたはずであった。湘南藤沢時代から中部大学時代にかけてのキャリアは、たんに大学行政人としての日常ばかりか、急速に暗転する国際関係について、強い関心と危機感を輝夫にあたえ、とりわけ中部大学高等学術研究所における発言や報告は、思想家井上輝夫を語る上で決して無視できないものがある。

輝夫の随筆集『詩想の泉をもとめて』(二〇一一、慶應義塾大学出版会)が第十二回日本詩人クラブ詩界賞を受賞したとき、授賞式が東京の東大駒場キャンパスで開催された。輝夫が電話してきて、「鷲見さん、当日僕のことを紹介する役をお願いしたいんだけど」と言うではないか。私は輝夫の詩は大好きだが、詩人や詩壇に暗く、文学者としての井上輝夫を紹介する柄ではまったくない。しかし、よく訊いてみると、実は輝夫には現代詩人の中で、敵こそ多いが、紹介の労を依頼できるような人がいないということらしいのである。承諾してスピーチを考えるうちに、この機会こそ輝夫がさんざん陰口を叩かれてきたに違いない経緯について、現代詩人の前でリヴェンジできるまたとない機会と思い、ほぼ次のようなことを大胆にも喋ったのである。「皆さんは詩人で、多くの方が井上輝夫を詩人の分際で博士号を取り、こともあろうに大学行政にまで関与している破廉恥な文学者と考えている人は多いでしょうが、それは根本的に誤った考えです。フランス文学史を繙いて下さい。一九世紀ロマン主義の詩人で、驚くべき数の詩人が国会議員、外交官、大臣を務め、歴史に名を残しています。詩人が社会の屑でなければならないという通念は、近代日本が生み出した偏見で、井上は一九世紀詩人の崇高な理想主義に棹さしているだけなのです。間違っているのはアルチュール・ランボーは〈アル中で乱暴〉（笑い）だったと信じて疑わない皆さんの方なのです」。

思い出が湧き出ずるままに、つい筆を滑らせてしまったが、ここで本書の成り立ちと内容について、若干記しておきたい。本書は井上輝夫がこれまで書きためてきた内外の詩人や詩作品をめぐる最初で最後の本格論集である。「あとがき」の日付が二〇一五年四月であり、本文中でも「入沢康夫　トラウマと方法」の末尾に同じ日付が記されていることからして、このあたりが輝夫の絶筆であると想像して間違いないだろう。ちなみに輝夫が心血を注いで上梓した最後の詩集『青い水の哀歌』でも、「あとがき」の日付は平成二十七年（二〇一五）四月になっている。詩集

『青い水の哀歌』と詩論集である本書とは兄弟のごとく裏表の関係で捉えられるべきものであると思う。二〇一四年七月二十四日付のメール（数名にあてたもの）で、輝夫は自分の長詩についてこう書いているのだ。

小生としてはある種の別れをテーマとしたもので、最初に構想してから三年、推敲に一年を費やしました。小生は今まで常に人間の存在「あること」をめぐって詩想を組み立ててきましたが、詩法とともに一応の結着をみた（これがまた第一歩なのですが！）ものです。

問題は詩論のどこに、輝夫の「詩法」が見つけられるのかということであろう。さて、四月以降、輝夫の健康状態は急速に悪化し、松本市の病院で八月末に帰らぬ人となった。入院中も病床で念入りに本書の原稿に眼を走らせ、手を入れていたらしいので、全体の構成や目次立てにいたるまで、これはまごうかたなき「生前」の論文集であって、遺稿集などではない。慶應義塾大学出版会への入稿が輝夫の逝去と前後するタイミングであっただけで、輝夫は徹頭徹尾、本書の内容に著者として全責任を負っている。

本書は三部構成で、まず第一部に日本の近代詩人を取り上げ、透谷、漱石、有明、啄木の四名が論じられる。啄木にたいする微妙な留保を別にすれば、少なくとも最初の三名は輝夫にとっての格別にお気に入りの文学者である。第二部は晩年まで輝夫の詩的アイドルであり続けた西脇順三郎と、博論のテーマでもあったボードレールを中心とする。第三部は現代日本の詩人を扱うが、江森、大岡、入沢、飯島という、いずれも輝夫が敬愛し、場合によっては親しく交遊した思い出のある詩人たちである。

全編を通読してなによりも驚かされるのは、輝夫における実作と方法の徹底した照合と一致である。この人がここまで詩作について自覚的に考えていたのか、というのは嬉しい発見であった。詩集『青い水の哀歌』で実際に披露されている変幻自在なポエティックは、この詩論集では輝夫本人の名前ではなく、輝夫が論じるほかの詩人たちの名前を借りる形で、存分に論じられ、解説されているのだ。読者諸氏に是非ともお勧めしたいのは、本書と新詩集『青い水の哀歌』をできれば併読されることである。本書の随所にちりばめられた考察や指摘は、そのまま詩集第三章の長詩にたいする見事な評釈ないし自注になっているからである。この白鳥の歌ともいうべき標題歌を、輝夫は安曇野の自邸で命を削る思いで執筆し、消耗したと語っていたが、メールで送られてきた作品を通読して、真っ先に「ああ、これは遺言であり、自己超越の歌だな」と直感した。とことん考え抜かれ、緻密に組み立てた巨大な構築物で、叙情詩と叙事詩を合体させたような赴《おもむき》さえあり、執筆後にひどく落ち込んだという心境も察しが付く。

本詩論集で選ばれた詩人たちに、芭蕉などの古典詩人が見あたらないのが寂しいといえば寂しいが、しかし「あとがき」を結ぶ以下の文言がすべてを言い尽くしている。

「詩が詩としての言葉の基本的なあり方や、詩の領域にあったはずの風雅をとりもどすことはできないものか」

この「風雅」への見果てぬ想いは、本書では日頃から輝夫の詩作を評価していた数少ない先輩詩人大岡信によって代弁されており、いわゆる日本の「現代詩」にたいする輝夫のどちらかというと否定的な態度を説明するものである（「断絶と継承と」）。古典作品の継承という問題を不問に付したまま、定型のない自由詩が新しい継承や伝統を生みにくくしているという、日本現代詩の状況への憂いの表明である。巻頭に置かれた北村透谷論で『蓬萊曲』にあたえられる高い評価も、この危機意識が背景になっていることはいうまでもない。

詩集『青い水の哀歌』を知る者にとっては「自注」としか読めないような表現や指摘を本書のなかに求めるならば、まず北村透谷の『蓬萊曲』を「遺書」であり、「転生への期待」と評し、その構想に「能舞台」を見る眼差しがある。江森國友の『山水』の体裁を「旅の詩」と捉え（「至福のオリジンへ向かう詩」）、漱石『草枕』からは「峠」や「故里」や「南画的仙境」のイメージを貰い受けている（「漱石『草枕』の美と死をめぐって」）。「水死」、「入水」のテーマも漱石の詩編「水底の感」から借りてきているが、これは作品もさることながら、輝夫自身の末期を苦しめたに違いない肺の疾患に連想が及ぶので、読んでいて辛いものがある。

質量共に最大の第二部で、とりわけ西脇詩にたいする想いのたけをぶちまけたような書きっぷりは、二〇一三年における小千谷での長大な講演の原稿を含めて圧巻である。この小千谷講演に輝夫は全生命を注いでいたようで、それは私にあてた二〇一三年六月十八日付のメールでも触れられている。

実は、二ヵ月前から西脇の準備に入り、およそ二〇〇〇ページは読んだと思います。もっとも苦しかったのは『ヨーロッパ文学』七五〇ページで、西脇のいままであまり知らなかった側面をみた思いでした。これらをもとに、講演原稿をほぼ四〇〇字で七〇枚強準備し、完全に草臥れました。そんなに気張らなくてもという気持ちもあったのですが、西脇詩についていまの小生のぎりぎりのところで書いておきたいという気持ちがつよく、頑張ったのです。おかげでくたくたに疲れ、なんだか帰宅後も体調わるく、本格的に肺が壊れ始めたのかと観念していました。つまり酸素を取り入れられずに苦しくなるのです。慶應病院の結果は、心臓（肺の影響による酷使のため）の検査で、脈拍数が高く、やはりあまり良くないようです。来月、総合的な判断を受けますが、普通の生活が続けられるかどうか、冷静ながら気になります。

西脇の詩世界に漲る南欧の陽光は、数年にわたるニース滞在という過去を持つ輝夫にとっても親しいものだったはずだ。さらに輝夫と西脇を結びつける絆はいろいろだ。外国語を知ってしまった詩人が、どこまでも異邦人として「自由」に振る舞える「軽さ」や「遊戯」への傾向、「西洋古典をも視野に入れた詩学」という「自覚的方法」の徹底など。とりわけ西脇の詩作に特徴的な「不条理」で自在な場面転換を「二種類の記憶の戯れ」で説明している下りは、ほとんど『青い水の哀歌』の評釈と言っていい。「二種類の記憶」とはすなわち「日常で経験したいわゆるリアルな記憶」と「文芸とか絵画の方面の教養からくる間接的な記憶」である。『青い水の哀歌』を読んでいて感じるのも、輝夫が西脇について指摘しているのとおなじ現象、つまり間接記憶が直接記憶を圧倒してしまう強いイマジネーションの働きなのである。「永遠のカルマ」ないし「ヘラクレイトス的な万物流転といった時間観」、「人間存在への深い洞察」なども、輝夫が西脇から学んだ最大の哲学だろう。

もっとも、この西脇詩への全面的な帰依ないし共感というのは、何も井上輝夫一人に限ったことではなく、輝夫の世代に共通した姿勢だったと思われるふしもある。慶應義塾大学仏文の盟友である詩人山口佳巳からの私信を部分引用する。

西脇の影響下にあった私たちの学生時期は詩人教授西脇と〈同化〉したような気分で書いており、エリオットを手始めとして、岡田たちと、仏系に限らず、英米系の詩人群に手当たり次第に手を伸ばし、更には古代希臘《ギリシャ》は云うに及ばず「ウパニシャッド」にまで頭を突っ込んでいた記憶があります。そのような背伸び気味の同時代感覚からすると、私たちにはそれぞれに西脇流を書法として取り入れていたのは殆ど〈ノルム〉ような事柄にて、それが未だに〈書法〉の〈習わし〉になっている面さえあります。（二〇一五年十一月二十九日）

西脇順三郎とはけっして相性がいいとは思えないボードレールを、輝夫は独自の観点から比べ合わせ、両者の牽引と反発の機微を鮮やかに解き明かしてみせる。「もともと古典的な教養や詩論をもち芸術家を崇める」近代詩人ボードレールにとって、近代社会への嫌悪と乖離がいかに辛い体験であったかを共感をこめて強調しつつ、一方で文語体をいとも軽やかに捨てて、「融通無碍な文体」、「散文体」を創造した西脇順三郎を高く評価するのである。

晩年の井上輝夫と私はけっこう頻繁にメールを交換し、近況を伝えたり、お互いの文章について感想を述べあったりしていた。半世紀前に南フランスの留学地で長い手紙を書きあっていた、遅きに失する青春時代が舞い戻ったような感じである。安曇野からの、こういう洒落た便りもあった。二〇一四年十月二十九日付メールである。

幸いこちらの移住者の人々に助けられて心理的には安心感をもって暮らしています。体調はいつ壊れるかわからないガラスの人形ですが、残された時間を有効にと思いながら日々寒くなってゆく風景を窓から眺めています。今年の山にはドングリがなく、熊さん達が里にでてきています。昨夜は、小生の玄関をノックする音を聞いたので、あけると何とまあ、僧体になって頭をまるめた熊さんが、托鉢を差し出しているのですよ、リンゴを二個あげました、とまあ、こんな晩秋の幻想がわいてくるような日々です。

病気をしたおかげで、もう気持ちが落ち着きました。おかげで新詩集の四十篇の詩はほぼ出来上がり、今、友人の画家渡辺隆次さんの装画の出来上がりをまっている状態です。また、エッセー集のために旧稿の推敲と電子化を日課としています。再読して見ると、小生は全然進歩してなくて、同じ問題意識を持ち続けていますね。ああ!!

私に対する輝夫からの最後のメールは、二〇一五年七月二十日付のものである。私が少し前から禁酒し、寿命を延ばして懸案のライフワークに取りかかるつもりだ、という決意を、少々気張った企画書を添付して書き送ったメールへの長い返信だった。一部を引いてみる。

コウルリッジは詩は、pure imagination であることを求め、直接的な外界からの印象にたよることを「奴隷」と言ったようです。これなど近代詩論として画期的なものでしょう。小生はこの論は漱石の『草枕』にまでおよんでいると睨んでいます。

コウルリッジをまるで知らない私は、輝夫から大きな宿題を貰ってしまった気がしているのである。

（二〇一五年十二月）

目次

第三部

凡例

・本書は全て、巻末に記した初出時の原稿に、著者が生前、大幅に改稿し、決定稿としたものから成る。
・本書の目次、構成に至るまですべて、著者の指示に従って編まれている。
・明らかな誤記の訂正と最低限の語句の統一のみ編集部で行った。
・引用文中、今日の人権意識に照らして不適切に思われる箇所があるが、歴史的性格に鑑みてそのままとした。

井上輝夫詩論集　詩心をつなぐ

第一部

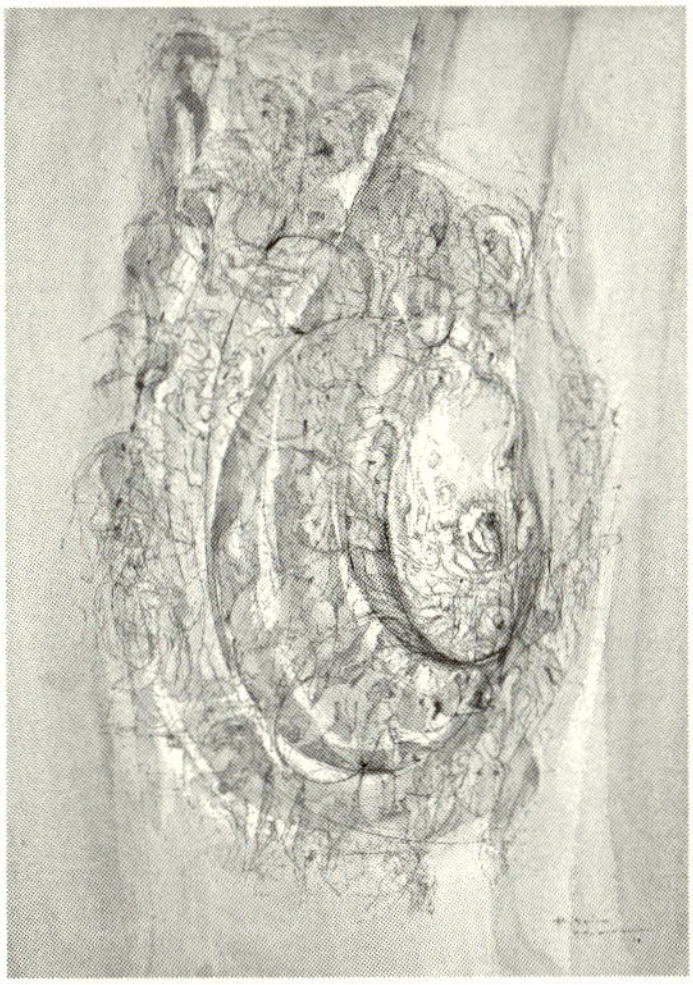

北村透谷の『蓬莱曲』のことなど

「わが誕生《うまれ》とわが最後とは地に近ける迷星の火と
なりて走り下り消え失《う》する暇よりも速《はや》く、……」

日本では珍しい『楚囚之詩』や劇詩『蓬莱曲《ほうらいきよく》』を中心とする北村透谷のごく数少ない詩作品を読みかえしてみると、本当に痛ましい気がして胸が熱くなる。

日本の近代詩人のなかで、言語感覚やひろく受け入れられた抒情性において、またその詩作のテクニックにおいて、透谷をこえる優れた詩人は少なくない。

けれども全集三巻がよびさます感動は、時代をこえるきわめて鋭く考えぬかれた透谷の詩想のあり方からきているとわたしは思う。たしかに明治の透谷の文章は今からみれば文語体をひきずっているから古くさく思われるだろうが、それにもかかわらず、透谷の作品の悲痛な調子は、今日、慌しい東京のどこからか響いてくる孤独者の嘆きだとしても不思議ではないところがある。

かつてわたしは木曾馬籠の藤村記念館で「文学界」周辺の藤村、星野天知、戸川秋骨といった人々の原稿をみる機会があったが、野の花が風にゆれる中仙道で、おもい欝病になやまされている痛々しい透谷の痩軀を思いうかべていた。そのころ、わたしは透谷を愛読し、透谷の詩想の影響下にかなりの歳月をすごしていた。

わずか二十五歳半ばで夭折してしまった透谷の文学はそれなりの限界をもっているし、いわゆる成熟というような充分な展開をもつことのないまま終わったが、にもかかわらず彼の言葉に胸を熱くさせられるのは、明治初期の時代の思想的な混乱をある理想をもってゆり動かそうとする一途な情熱であり、その結果の厭世と救済の可能性を考えた文学だからである。全集月報で西脇順三郎が語っているように、西欧のロマン主義文学を当時としてきわめてよく咀嚼しキリスト教的な発想からも影響をうけた透谷の理想と懐疑は、明治の青雲の志といったものではなく、近代思想そのものを体現していたと言ってもよいだろう。

たしかに『楚囚之詩』および『蓬萊曲』という一種の劇詩をのぞけば、また散文詩にちかいエッセーを別にすれば、透谷の残した詩は二十数篇でしかないし、形がまとまらないもの、同工異曲を整理してみれば十数篇という寂しいことになってしまう。「女学雑誌」の文芸欄を担当した機会に展開されたほとんど爆発的ともいえる評論活動にくらべると、透谷の関心がかならずしも詩作にあったのかどうかわからない。しかし、これは仕方のないことで、慌ただしい明治初期の日本語すら定まらないときに、当時としては斬新な近代思想を啓蒙的に語らざるをえなかった論客の立場があったと思うし、透谷の眼差しそのものが常に人間のあり方生き方に注がれていたという意味でのモラリストであったことにもよるはずである。そこに透谷文学の大きな魅力もあるが、同時に詩作品についてみると充分な開花をえられなかった理由でもあったと言える。

こうした意味から『日本現代詩大系第一巻』の「透谷抄集」から選ばれた「ゆきだふれ」「ほたる」「蝶のゆくへ」「雙蝶のわかれ」「眠れる蝶」「露のいのち」「髑髏舞」「彈琴」「みゝずのうた」計九篇を完成されたものとみるのが妥当であろう。これらの詩は近代、現代詩のそれ以後の作品とくらべて読者に充分な満足を与えるかどうかわからないが、よく読んでみれば、抒情の単なる吐露ではなく、寓意的な表現のなかに透谷の特徴がでている。すべての詩篇に死への傾きがあることだ。つまり近代的自我という問題を早くも考えていた透谷のなかから、鋭利な論客からは想像できない、ときとして路を失ったような消えいらんばかりの悲哀の響きが聞こえてくる。数少ない詩にしばしばあらわれる「蝶」は、居場所を失いかけて、彼方こなたにさまよう詩人の魂に「寓意的に対応するもの」といってもよいだろう。美しいと同時にはかない蝶に託された思いには生のあわれさにまつわる古来の人々からの共通の思いをみることも許されていよう。秋に舞う、季節におくれてしまった蝶を主題とした「眠れる蝶」は明治二十六年「文学界」九号に発表されたものであるから透谷の白鳥の歌といってもよいであろう。この詩人はどこかで富国強兵へすすむ時代の流れとすれちがってしまったとも思える。

けさ立ちそめし秋風に、

「自然《しぜん》」のいろはかはりけり。
高梢《たかえ》に蟬の声細く、
茂草《しげみ》に虫の歌悲し。
林には、
鵯《ひよ》のこゑさへうらがれて、
野面には、
千草の花もうれひあり。
あはれ、あはれ、蝶一羽、
破れし花に眠れるよ。

早やも來ぬ、早やも來ぬ秋、
万物《ものみな》秋となりにけり。
蟻はおどろきて穴索《あなもと》め、
蛇はうなづきて洞《ほら》に入る。
田つくりは、
あしたの星に稲を刈り、
山樵《やまがつ》は、

月に嘯《うそ》むきて冬に備ふ。

蝶よ、いましのみ、蝶よ、
破れし花に眠るはいかに。

破れし花も宿仮《か》れば、
運命《かみ》のそなへし床《とこ》なるを。
春のはじめに迷ひ出で、
秋の今日まで酔ひ酔ひて、
あしたには、
千よろづの花の露に厭《あ》き、
ゆふべには、
夢なき夢の数を経ぬ。
只だ此のまゝに『寂《じやく》』として、
花もろともに滅《き》えばやな。

七・五調のこの作品の発想は現在からみれば単調で、かならずしも独創的とは思えない古風な発想だが、季節にゆきおくれた蝶の姿に注がれる詩人の目には優しさと気品があり、痛ましい。そして、最終行の「寂」、「滅」という言葉が示すようにここでは仏教的、はかなさの美学にちかく、キリスト教的な救済を暗示するようなニュアンスは見出せないが、天と地のあいだをひらひら舞いながら、ついには死の魅惑、消滅へと吸いよせられてゆくのは透谷作品の基本的な構図でもある。「ゆきだふれ」「ほたる」「蝶のゆくへ」「雙蝶のわかれ」なども現実《うつつ》とも夢とも分かつことのできない世界の果てに死がのぞく。「髑髏舞」と「みゝずのうた」の場合ははっきりと主題は死だ。この詩人はキリスト教的な影響から日本的な生死感からとおい存在とも思われかねないが、心中深くにこれほどまでに死というよりむしろ消滅への衝動をみるのはやはり驚く。死がやがて滅ぶべき肉体からの脱出、いや現世の醜悪とそれゆえの孤立感とからの脱出としてつよい衝動をともなっていたようにさえ見える。

実際、詩というものが死や墓とひそかに深い盟約を結んでいることは古来オルフェウスの伝説をまつまでもなく、おそらく人類の深い心理からくるものであろう。ボードレールは「ポー論」のなかでアメリカの詩人の生涯は緩慢な自殺であったとさえ書いているが、フランス・ロマン主義には死臭たちこめたものへの趣味があり、ゴーチェでさえも、『アルベルテュス』や『死の喜劇』といった詩集で死への親しみを示している。しばしば、碑や墓地であらわされる詩と死の盟約は、生きることへの痛烈なアイロニーとして人間に生の意味について思いをめぐらすきっかけを与えるのではないか。その結果、人は「考える葦」になり、楽園の風景を夢みるのではないか。

ただ、透谷のように、死の領域に身心ともに引かれて行く鬱屈にはやはり計りがたい力が働いているはずで、きわめてロマン主義的なことだと思う。それが劇詩『蓬莱曲』は主題となっている。

『蓬莱曲』が自費出版されたのは明治二十四年（一八九一）、透谷が二十四歳の時であった。先学の研究書を読めば、この野心的な劇詩は出版当時から、大胆な試みとされながらも、文体上の未熟、想念の難解さが指摘されていたのがわかるが、それにしても今日においてさえも驚嘆すべき作品であることにいささかもかわりがない。若き透谷がこの劇詩にそそぎこんだ現世を全否定しかねない精神は、創作の霊感となったバイロンの『マンフレッド』より激しく、全身的、玉砕的だ、とも言えるだろう。そして、透谷の同時代に成功した小説が風俗の方から古びてみえるのにたいして、富士山を幻想化した背景しかもたないにもかかわらず『蓬莱曲』は、人生の葛藤を当時としてはまれな心理的な深さで描かれていることに注目しなければならないと思う。

伝記的には政治運動からの脱落が透谷の心に罪の意識を残したといわれるが、おそらく彼の罪障感はもっと深い。つまり人間の生の醜さや死すべき性《さが》からきており、そこから主題の内面化が行われたのではないか。その鋭さ、激しさ、また閃くように永遠の真実を語ろうとする切迫する台詞は、人生を懐疑し、人生のままならぬ不条理を拒絶しようとする潔癖な若い魂になお深い感動をよびさまさずにはおかないだろう。

とりわけわたしが素晴らしいと思うのは『蓬莱曲』にそそぎこまれた透谷の文学的野心である。

世俗にかかわる野心ではなく、（序文を見れば、作品の出来栄えについてなんと謙虚であることか！）真の文学的野心、つまり明治二十年代としては先駆的なテーマの選択であり、劇詩という形式の選択でもあった。その元をたどれば、形式的にはゲーテの『ファウスト』やバイロンの『マンフレッド』（バイロンはドラマティック・ポエムと呼んでいた）の韻文劇《いんぶんげき》で、主題は懐疑する近代人の心のドラマだった。これらが極東の透谷に霊感をふきこんだとき、日本の伝統的な短詩形がディテールへと洗練の筆をふるいやすく、それを小さな手鏡として情緒や風景のポエジーを暗示するのとは反対に、心の思想的な葛藤、ドラマを多声的《ポリフォニック》にとりあげる実験へと詩人をつれだしたのであった。つけ加えておけば、国木田独歩などもバイロンを羨んだくらいで、今でこそ西欧ロマン主義文学を語ることは少なくなったが、そこには人間のファウスト的願望の解放だとか、試煉と救済の神話を求めた大きな時代思潮があった。すでに明治二十二年『於母影』に『ファウスト』や『マンフレッド』の部分訳が出ているとはいえ、透谷が近代文学の詩がどこにあるかをさぐりあてていたことを示している。キリスト教会に出入りして、日曜学校の先生のようなことまでしている透谷は、やはりその宗教を通して、近代思想の重要な心の葛藤劇を理解していたと思う。

とはいえ、こうした西欧文学の影響があったとしても、『蓬萊曲』は『マンフレッド』のたんなる焼直しではない。むしろ透谷の劇詩が一編の作品として読める、ということの方がむしろ驚くべきなのである。たしかに、この日英二詩人の作品はともに背景として富士山とヨーロッパ・

アルプスを選んでいるわけだが、その山岳風景はかなり詩的想像力にも影響したようにみえる。

不思議なことに透谷は数あるバイロンの作品中、スイス滞在中に書かれた『シオンの虜囚』から『楚囚之詩』を、『マンフレッド』から『蓬莱曲』を構想している。『シオンの虜囚』はレマン湖畔のシオン古城を見物したバイロンが、フランソワ・ド・ボニヴァールという自由の志士が幽閉された故事を知ることなく一晩で書きあげたと伝えられるもので、主人公の自由への不屈の戦いというロマン主義的主題によって透谷の心をうったと理解できる。また明治十七年の秩父困民党事件などの自由民権運動との関係や、透谷自身が常に牢獄に閉じこめられているという自閉症的意識に悩まされていたことから、自由への希求はいわば宿命的なものだった。

ところが『マンフレッド』から『蓬莱曲』への道は今すこし複雑だ。アンドレ・モロワの伝記によればバイロンはやはり同じスイス滞在中、その劇詩の一、二幕を書き、第三幕をヴェニスで完成している。母国イギリスをさる原因となった異母姉オーガスタ・リーへの未練を背景に、神をも恐れない自我をあつかったロマン主義文学の典型的なこの劇詩は、ドン・ジュアン（ファン）やファウスト伝説にもつながり、ニーチェは『この人をみよ』のなかでバイロンへの共感を記している。つまり、神と当時の偽善的なブルジョワ社会への反抗がテーマだといえる。そして、劇詩の背景としてユングフラウやアイガーといった「神々の座」が選ばれ、マンフレッドの孤高が強調されている。

わたしはここで、その背景たるヨーロッパ・アルプスの景観が神々の座であると同時に畏怖の念をよびさます容貌をもっていることを思い出さないわけにゆかないのだ。というのも、数年前、レマン湖畔からインターラーケンへ春あさい夜道を車で走ったのだったが、ディアブルレ（悪魔岳とでも呼ぶのだろうか）という峠をこえたとき、山容の鋭い影が威圧してくるような恐怖をおぼえたのだった。ところが、驚いたことに『蓬萊曲』の姉妹篇ともいうべき散文のエッセー「富嶽の詩神を想ふ」を読むと、透谷はこのヨーロッパ・アルプスの峻厳さと富士山のコニーデ型の優美さとをいわば詩想のちがいとしてはっきり意識しているのである。

「遠く望めば美人の如し。近く眺れば威厳ある男子なり。アルプス山の大欧文学に於ける、わが富嶽の大和民族の文学に於ける、淵源《えんげん》するところ、関聯するところ、豈寡《あにすくな》しとせんや。遠く望んで美人の如く、近く眺めて男子の如きは、そも我文学史の証《あか》するところの姿にあらずや。アルプスの崇厳、或は之を欠かん、然れども富嶽の優美、何ぞ大に譲《ゆづ》るところあらん。われはこの観念を以て我文学を愛す。富嶽を以て女性の山とせば、我文学も恐らく女性文学なるべし。雪の衣を被《かつ》ぎ、白雲の頭巾《ずきん》を冠りたる恒久の佳人、われはその玉容をたのしむ。」（傍線筆者）

このエッセーの書かれたのは明治二十六年、『蓬萊曲』の二年後なので、透谷がこの劇詩を執筆した当時、富士の日本人の心にしめるこうした女性的な性格をはっきり計算に入れていたかどうかわからない。劇詩を書いてゆくなかで、あるいは山部赤人などの古歌などに触発されて思いいいたったのかも知れない。けれども『蓬莱曲』の背景に富士を選んだとき、この山容のちがいは『マンフレッド』を換骨奪胎するだけですまないことが起った、と思われる。それは劇詩の舞台をヨーロッパ・アルプスからたんに富士山へ移しただけの話ではなく、ことなった文化のあいだを移動したということだ。透谷がバイロンに触発されながらも、日本の文化やそれまでの文学を下地として、マンフレッド「的」魂のドラマを翻案してゆくプロセスだったと思うのだ。何が起こったのか？　そこに二詩人の詩想の質のちがいがあらわれ、透谷の詩的想像力や心理が、日本文化の跡、たとえば能舞台のような跡をとどめながら展開されたのだった。むしろ、これが詩人内面の相剋そのものをテーマにした透谷の若々しい野心ではなかったかと思う。

『蓬莱曲』のなかに『マンフレッド』から直接に採られた詩句を認めるのはたやすい。とりわけ冒頭の真夜中の場面、マンフレッドがひとり瞑想するくだりは、ゲーテの『ファウスト』のそれと同じような美しいロマン派の悩みをたたえている。

「しかしながら悲哀は叡智を教えるものであろう／知は悲しみ、もっともよく知るものは／『智慧の樹』が『生命《いのち》の樹』ではない、という／致命的な真理に誰にもまして嘆かねばならない」

このような人間のありかたをめぐる、知の洞察と生きる情熱の矛盾は、ゲーテ、バイロン、そしてニーチェにまでいたる問いとして透谷にまで流れている。けれども、まず『蓬萊曲』で読者を驚かせるのは舞台設定に中世文学的な背景をみることであろう。我田引水といわれるかも知れないが、主人公柳田素雄は琵琶をたずさえた草庵の若き遁世者であり、まるで『方丈記』をすら思いださせる。たしかに、透谷の劇詩もバイロンの作品もともに、かつての恋人露姫やオーガスタ・リーを不在の領域からよびだそうとする趣向はおなじなのだが、はじめから透谷の構想には、シテ、ツレ、ワキなどをもった能舞台を思わせ、透谷の文芸上の背景がどのあたりにあったかを暗示しているように思われる。第一齣、蓬萊山麓の森（富士の松林だろう）に登場してくる素雄が語る厭世の嘆きには、マンフレッドの神への挑むような姿勢ではなく、むしろ隠遁者の無常観にちかいものが感じとれる。

牢獄《ひとや》ながらの世は逃げ延びて
　幾夜《いくよ》旅寝《たびね》の草枕、
夢路はるばる〲たどりたどれど
　頼まれぬものは行末なり。
折々に音づるゝと覚しきは
　彼《か》の岸に咲けるめでたき法《のり》の華《はな》、

からくも悶《もだ》え手探れば、こはいかに、
まことゝ見しもの、これも夢の中《なか》なる。」

わたしはキリスト教思想をよく知っていた透谷から、あえて仏教的な儚い「もののあはれ」の嘆きをひろおうとしているのではなく、『座談会明治文学史』のなかで勝本清一郎がすでに指摘しているように透谷の天才の暗い部分、つまりシニスムに注目するからだ。もとより西欧ロマン主義にあっても、メダルの裏には強烈な否定の毒としてシニスムがあったわけだが、透谷の心には、痛ましいことではあるけれども、月並な詠嘆となりやすい仏教的無常観と、近代ロマン派のシニスムが合流し、暗い負の力が増幅しているのではなかろうか。透谷の詩想のひろがりは、人間が滅ぶべき肉体の虜であるというプラトン的、そして、キリスト教的原罪観にくわえて、日本的な無常観が融合しているところにもあるといえば大げさすぎるだろうか。とりわけ透谷の精神がすさまじい嫌悪の念にかられるのは、当時の社会現実に向かった時で、世が彼に敵対しているという固定観念は、とりわけ「蓬萊山頂」の場面で悪霊によって支配された世界というヴィジョンによって示される。

神とや？　おろかなるかな、神なるものは
早や地の上には臨《のぞ》まぬを知らずや。
われらの主《しゆ》なる大魔王《おほきみ》、こゝを攻取りて

年經たり。
汝《いまし》がごと愚《ぐ》なる物は悶へ滅びさせ、
かしこきものには富と栄華を給ふことを知らずや。
さばきの日とや？　あら不愍《ふびん》なるかな、
けふこのごろの裁判《さばき》を知らで、いたづらに
頸延《うなじの》べて知らぬ未来《のち》を待つや。」

この第一鬼王の科白などを読むと、透谷の自由への希求や宗教的な思想をおびやかした力は、明治初期の大きな政治的／社会的変動からきていると思われるが、同時に鋭敏な心をもつ人々にとってはいつの時代にも変わらない悪こそが善を駆逐する世界と見えていたことがわかる。たしかにこうした善悪という二分法的な割り切り方は観念的で青臭い。たとえ現実がそうであっても人々はなんとか世間を渡ってゆくという、したり顔の体制順応主義がつねに多数派にはちがいないが、ある種の潔癖さをもちつづける魂もまたありうるのだ。そして、そのようなタイプの詩人であった透谷はどこに心の道を求めるのかについてふかく悩まざるをえなかったと思う。その状況は、後年の石川啄木の「時代閉塞の現状」に書かれた閉塞感とよく似ているものの、啄木には世俗的な野心がかいまみえるのに反し、透谷には遁世への傾向が強かったと思われる。

このような理想と現実の競り市のような相剋は『蓬莱曲』の恋愛についても同じことがいえる。

露姫は、透谷、いや柳田素雄にとってまさに「女性的なるもの」であって、唯一の救いになりうる役割を担《にな》っている。ところが青鬼の科白にみられるように、恋人はまことの命への招き手ではなく、死への、つまり腐敗する世界への導き手として罵られる。つまりこの地上の愛は透谷にとっては自然的なものにとどまり、ついに精神の救済にむすびつく性質のものとは言えない。エッセー「厭世詩家と女性」のテーマが恋愛のもたらす欺瞞についての悲憤であり、きわめてバイロンの影響の感じられるものだが、この劇詩においても恋愛による救いそのものが世を捨てるはずみ車となって、女性の力さえ突然、邯鄲の夢のように消えさってしまうのである。

つまり『蓬萊曲』全篇を貫いているのは、どこかデモーニッシュな懐疑の破壊的力であり、肉体をもった人間存在そのものの否認に至るほかない道なのである。だからこのような大きな困難を前にしては人生で出会うどのような経験も虚しく、その悲劇的なところは善悪、美醜、死と不死の対立相剋がしだいしだいに自我を蝕んでゆくところにあって、この「異郷憧憬者の破産」が刻々と近づいてくる切迫感は類をみない。読者はこの時、この若々しい野心作がほかならない告別の劇であり、遺書であることに気づくのである。事実、第二部となるはずであった「慈航湖」は病気のためとして未完に終わったが、もはやそれ以上筆をすすめることは思想的に不可能であったとわたしには思われる。むしろ透谷の運命の精密機械が本人のおよばぬところで勝手に作動しはじめるのを見るような印象をもつ。

けれども、こうした現世との妥協をしらぬ懐疑、性急な否定をいわば拗ね者の卑俗から救い、人生の意味を問いつづける高邁な苦しみとして、『蓬萊曲』の創造意志となっているのは「慈航湖」の彼方にあると思われる他界の観念である。人生がただこの地上にかぎられたものではなく、霊魂が自由に羽搏きうる他界があるかもしれない、という最後の救済の詩的イメージは書かれなかったし、書けなかったのではないかと推測するが、暗示されているのは一神教的超越というより、むしろ転生（Métempsychose）への期待にちかいものであったろう。ここに「蓬萊曲別篇、慈航湖」が企画されるべき理由があったし、透谷としてはこの劇詩を魂の救済にいたる物語にしたかったのだと思う。けれどこの企画はいわば近代詩人がぶつかったその当時の文化的な限界というか、未踏の領域にゆこうとする困難な試みでもあったにちがいない。実際、西方浄土への船出をわずかに暗示したにとどまる別篇をみると、透谷自身もこの領域については充分にイメージ化ができていなかったように思われる。しかし、それは透谷個人の限界ではなく、そうした他界のイメージをいきいきと具象的に描きだせる文化的環境がすでに失われていたということを挙げなければならないだろう。芸術の想像力といえども現実とはまったく無縁な幻想をつくり出すことなどはできないのだ。以下の最後の詩行はまさに透谷の詩的な想像力のつきるところでもあった。

露姫、　彼の岸よ、　彼岸よ、　楽しきところは彼岸よ、
　　恨《うらみ》なく憂《うさ》なく辛《つらさ》なきは彼岸よ、
素雄、　　　彼岸よ、　實《げ》に……

友を追《お》ひ、分け來《こ》し雲は消行《きえゆ》きて
　盡きぬやどりに帰へる雁金《かりがね》。

この最後のデュエットを読むとき、わたしたちの心にはある理想が成就したという浄化《カタルシス》よりも、むしろ伝統的芸能の「道行」の哀れな場面にちかい印象をもつ。

まだ語りつくしえないことも多いが、『蓬萊曲』はその文語的な言葉づかいにもかかわらず、形式、主題ともに明治初期の偉大な実験であり、透谷の切りひらこうとしたものは、感性とレトリックの洗練にややもすれば陥りやすい伝統的短詩形文学にたいして、西欧文学の劇詩というロマン主義的なジャンルを利用して、思想の対話をポエジーにしたてあげようとした近代詩の挑戦だったと思われるのだ。

（引用は岩波版『透谷全集』による）

漱石『草枕』と美と死をめぐって

夏目漱石の多彩な文章のなかで、時に応じてわたしの好みは変わってきたが、『硝子戸の中』と『草枕』は小説以上に繰りかえし読んできたと思う。

とりわけ明治三十九年に二週間ほどで書きあげられたという『草枕』は、長いあいだ枕頭の書であった。漱石自身が言っているように、何から何まで作者の思いのすべてを書きこんだたぐいの作品とはいえなくとも、芸術論や文人趣味の横溢する十三章からなる小説は今日では失われたかにみえる独特な境地を描いていて魅力的だ。

実際、「新小説」にこの作品が発表されるや、三日ほどで売りきれ、文字どおり洛陽の紙価を高めたのだったが、冒頭の「山路を登りながら、かう考えた」以下は近代文学中でもっとも知られた名文句であろう。漱石の初期にみられる江戸っ子のテンポのよい語り口が耳に入りやすく、読者を惹きつける。

しかしその後、この小説らしくない小説の評価はさほど高くないようで、『座談会明治文学史』などをひも解いてもほとんど触れられず、わたしのような戦後育ちといってよい世代が『草枕』がおもしろいなどというと少々気が引けなくもない。こうした評価の傾向は近代小説論だとか自我の確立といった時代思潮と無縁ではないばかりか、詩的なるものの感受性が大きく変わってしまったためと残念には思うものの、事実としてはこの『草枕』が漱石世界の全貌を反映していないことは認めておかなければならない。この点を小宮豊隆などは再三指摘しているが、その根拠となるのは明治三十九年八月七日畔柳《くろやなぎ》芥舟《かいしゅう》宛の手紙である。

「来九月の新小説に小生が藝術觀及人生觀の一局部を代表したる小説あらはれるべく是は是非御讀みの上御批評願度候。是とても全部の漱石の趣味意見と申す譯に無之其邊はあらかじめ御斷はり申候未だ脱稿せず十日〆切迄に是非かきあぐる積夫故どこへも行かず夏籠の姿御無沙汰御ゆるし可被下候」　（傍線筆者）

なるほど、当時の漱石は鈴木三重吉宛の手紙にも書くように、一方で近代文明と慌しく動く社会へ厳しい批判を心に宿していたし、後年、『こゝろ』や『明暗』を執筆する文豪にとって、春風駘蕩、蕪村的、南画的なこの作品が作者の内心の明暗を汲みつくしえたものでないことは納得がゆく。

ただ見誤ってはならないのは、この作品が詩的な風流閑人の遊びというわけではなく、執筆の動機には当時の小説界にたいして挑むような意図も持っていたことだ。その意味で、『草枕』は風流だけでも非人情だけでもなく、「敢て市井の銅臭児を鬼嚇する」意図もあったのだ。漱石がこの作品を執筆するに至る動機は、同年十一月「文章世界」にのった「余が『草枕』」という談話にうかがい知ることができ、当時、神経衰弱気味の漱石が心の吐け口を求めていたという事情があったとしても、描かれる世界には明白なメッセージがあった。注意深い読者なら、『草枕』が作者の芸術論と旅のエピソードとの緊密な場面構成でできあがっていることに気づく力作で、実際、漱石は当時の小説界の支配的な流行へ不満を表しつつ、談話のなかでつぎのように語っている。

「けれども、文學にして、苟《いやしく》も美を現わす人間のエクスプレッションの一部分である以上は、文學の一部分たる小説もまた美しい感じを與へるものでなければなるまい。勿論、定義次第であるが、もし此定義にして誤つて居らず、小説は美を離るべからざるものとすれば、現に、美を打壊しても構わぬものに、傑作と云はれるもののあるのは可笑しい。私はこれが不審なんだ」（傍線筆者）

この漱石の考えはすでに諸家が指摘してきたように文学史的には自然主義的、つまり日常生活や卑近な現実の描写や暴露への批判をふくむ。ちなみにこの翌年、新体詩の世界でも川路柳虹の口語体自由詩「塵溜」がでて、明治四十二年には啄木の「弓町より—喰うべき詩」が書かれ、時代閉塞とともに文体や言葉が変革期を迎えようとしていた。そうしたなかで、漱石はひそかに、語ろうと思えばそんな影の部分なら自分にも語れるものの、そうした世界は芸術美に反する、そこからなぜ美を求める心が起こらないのかと問うている。これが「私はこれが不審なんだ」という言葉の意味である。後年になればなるほど漱石はしだいこの審美の世界から、人間関係の蝮のからみあいのなかへ引きずりこまれて行くことになるが、ひとまずここで「芸術、芸術家とは何か」という「非人情」の美の立脚点を世に示したかったはずだ。

ここに『草枕』がポレミックな性格を帯びている理由があるばかりか、この作品が、同時期に書かれた阿蘇山を舞台にした『二百十日』といった少々手軽なヒロイズムを書いた作品にくらべてすぐれている理由でもある。

こうした事情から書かれた一種の反小説《アンチ・ロマン》は当然、近代の小説論では測れない性格をもっている。漢詩的、俳句的な修辞の華やかな使用は漱石の青少年時代の漢詩趣味に直結し、子規と親交していた若き日の理想、ある志と詩との接点をもち、そのくせ文人趣味的でありながら厭味がないのも、その素直で確信にあふれた文体のためだ。わたしが『草枕』を愉快に読む大きな理由が、潑剌とした文体のこころよさにあって、高等遊民の嬉戯的でもある精神が読者を楽しませる。しかもそれ以上に、『草枕』は漱石にとって美と詩がどこにあったかを示唆し、へだつこと十五年前の透谷が「三日幻境」や劇詩『蓬萊曲』で追いもとめたような、漱石の後に則天去私にいたる魂の古里（ノスタルジーでもある）を予見していると思われ、その古里が現代に生きるわたしたちの心にどう映るか考えておくのも無駄ではなさそうだ。

『草枕』の舞台となる那古井という幻境は漱石が熊本第五高等学校に英語教師をしていた頃、友人と越年した思い出のある小天温泉であることは早くから知られている。そして、また後に、『草枕』を執筆当時、漱石にとって温泉宿の記憶は幻境をえがくきっかけにしかすぎなかったこともまた明らかだが、英国留学から帰国し、意に染まない現実からもはや一歩もひくまいと決意し東京に踏みとどまった漱石が、都落ちしていた若い頃の思い出を素材にしたことは興味が深い。そこには漱石が終生抱き続けた、ほとんど癇癪とさえいえる離俗の思いが旅と二重写しになっているからである。漱石は偉大な知識人であるが、博士号拒否や、妻鏡子によれば顔を真っ赤にして怒り、子供を時として殴るという振る舞いには大きな鬱屈と癇癪があったと想像される。そして、その行きつくところはこの離俗の念、自然天然へ消滅する願いであったかもしれない。こうした心の傾向は明治二十三年九月箱根に旅行したおりに詠んだ若き日の「函山雑詠」八首中にもすでに見てとれる。

飄然辭故國　　飄然として故国を辞し
來宿葦湖湄　　来たりて宿す葦湖の湄
排悶何須酒　　悶を排する　何んぞ酒を須いん

遺閑只有詩　閑を遣るは　只詩有り
古關秋至早　古関　秋至ること早く
廢道馬行遅　廃道　馬行くこと遅し
一夜征人夢　一夜征人の夢
無端落柳枝　無端　柳枝に落つ

（吉川幸次郎『漱石詩注』岩波新書）

故国（東京）の俗塵を捨て、天地悠久の下で、なおおさえ難い悶々の情を吐露するというのが初期の抒情だが、こうしたロマン派的な感情はしだいに枯淡の味を加えてゆくにしても、漱石の晩年まで変わらない構図である。山川草木と白雲を前にしてのみ、はじめて安らぎを得ることのできる俗塵に傷つきやすい魂の持ち主で、実生活のなかでは慰撫することが難しかったように見える。

実のところ、漱石の作品の多くが恋愛をあつかっているのはこうした意味で暗示的であって、吉川によれば右の五言律詩には秘められた恋情もないとは言えないそうで、自然を前にしてのみ初めて虚心に吐露できたのかもしれない。

こうした心の機微と『草枕』の舞台が「鄙」である事とは無縁であろうはずはなく、「鄙」を愛する田園趣味が都会人の身勝手な思いこみであろうとも、ユートピア幻想をはぐくみ、透谷が

「漫罵」で、歐外が「普請中」のなかで諷刺した文明開化へ邁進する近代日本への根深い懐疑こそが、『草枕』の冒頭の文句に表れる。それだから作品中の絵描きの姿はすでに利富を超越したいとする世外の人である。

「この故に無聲の詩人には一句なく、無色の畫家に尺縑なきも、かく人世を觀じ得るの點に於て、かく煩悩を解脱するの點に於て、かく清浄界に出入しうるの點に於て、我利私慾の羈絆を掃蕩するの點に於て、――千金の子よりも、萬乗の君よりも、あらゆる俗界の寵兒より幸福である」

さて、こうした離俗宣言ともいうべき羈気にあふれた文章を書いた漱石が『草枕』で描いた「鄙」の舞台は島原湾に面したのどかな温泉宿で、主人公の絵描きは明治の文人で、文章の修辞も俳文や漢詩の伝統につらなり、やがては近代から取り残されてゆく漢文文化を背景にもっている。その懐かしさ、あるいは時代におくれがちになる過去の教養の懐かしさとは、滅びてゆこうとするもの、滅びたものへの哀惜の美学であるかもしれない。諸家の見るところ、蕪村的霊感が全篇を貫いているといわれるが、「英国詩人における天地山川に對する観念」をかいた漱石の胸のうちには湖畔詩人《レイク・ポエット》、とりわけワーズワースや、ラファエル前派のミレーの水に流れるオフェーリヤもまた漂っていた。つまり、漱石は東西の芸術を動員して「非人情」の桃源の里を浮かびあがらせようとしたのだが、わたしが興味をひかれるのはそうした道具立て以上に、作家の脱現実へむかう美意識である。漢詩的修辞を洗いおとして漱石の意図した「非人情」の詩的世界をたどってみると、そこにはなお今日でも心を打つ境地がひらけている。

その一例は、語り手の画家が那古井の温泉宿に腰を落着け、春風にあおられながら画業について思いめぐらす六章の場面である。漱石は主人公の口をかりて、描写的、経験的世界から超脱し、魂の姿（état d'ame）そのものと等価であるような美の絶対境を語らせるのである。

「此二種の製作家は主客深浅の區別はあるかも知れぬが、明瞭なる外界の刺激を待つて、始めて手を下すのは双方共同一である。去れど今、わが描かんとする題目は、左程に分明なものではない。あらん限りの感覺を鼓舞して、之を心外に物色した所で、方圓の形、紅緑の色は無論、濃淡の陰、洪纖の線を見出しかねる。わが感じは外から来たのではない、たとひ来たとしても、わが視線に横たはる、一定の景物でないから、是が源因だと指を擧げて明らかに示す譯には行かぬ。あるものは只心持ちである。此心持ちを、どうあらはしたら畫になるだらう」

右の説明を読むと、文人画に詳しくはないけれども、この画家は写実ではなく、内心のムードそのものを表現しようとしている。これは超自然主義、印象派から抽象絵画におよぶ近代の画論の流れのうちにあるといってもよく、ボードレールのドラクロワ論や、ターナーの朦朧とした絵を思いおこさせる。つまり、まわりの景色に反応するのではなく、この画家は内面の心の風景、つまり精神の純粋さを思っている。だから「多く眼を具象世界に馳せて」神韻にとぼしいヨーロッパの写実的な画家を批判しさえするが、これはボードレールがリアリズムを嫌ったのと軌を一にしている。

ただ、こうした美意識からドラクロアが出てくるのでも、モネやセザンヌが出てくるのでもなく、文與可、池大雅や与謝蕪村、つまりは東洋的ないし日本的な文人の世界が念頭に浮かんでくるのだ。ここに漱石が深層にいだいていたポエジーの故里に、後年、漢詩つくりを日課とするように、蓬莱仙境のイメージがまとわりついていたと思う。人々はしばしば漱石が近代的自我確立のために闘った作家だというが、その作家がなぜエゴイズムという形で自我を問題にしなければならなかったのだろうか。むしろ、漱石の自我は南画的仙境に生きたいとする脱俗へのやみがたい衝動と俗世間のしがらみとの葛藤そのものだったにちがいない。そして、田園の桃源のヴィジョンこそが実はこの作家に残されたただひとつの救済の「古里」であったのではないだろうか。

実際、南画的伝統ほどわたしに不思議なおもいをさせるものはない。奇岩おりかさなる山水に長頭短躯の寿老人をあしらったような絵画が、観念のヴィジョンにほかならない事は明らかだ。中国の風光でも日本の風俗でももはやなく、一幅の絵の隠逸の浮世ばなれした気品が珍重されてきた。少しばかりの笑いと清らかな心を投影し、離俗の暮しを夢みて、たとえば国宝「十便十宜」に利福をこえた魂の位に出会うのである。これはたんに失われた過去を懐かしむためではなく、漱石時代のみならず利福だけが優先される「資本主義の挽き臼」の現代にあっては、それに匹敵する等価物を文化として持てていないと指摘したくなるのだ。近代日本の、いわば文化のパラダイム・シフトに傷つき、まだ心にのこる仙境の夕映えをまえにして漱石は帰るべき詩境をさがした詩人であった。

実際、詩境となった那古井はユートピアのあらゆる性格を持っているように思われる。ユートピアが世界と孤絶した場所であることを示す指標をもっているとは、J・セルヴィエの意見だが、『草枕』においては峠がそれである。離俗の啖呵を切った主人公が峠をこえれば、そこはもはや日露戦争の影も遠い幻境である。そして、あえていえば峠の茶屋をこえてしまうと、時間は不思議にとまってしまう。主人公はしきりに時間が流れない境地を語る。ただ「空しき家を、空しく抜ける春風の、抜けて行くは迎へる人への義理でもない。拒むものへの面当でもない。自ら来りて、自から去る、公平なる宇宙の意である」という。宇宙の意志が歴史の意志にかわって支配するのは古典的なユートピアだ。その上、この峠は突然、時間を過去にさかのぼる。万葉集巻八日置長枝娘子の歌「秋づけば尾花が上に置く露の消ぬべくも吾は思ほゆるかも」に着想をえたといわれる、茶屋の老婆の口から語られる長良の乙女の伝説こそ、『草枕』の絵に朱を添え、「古雅な話」が「二十世紀に必要な出世間的詩味」をつけ加える。

こうして東京に対する幻境那古井、明治という時代にたいする上代の伝説は『草枕』が反時代的なアイロニーの作品であることを示している。そこで長良の乙女をいわば下絵として、その上にミレーのオフェーリヤ、精神の病いを噂される志保田の那美さんが塗りかさねられている。ここには現在の底板をわって記憶の起源に至るような時間の遠近法があり、漱石の中で重なる女性像をとおして美と詩と死の糸が貫いていることはたしかだ。事実、温泉宿の一部屋でふと主人公がうたたねするさいの夢に、峠をこえる長良の乙女が突然オフェーリヤにかわって川の中を流れてゆく光景がかさなる。おそらく漱石の深層に水死のイメージは美として結びついていたのではあるまいか。

『草枕』を書く二年前、明治三十七年寺田寅彦宛の端書に、藤村操の投身を機縁に、漱石が残した新体詩「水底の感」は次のようなものである。

水の底、水の底。住まば水の底。深く契り、深く沈めて、永く
　住まん、君と我。
黒髪の、長き亂れ。藻屑もつれて、ゆるく漾ふ。夢ならぬ夢の
　命か。暗からぬ暗きあたり。
うれし水底。清き吾等に、譏《そし》り遠く憂透らず。有耶無耶の心ゆ
　らぎて、愛の影ほの見ゆ。

この水底にゆれる心中の楽園をただちに長良の乙女に結びつけることは乱暴であるかもしれない。しかし、漱石が渇いた深層において憧憬していた愛の姿は水死と結びついているといっても過言ではないと思う。言いかえれば漱石の脱俗のユートピアは死の場所でもあったのではないか。そして、反対に「余が寤寐《ごび》の境にかく逍遥して居る」そのあいだに、仙女のように通りすぎる那美さんの役割は現在へ絵描きを引き戻すのだ。元来、漱石の女性像には才気喚発でコケティシュな女がいて、たとえば『それから』の三千代などはずいぶん誘惑的だと思われるが、那美さんも蕪村の見性寺で狸にたぶらかされた故事を踏まえた漱石の着想とはいえ、いかにも挑発するようなところがあって、艶情の中心、しかも現在を象徴していることは疑えない。『草枕』の旅が愛の水死への旅となる一方で、同時に那古井が春風駘蕩たる「現在」にひらくのはこの那美さんの役割である。牽強付会《けんきょうふかい》になるかもしれないが、とりわけ風呂場で湯気ごしにみる那美さんの裸身は死者ではなく生者であり、それゆえかえって「非人情」の美でなければならなかった。

「漲ぎり渡る湯烟りの、やはらかな光線を一分子毎に含んで、薄紅の暖かに見える奥に、漾はす黒髪を雲とながして、あらん限りの脊丈を、すらりと伸した女の姿を見た時は、禮儀の、作法の、風紀のと云う感じは悉く、わが脳裏を去つて、只ひたすらに、うつくしい畫題を見出し得たとのみ思つた」

ここまでくると、那古井の温泉境がただの南画的風景とは言いがたくなる。むしろ漱石の投影する美の影が、離俗の桃源に新しい趣向、あえていえば西洋的な女神像を加えているのだ、と言いたくなる。主人公の画家が「志保田の那美さん」を前にしてメレディスの小説の一章を読んで聞かせる場面も、次に地震が起こり、主人公と那美さんが抱擁寸前の姿勢にみちびかれる場面も、すべて男女の恋情の機微を運命的な美に高めるべく設定されている。

しかし、そうした純粋な恋情は死においてのみ完成するものであろう。『草枕』において漱石の筆は、それゆえ「志保田の那美さん」の現実性をはぎとりながら、あたうかぎり長良の乙女、オフェーリヤの古雅な詩に近づけようと試みるのだが、この水死と結びついた美が、まことに凡庸な現実で裏切られる。それは鏡が池の場面で、那美さんはこともあろうに満州に渡航しようとするという前夫に金を手わたすのである。結局、那美さんは幻影の水死の女というポエジーを担うことができない。近代社会がかえりみなくなった「古雅な詩」を担うのは、長良の乙女の方でそれこそが漱石自身の秘かなポエジーの最深部を形づくってはいないだろうか。というのも不思議なことに、温泉にひたる画家は自分を水死人にたとえ、「土左衛門の讃」を口ずさむが、白楽天の「水滑洗凝脂（水なめらかにして凝脂をあらう）」という詩句を知る絵描きにしては恐ろしく陰気な歌だ。

雨が降ったら濡れるだろ。

霜が下りたら冷たかろ
土のしたでは暗かろう
浮かば波の上、
沈まば波の底、
春の水なら苦はなかろ。

絢爛たる修辞の背後に、ふと思いがけず漱石深部の「考えれば外道に堕ちる。動くと危ない。出来るならば鼻から呼吸もしたくない。畳から根の生えた植物の様にじつと二週間許り暮して見たい」と呟くような仮死への願望があきらかに見てとれる。きっぱり外道の活動をすて、土左衛門そのものにまで帰りたい欲求をもつ漱石はここで水死ユートピアの快感に惹かれ、揺曳する水のなかで彼とともに流れてゆく一人のオフェーリヤが求められていたとわたしには思われ、もっと強く言えば絵描き自身がオフェーリヤになっているのだ。

後年、江口渙の伝えるところによれば、旧作を読みかえした漱石は『草枕』の文章に辟易し、ものの五枚と読めなかったそうである。「非人情」の境地をもとめ、日露戦争へと進む明治という富国強兵時代へのアンチテーゼとして美と死のユートピアが遁世的な虚構に見えたのかもしれない。

だがしかし、近代に対するアイロニーたる、『草枕』の詩境が漱石の心から消えさったわけではない。英国留学から不退転の「自分本位」の意志をつかんだ漱石の心にユートピア幻境がただの現実からの逃避だとか、脱出の詩学ということはできず、むしろ人間の魂の求めとして本来は文化のなかに組み込まれているはずのものではないだろうか。

晩年『明暗』執筆時になると、漱石の離俗の思いははげしく燃えあがる。「曾見人間今見天（かつて人を見、今は天をみる）」としるす漱石の空には、もはや俗世も、女性の影、紅一点の愛の影も映っていないかも知れないが、南画風ののどかな田園や仙境のヴィジョンはより美しく漂っていたにちがいない。

次の大正五年九月十一日の日付をもつ七言律詩の境地は那古井の幻境と無縁ではない。

東風送暖暖吹衣　東風は暖かさを送り　暖かさは衣を吹く
獨出幽居望翠微　独り幽居を出でて　翠微を望む
幾抹桃花皆淡靄　幾抹の桃花　皆な淡靄
三分野水入晴暉　三分の野水　晴暉に入る
春畦有事渡橋過　春畦に事有り　橋を渡りて過ぎ
閑草帯香穿徑歸　閑草　香を帯び　径を穿ちて帰る
自是田家人不到　自のずから是れ田家人到らず

村翁去後掩柴扉　村翁去りし後　柴扉を掩う

（前掲書）

文人の逍遙する春の田園詩である。詩の古里を逍遙する漱石の詩心は一人の童のように遊んでいる。ここには、あえていえば、個人や文体、時代こそちがえ終戦後に刊行された西脇順三郎の詩集『旅人かへらず』にちかい詩境をおもわせ、ある詩の地下流水をみる思いだ。そして、このような詩境が可能なのは、漱石の天分もさることながら、数世紀におよぶ詩語と詩心の文化的な蓄積によるのではあるまいか。こうした田園詩は今や、過去の文人の一朝のまどろみでしかないように見えるかもしれないが、そんな夢が文化のなかに組み込まれ人の心を慰め、運命をおりなすこともあるではないか。にもかかわらず、漱石が那古井にたくしたような幻境は、もはや捨てられ言葉なき故郷に思われるのである。

蒲原有明のことに

蒲原有明ときくとずいぶん昔の詩人のように思われるかもしれないが、自伝的な小説『夢は呼び交わす』が野田宇太郎の手で『藝林閒歩』に掲載されたのは戦後の昭和二十一〜二年、ときに詩人七十一歳であった。明治期の高名な詩人有明がなお存命であることにおおくの人々が驚いたというほど、慌しい文壇からは忘れられた存在であった。

けれども有明の声価については薄田泣菫とともに新体詩における象徴派の双璧としてつとに定まっている。『有明集』の日本語によるみごとなソネット連作「豹の血」八編などは時代の刻印や制約がうかがえるものの、形式や語彙などからこの詩人が詩作品の完成に心を砕いたことを示している。代表作「茉莉花《まつりか》」の第一詩節四行をあげておこう。

咽《むせ》び嘆かふわが胸の曇り物憂《ものう》き
紗《しや》の帳《とばり》しなめきかかげ、かがやかに、
或日《あるひ》は映《うつ》る君が面《おも》、媚《こび》の野にさく

阿芙蓉《あふよう》の萎《ぬ》え嬌《なま》めけるその匂ひ。

昭和二十七年刊、創元社版『蒲原有明全詩集』（初版復原本）への解説をよせた日夏耿之介は「蒲原有明は、薄田泣菫や上田敏と協力して、彼が主働的に（意識せざる主働に於いて）明治新体詩を近代にまで完成したる明治文学の大功労者であつた」と、いかにもこの人らしい口ぶりで称賛しているし、最近の『日本の詩歌　第二巻』（中央公論社）でも注釈者の安東次男は『有明集』を泣菫の『白羊宮』とならんで、「日本新体詩の金字塔というべきものである」と書いている。

有明が近代やフランス伝来の「象徴主義 symbolisme」を体現した詩人であったかどうかという点ではいくぶんかの検討が求められると思うが、宮崎湖処子らによる『抒情詩』などと比較してみると、『有明集』はその詩想の内省的な深みやきわだった官能世界への執着によって独創的で、後に朔太郎の詩想にあるていどの影響と尊敬の念をいだかせたことは知られている。

こうした詩史的な面についてわたしが容喙する余地はほとんどないけれども、有明の作品がもたらしたものが今や史的な価値しかもたない死んだ古典だとは言えない。たしかに現代の詩の読者でも有明の詩集をひらく人はさほど多くはないかもしれないが、評価はどうあれ熟読するにあたいする詩人であると思うので、気づいたことを二、三覚書ふうに記しておきたい。

一般的にいって、詩を読むということはどこかに謎や暗号を解読するような難しさがあるものだ。詩人の個性や思想が独創的であればあるほど初めはなじみにくい。このことは有明の詩を読む場合にはとくに当てはまる。事実、生前から有明の詩が古語まじりの文語文体のために難解だという非難を受けていたことは、『春鳥集』自序に「……晦澁の譏りを受くるは素よりわが甘んずるところなり」と答えていることからみてもわかる。

それでは時代とともに読みやすくなったかといえば、文語的な韻律と古語、雅語、仏教的な語彙などによって現代の読者にとっても難解な部分はそのまま残されたと言ってよいだろう。はじめて有明の詩集をひらく読者は、どうしてもその詩作品の形式と文体は今日では意味のとりにくい古い日本語と映るだろう。そのうえ、有明の詩は密室のなかでゆらぐ幻想の世界のようなところがあって時としてつかみどころなく、やさしくもない。しかし、これはあきらかに有明が詩作品というものは普通の散文ではなく詩独自の文体をもつべきだと、それ自体はしごくまっとうな考えを強くもっていた結果にちがいないのだ。

実は、この詩の文体という問題は日本の近・現代詩を語るときにきわめて大きい。今回、有明の作品を通読してきて驚いたことのひとつは、詩篇にはあきらかに明治の新体詩、とりわけ上田敏の『海潮音』的な文体が見られるのにたいして、はじめて読んだ随筆集『飛雲抄』（一九三八）には今ではもはや使われないような語彙や漢字があるものの、文章そのものは誰でもさほど抵抗なく読めるのではないかと思われたことだった。この散文集は詩集の序文から紀行文まで収めたもので、寡黙な有明の日常の暮しむきや交友関係などを教えてくれる貴重な本だが、その語り口は平明で強く、地味ながら独自の信念をもった人柄をしのばせる。このような散文の性格は戦後の『夢は呼び交わす』でもかかわらず、明治時代の回顧が中心であるにもかかわらず、文章そのものは明晰でとくに古さを感じさせない。人生や芸術を自分の思うところにしたがって生き考えた人の、きわめて素直な、時として眼を開かせるような個性的な洞察力をもった文章だ。言いかえると、有明の詩作品と散文のどちらが古さを感じさせるかというと、疑いなく詩篇の方なのである。しかし、これを責めるわけにはゆかない。

有明にみられるこの詩と散文との文体の大きな違いは、有明個人をこえた明治期以降の日本語のあり方、とりわけ詩語をどうするかという難題から生まれたと考えられる。これを指摘しているのは折口信夫のエッセー「詩語としての日本語」であろう。そこで明治以降の日本の詩の最大の難問が従来の日本語のもつ限界をどうするかという議論である。それほどまでに西洋詩との邂逅によって詩語としての日本語はうろたえたのであった。

わたしなりの比喩でいえば、口語を基礎にした散文は日々の通貨のようなもので流通しやすいが、同時に手垢のついた平俗にとどまる。それにたいして言葉の芸術といってよい詩の文体は宝石なのだ。通貨はいつでも手にはいる平凡なものだけれども、宝石はそう簡単に手に入らないし、口語を使うにしてもなんらかの仕掛けが必要なのだ。つまり、詩の素材である日本語が平俗で不安定であれば、芭蕉が言ったように「俗語を正す」ように口語を宝石にきたえあげるとか、古語廃語のなかから必要な語彙を拾いだすとか、いろいろ手立てをつくさねばならない。こうした方向でつくられたのが、上田敏や有明、泣菫の象徴派の文体だった。

詩作品についてある完成の観念をもたない詩人ならいざしらず、有明は口語の不備を自覚していたから、今では過剰とも思われるほどに語彙にこだわっただけではなく、『春鳥集』序で「このごろ文壇に散文詩の目あり、その作るところのもの、多くは散漫なる美文に過ぎず」と記し、形式（有明の言葉では「律格」）的な完成もまた常に念頭にあったことは多くの詩編そのものが証明している。考えてみれば新体詩の場合、詩語としての日本語や形式の問題はひとりの詩人が背負って行くにはあまりにも大きく、いわゆる現代詩の状況とも無縁ではない。なぜならこうした日本語の混乱は、明治維新から今日まで日本人が外来語（舶来語といってみたい）に異国趣味や高級文化的な魅力を見て、固有の言葉や母語をかなり無頓着に捨て去ってゆくことと結びついているからだ。

たしかに、短歌俳句のような伝統的な短詩型のように音数をととのえるとか、フランスの場合のようにクロスワード・パズルまがいの脚韻辞典のような本があるとか、初心者でも形式的完成だけはできるといった手段はある。しかし、そうした表面的な形式性だけで優れた詩作品がうまれるわけではないこともたしかであろう。考えなくてはならないのは散文とはことなった形式性が歌や詩にともなうことは、その起源からの姿ではないか、ということだ。そこには口伝えによる記憶装置という性格があって、耳に訴えかける韻文性はほとんど実用的な条件だったとさえ思われる。言いかえれば、散文と詩のあいだには、定型によって、あるいはひとりの天才的な詩魂の韻律によって、短歌や俳句にみられる状況説明の「前書」とそこから生まれた「作品」のような関係、P・ヴァレリーならば「歩行」と「舞踏」に喩えるような役割のことなる関係が原理的にはあるはずなのだ。有明は日本の近・現代詩が後に直面することになる詩の形式、あるいは定型という難しい宿題にすでに取りくんでいた、いや取りくまざるをえなかった先駆者のひとりと言える。

この意味では、有明はまことにまっとうな詩人であった、とわたしは思う。当時すでに始まっていた散文詩についてもさきに引用したように「多くは散漫なる美文」でしかないと厳しく批評し、素堂の俳文「蓑蟲の説」の方にこそ「散文詩に値するものあり」と主張しているところからみても、この詩人の詩にたいする意識は高い。そこから、西欧生まれの四・四・三・三行のペトラルカ風ソネット形式などを文語体の新体詩に移植することに成功した。おそらく有明は詩というものが書かれるべき姿を自覚していて、文語体は初期の鷗外にとってそうであったようにかれの美意識を支える大黒柱であったと思われる。それ以後、詩作品が口語主体の文体に変わってきた今日から見れば、有明の文語体が古く感じられてもしかたがないが、かれが抱いていたまっとうな詩観が古びてしまったとはわたしには思われない。

実際、胸の痛むことであるが、昭和十二年の文藝懇話会の「詩の将来について」という記録を読むと、有明が詩の将来に絶望しているという話がなにか今に似ているように思われてくる。現代の日本語がカタカナ舶来語の魅力にひかれている様子は、明治初期の混乱を繰かえしているのではないかとさえ思うと、今日の詩人も立場はどうあれ有明の感じたにちがいない当時の困難さに深く共感するところもあるのではなかろうか。

ただ、すでに言ったように随筆『飛雲抄』の散文の方がむしろ抵抗なく読め、反対に有明の文語的韻律や古語を味わうことのできる感受性をわたしたちが失ってしまったのだとしたら、評価されるべき有明のまっとうな作品は多くの現代の読者には伝わりにくいことになる。そこで有明の詩作品と散文を読みくらべながら、口語体散文のもつわかりやすく流通しやすいという利点をいかに詩作品のなかに取りいれられるかも一つの方法ではないだろうかと考えているうちに、そのような方向には、昭和の西脇順三郎の融通無碍な文体、日本語としては破格な文体を見ることができるのではないだろうか、と思った。

有明はみずから象徴主義を標榜したことはなかったが、一般にその派の完成者、とりわけ『有明集』においてそう見なされてきた。この詩集が上梓されたのは明治四十一年（一九〇八）である。ちなみにフランス文学史をひもとくと、『マラルメ詩集』（デマン版）が一八九九年、その数年前にヴェルレーヌが世を去っている。一九〇〇年になるとヴァレリーの『旧詩帖』が出ているから、有明の手法はすでに時間的にみればほぼ一世代ぐらいの違いしかない。ところがフランスの近代文学の嚆矢とされるラマルチーヌの『瞑想詩集』が一八二〇年なので、象徴主義の成熟まてに四分の三世紀が流れているのにたいして、（ただし『悪の華』を象徴主義の先駆とすれば三十五年）、藤村の『若菜集』から『有明集』まではほぼ十年、透谷の『蓬萊曲』から十六年たらずである。

こうした初歩的な文学史を記したのは、ここに明治という時代の性急さがその野望とともに目のあたりにできるからなのだ。それは「涙をのんで流され」（漱石）なければならなかった時代でもあるが、同時に西欧文芸の移入のすばやさとその健啖ぶりにはただ感嘆するほかはない。今でもなおフランス象徴主義、とりわけその神秘的な世界観の意味を詩創造の立場から考えてみるとき、明治の詩人たちがすでにそこをはやばやと通過していることに驚きを禁じえない。この点についてはすでに窪田般彌の名著『日本の象徴詩人』があり、有明の『飛雲抄』のなかの「象徴主義の移入に就て」という一文は渦中にいた人の証言としてはなはだ興味深い。

有明のこのエッセーは個人的な象徴主義移入史で、英国の詩人アーサー・シモンズの『文学における象徴派運動』を岩野泡鳴が訳した『表象派文学運動』（大正二年）の書評というかたちで語られた。今では「表象」という言葉よりは「象徴」という言葉の方が正しいと思われるが、いたるところに有明の鋭い達見が読みとれる。とりわけマラルメについての意見はかれの芸術家としての炯眼をはっきり示すもので、そこでの一貫した問題は有明が美の感覚性、あえていえば美の地上性を求めていたことであろうと思われる。

「わたくしの象徴派に対する疑問は後に至るほど百出する。わたくしはマラルメとヴェルレエヌとを去つて、よろしくその源泉たるボオドレエルに就くべきであらうと考へたことは一再ではない」と語る有明の立場はわたしには共感できる。実は、シモンズはボードレールについては増補版でわずか数ページしか割いておらず、「ボオドレエルという名前は（それも間違って綴られるのが普通だった）品行の上でジャーナリストが出たら目に投げつける最も手頃なにくまれ口だったのである」（樋口覚訳）と書いているにとどまる。たしかに十九世紀中葉、流布されていたボードレール像はデカダンスの、大麻や阿片を吸引する背徳の詩人というイメージであった。だがそれは俗物を驚かす類いのもので、この詩人は並外れた鋭い知性と同時に豊かな感性に恵まれていた。芸術のうちにある種の官能的な楽土、陶酔や情緒的エクスタシーを求めていた有明がこのフランスの詩人の豊かな感性に惹かれたとしても当然であろう。思えば二人には、美から真実に肉薄するストイックであると同時に破戒僧の精神さえも感じられるのだ。

「それ故に象徴主義は感覚の綜合整調、即ち幻想の意識的創造を内容とするものと云つてよいであらう。わたしはさう信じてゐて疑はない」と語る有明は、根ぶかい官能への渇きからくる感覚的な刺激や情緒のイメージ化、絵画化を学び、ボードレールの「万物照応」と交差しつつ、ランボーの手法をさえ思わせる。

ただ、今、ボードレールの「万物照応」と「交差」していると書いたのにはいささかの理由がある。

その理由とは、有明が『春鳥集』序ですでに詩のなかに「視聴覚」的な修辞《レトリック》を求めていると同時に、芭蕉の句を「わが文学中最も象徴的なもの」だとも言っているからである。「白罌粟は時雨の花にして、鴨の聲ほのかに白く、亡母の白髪を拜しては涙ぞ熱き秋の霜を悲しみ……」という文章の「白」という音と色の繰りかえしによる修辞は、安東次男ならば「感覚の転位」と言うところの、「感覚転位」と訳される「シネステジイ（synésthésie）」でもある。そして、このレトリックが「幻想の綜合整調」となり、ボードレールの「万物照応《コレスポンダンス》」を思いおこさせる。すでに上田敏の『海潮音』にはコレスポンダンスの手法の一典型である「夕べの諧調」が、「薄暮の曲」という邦題で訳されているし、有明の「仙人掌と花火のAPPRECIATION」には『悪の華』への言及も見えるから、有明の詩魂にはボードレールの影があっても不思議はない。

ただ、あえて「交差」していると書いてみたのは、俳諧における視覚とか聴覚の表現をずらす「感覚移転」や、有明の「幻想の意識的な綜合整調」は、修辞の次元ではコレスポンダンスに似ていても、その背景になっている観念はかなりことなるように思われるからである。わたしは何々主義のこまかいちがいに目くじらをたてる教条主義を好まない。ただ注意したいのは、シモンズも『文学における象徴派運動』の結語で指摘しているように、西欧ではボードレールに至って美学的な思想となる象徴主義や「万物照応」という世界の見方には秘教の伝統があるということなのだ。それによれば、全宇宙は天界と地上とのあいだに寓意的《アレゴリック》な見えない関係で結ばれ、呼応しあっているという神秘的な世界観で、日本ではほとんど知られていないエリファス・レヴィの詩集『三つの調和』のなかの「コレスポンダンス」とか、バランシュの『エバルの夢』などがそうした秘教主義《エゾテリスム》といわれる伝統の背景をつくっている。そして、こうした考えから生まれる夢、もしくは幻想は神の超越的な実在を直観的に把握することでもあった。だからこそボードレールの筆からは、この世界を生み出した「諸能力の女王」としての想像力という表現や、自然は辞書であり、詩人はそこに記された神意の翻訳者という表現が生まれてくる。ボードレールの詩人としての偉大さは芸術的な表現力にあったと思うが、少なくとも「万物照応」という見方には今述べたような世界解釈が背景にあった。

こうしたところから見てゆくと、当時考えられていた象徴主義、または俳諧のなかの象徴的と思われる表現は、むしろ「鴨の白い声」といった感覚の転移による修辞のレベルで語った方がよいのではあるまいか。五感をあらわす言葉をそれに対応しないような物や事にまで適用して、意表をつく表現から新鮮な感覚をよびさますのだ。こうした修辞を意図的にもちいることは詩では決して珍しいことではない。この象徴主義をめぐる理解のズレもふくめて、有明がマラルメから去ろうとした動機には、極端に観念的な、いわば空気のうすい領域へ迷いこむことを警戒したからではないだろうか。

「幻想を以て無理に心靈的なものとしたくないのである。マラルメは物象を静観して幻想を喚起するといふが、必ずしも静観に伴ふものとは限られない。感覚状態の錯綜を極め、可見不可見を絶した内部現象を以て幻想と假稱してもよいものならば、かかる状態を喚起するには、生來の敏感と共に、また別に官能上の手段を要するものである。こゝに幻想の近代性がある」

このように薬物による陶酔をもふくむと思わせる有明の見方はたしかに「近代性」をふくむし、ボードレールのみならずランボーの『イリュミナシオン』の手法をも思い出させ、官能そのもののなかに生きる恍惚をもとめるやみがたい希求があった。しかし、すでに指摘したように有明の作品にはフランスの象徴主義の背景にあった秘教的な世界解釈というものはあまり窺われない。その意味では有明が象徴主義を標榜しなかったのはむしろ賢明であったし、あえて既存の言葉のなかからさがせば、むしろユイスマンス的な耽美主義、「芸術至上主義」にちかいと言ってもよいのではないだろうか。

ここまで有明の詩観について説明がややこしくなったので、「パンの会」の詩人たちによる「屋上庭園」終刊号（一九一〇年二月）に掲載された「仙人掌と花火のAPPRECIATION」から引用してみる。これは後に『飛雲抄』の巻頭エッセーとして語を少々かえて収録されたものだが、思いのままの幻像がつぎつぎに生起してゆき、しだいにある形をとってゆく動きそのものが詩作の過程をたどるようなすばらしい文章である。

「わたくしはいつもの癖の冥想をはじめる—否、冥想ではない、幻像の奇怪なるReverie（「夢想」の意、筆者）だ。雑然たる印象の凝集と発散との間に感ずる夢だ。するとわたくしの脳裡に、仙人掌と花火といふ記號的な概念が浮んで來る。その概念が内容を模索する。人間の日常生活には、殆ど何等の交渉を保たない此二つのものが、漸次に一つの情調の中に人工的な色と形のアレンジメントを創造する」（筆者注・『飛雲抄』では、「Reverie」は「饗宴」に置き換えられている）

まず、有明が不毛の地に育つサボテンを好んだことは、いかにも新体詩が当時置かれていた状況を暗示するようでおもしろいし、どこかシモンズ風な語彙も感じられ、「記号的概念」とはマラルメのようではあるが、注目したいのは冥想といってもある認識をふかめてゆくものではなく、夢想の「幻像の奇怪な饗宴」をはじめる妖術のことだ。詩の発想にセンチメンタリズムよりも絵画的な描写、時として読者をまごつかせる古語、仏教語のイメージを求めた有明詩の発火点がここにあると言ってもよさそうだ。実際、引用した文章の最後の二行は異質なもの同士を衝突させる効果を予見したモダニズム的な詩法でもある。そして、このエッセーの場合でも詩篇「茉莉花」と同じように、サボテンの花はただちに女性を喚起してイメージは重層化してゆくが、こうした幻像の展開そのものが美意識の深化であったろう。

ただ、こうした手法の罠は（詩人は意識して卍形と呼んでいるものだが）本質的にはあまり動きがないことだ。たとえば「夏の歌」冒頭の、

薄《うす》ぐもる夏の日なかは

愛欲の念《おもひ》にうるみ
底もゆるをみなの眼《め》ざし
むかひゐてこころぞ悩む。

このような詩句はエロスに呪縛された見る側から描かれていて、そこには道義などをこえた魅惑の業、また耽美の業を見たのもたしかだろう。そして、そこは出口のない重くるしい密室なのだ。『飛雲抄』序の文章は有明がつよい執念をもった美の探求者、あるいは芸術の至上主義者であったことを示していて、有明が内面の美への妄執を観察する立場であることが多い。そこに詩句のよくいえば静かな冷静さ、あるいは動きのなさ、という結果を招いているのではないだろうか。

「妙なことをいふやうであるが、わたしは少年のころより道に志してゐた。そして道を求めて、その果に妄執の道をさぐり得た一人である。妄執の道は輪廻の道でもある。その途上で、妄執がさまざまな至極の美を観せてくれた。それが謂はばわたくしの小生涯の内容を作すものである。たとへ地獄に堕ちても、その凄惨な美をよく観ておいて、おぼへておいて、鬼畜の言葉に形を取つても、再びこの世に戻り来るその日のあらむことを信ずる念は絶へず続いてゐて、未だ滅びてはゐない」

このすさまじい文章は、『有明集』の「苦悩」という詩の最後の連につうじる有明の芸術家としてのマニフェストというべきもので、ここでも「凄惨な美をよく観ておいて」とある。これは見極めたいという客観的な立場だ。この見きわめの深さが有明を近代詩人にしたと言えると同時に、詩句の自由な動きをはばんだとも言えないだろうか。

ここまできてやっと有明の詩篇について語ることができる気がするのだが、『草わかば』『獨絃哀歌』『春鳥集』とたどってくると、『有明集』が日本象徴詩派（「象徴」の意味がどうあれ）の詩風を達成したものと納得できる。有明は三十三歳であった。今日、「智慧の相者は我を見て」や「茉莉花」といった古語まじりの傑作ソネットの官能的世界への偏執が言葉も風俗も変わってしまった読者にどれほど伝わるのか判断にまようが、それこそがこの詩集の通奏低音であろう。そこには濃厚なエロスの渇きがあらゆるかぎりの詩語と内省によって描かれているのだが、読み終わってみると意外にモノトーンな印象が残される。心の姿を詩語の制約のなかで描き出したみごとな作品であることにはかわりないが、その詩想そのものがすでに書いたように閉ざされた内面の世界であるためか読後に閉ざされた不充足感が残るのではあるまいか。有明は情念の自然に流れでる表現ではなく、その情念を距離をとって見つめ、それをさらにみごとな形式美（ソネットや行の音数五七／七五／五七五）に過剰に押しこめてしまう場合があって、幻像の連鎖がしばしば詩句を重くしているように思われる。かならずしも好例ではないかもしれないが、「不安」と題する詩の第四詩節をみてみよう。

（たまさかに）仰ぎ見る空の光の
樂《がく》の海、浮ぶ日の（影の）まばゆさ、
戰《をのの》ける身はかくて信なき瞳
（射ぬかれて）更にまた憧《あくが》れまどふ。

この詩節の「たまさか」とか「影」あるいは「射ぬかれて」などの詩句は音数の制約がなければもうすこし変化を持たせた他の言葉に置きかえもできたのでは、と言いたくなるような油絵のかさね塗りのような印象が残る。逆に言えば、有明の真面目なひたむきさ、形式の要請にあわせようという几帳面さともいえる性格が、有明の詩作品にやや重さや窮屈さを残していることは否めないように思う。つまり読者にとってみれば最後には解放感、浄化《カタルシス》がもたらされることがないままに終わってしまう。

このことは、「信楽」という詩では早朝の澄みきった霊的なすがすがしさを題材にしていながらも、あまりにも工匠的にイメージをかさね、絵具の点在するパレットのようになっている。たしかに文語体韻律による形式を完成させようとした有明の努力はたかく評価されるべきだが、そこで採用された西洋詩の形式は、日本語のこなれた詩の受け皿というよりは、「幻像の奇怪なる饗宴」という数多くのイメージをやや無理をして押しこめる「枠組み」という印象がどうしても強くなってしまう。

こう書くと有明の詩は単調でいかにもつまらないものに見えてしまうのを恐れるが、そうではなくかれの作品が見せる詩人の格闘は、イメージの言葉と仏教などの思念の言葉との相性の問題でもある。たとえば詩篇「われ迷ふ」は七五の短い一行なのでリズムが途切れず動きがあり、愛欲とニルヴァナの思いがおなじ感覚性のうえにただよう有明の詩の特徴がよくでている。ただ、どこかでそれらの言葉がすべてある等距離に置かれているような印象が残り、わたしはそこには詩人の深い孤独の視点のようなものを感じる。

「沙は燬けぬ」という詩でもまず海辺の散策といったありふれたオケージョナルな場面があり、そこを起点にして心の奥へ奥へと内省してゆく深い思念を書きだしているのだが、あまりにも多くの語彙をつかいすぎて自然さを失っているように思う。そのために詩人の自我への執着が、読む者へと架橋する道をもうひとつ阻んでいるような気がするのだ。

虚《うつろ》の靈《たま》は涯《はて》知らぬ淵に浮かびて、
身はあはれ響動《どもよ》す海の渚《なぎさ》べに、——
またも此時わが愁《うれひ》、森を出でたる

獣《けもの》かと跫音忍びかへり來ぬ。

ナルシス的な内面の凝視が他者への道をはばむ単独者の心理なのではないか。そうだとしても、わたしは有明のこの孤立した自我をむしろ同情を持ってみるべきだと考えている。なぜなら有明の詩が「晦渋な」と非難されて、口語の安きへとながれてゆく時代に、芸術としての詩の理想をもちつづけるには孤立せざるを得なかったからだ。かれの「詩の将来について」で記す「絶望」は理解されない孤立のことであり、同時にそれゆえの閉鎖性なのである。これもまた詩というものが置かれた近代の宿命の姿そのものと言えるのではないだろうか。

影深き胸の黄昏、密室の戸は鎖《さ》しもせめ　（「苦悩」）

陰湿の「嘆」の窓をしも、かく
うち塞《ふさ》ぎ眞白にひたと塗り籠め　（「癡夢」）

たづきなさ——わが魂は埋《うづも》れぬ、
こゝに朽ちゆく夜の海の香《にほひ》をかぎて、
寂静《じやくじやう》の黒き眞珠《またま》の夢を護《まも》らむ。　（「寂静」）

こうした詩のなかにくり返される閉鎖空間へむかう内向きの動きは、読者を有明の詩魂のまっただなかで道を失わせてしまう。庭の草花を愛した有明はこの閉ざされた心の庭で美の本能ともいうべきものに促されて幻想の花を摘んだのであったが……。しかし、そこにはもはや他者へ開かれる橋はなかったのだ。とはいえ、有明の悲劇は有明ひとりの性格とか運命とばかりはいえず、日本語の混乱期に詩のあるべき姿を求めたひとりの詩人の苦闘の結果でもあったとわたしには思われる。

死の林かとあらはなる
木《こ》立《だち》の枝のふしぶしは
痛みぬ、風に——悔《くい》の音《おと》、
執着《しふぢやく》の靄灰色に。
（「灰色」）

有明という先駆者の孤独をたどりながら、詩人や芸術家という存在は、ひとつの個性でもあり同時に他者でもある、という鵺《ぬえ》的な往還のなかにもうひとつの世界を生みだすのではないだろうか、と思うのだった。

啄木と対話しつつ

詩的故郷について

啄木についてあらためて読みなおし何かを書こうとしながら、思いがうまくまとまらない。なぜだろうと考えてみると、透谷とか藤村、あるいは泣菫や有明のように啄木の詩想がどこかもうひとつはっきり浮き出してこないところに原因があるらしい。

こんな風に書きだすと、たとえば『一握の砂』のような啄木の抒情歌には誰の目にも明らかな啄木独自の境地があるではないかと反論されそうだし、事実、そこには啄木が歌った日々の思いが感動を誘っている。ところがその感動を言葉にしようとするとき、不思議にもこちらの言葉が消えていってしまうような不思議な印象が残る。おそらくその秘密は、啄木の短歌がきわめてかれの暮しと密着していて、共感する以外に容喙《ようかい》できないほど独自の体験を表現しているからだと思われる。かれの歌を読むことで、読者は歌人の個人的な日常の暮しむきに否応なしに立ちあうことになり、たちまち自伝的な側面に引っぱりこまれてしまうという経験をする。これは近代短歌というものの「私歌的」性格であるかもしれない。とはいえ、啄木の生活実感と言葉の結びつきはストレートですばやく、読者は言葉によって増幅されるような詩的な想像の場にとどまるこ思うとが難しくて、かれの生活感情とその背景の方へたちまち目を奪われ、共感を求められる。思うに、啄木の詩歌や散文の特徴は言葉をあつかう容易さ、あえていえば言葉のタメのすこし足りないところにあるようだ。こうした言葉の性質は、日常や経験をなまなましく伝える臨場感や衝撃力をもつ一方で、日常経験がそうであるように、断片的な印象をも読者に残すのではないだろうか。別の言葉でいえば、わたしがまず思うのは、天才とさえ呼ばれた啄木の才能のありようそのものなのである。

今ちょうど、歌集『一握の砂』に触れたので、このつとに名高く、人口に膾炙している歌集を話題にしてみると、この歌集の独創性が短歌を三行分けの形式で書くという思いつきにあって、むしろ内容よりもまず耳目を惹きつける役割をしている気がしないでもない。思い出、自己愛、現実への怒りや憎悪といった胸のつかえを「かなしみ」という言葉をリフレインのように繰り返し収斂させてゆくレトリックにこそこの歌集の成功があったように思われる。

実際、『一握の砂』に告白された感情は、「東海の小島の磯の白砂に／われ泣きぬれて／蟹とたはむる」という冒頭の有名な歌が暗示しているように、無邪気な幼年時代にもどるというよりは、むしろ人の世から疎外されたはての色濃いナルシシズムに染まっている。なぜこの歌人はこんなにまで自己に関心をもてるのか、とついつい問いかけたくなるほどに時として強い我意を感じさせる。そこには北海道流浪、文壇上の不遇、貧困、成功への火のつくような焦燥感などが心に鬱屈を生み出していたはずで、理解できないと言っているわけではない。「かなしきは／飽くなき利己の一念を／持てあましたる男にありけり」と啄木自身おのれの閉ざされた心理に明晰に向かい合っている。北村透谷が『蓬莱曲』で自我における霊肉の葛藤を追いつめていった思想的な次元ではなくて、啄木の利己とはいわば負けず嫌いで他人に勝とう勝とうとしている感情にちかい。「どんよりと／くもれる空を見てゐしに／人を殺したくなりにけるかな」、「一度でも我に頭を下げさせし／人みな死ねと／いのりてしこと」などは、まことに犯罪者の心理にちかい。こうしたとりわけ青年の鬱屈した心理をわたしたちとは無縁な経験だなどとは言わない。むしろ社会から疎外されたと感じる多くの人間のもつむしろごく当たり前の恨みや敵意の激情である。しかし、深く考えねばならないのは、この自暴自棄の他者への攻撃的情念がたとえ本音であっても、それをそのまま歌うことが美しくもなければ、倫理的にも真実とはいえない精神的な傾向であることには変わりがない。たしかに文芸は世間に流布するありきたりの道徳的規範をこえる表現を扱うことは可能だし、意味のあることだ。けれども、そこには書く者のあえていえば熟慮が必要とされ、本音だからといって書けばよいと言う風にはわたしは考えない。

こうした尋常ではない啄木の感情表現を歌ないし文芸として保証しているのは、むしろ新しい三行歌という形式だった。そこに啄木の才能を見るといえば過言になるだろうか。

啄木の友人でもあり、詩の競争相手でもあった北原白秋の言葉が思い出される。白秋は『明治大正詩史概観』で、啄木が卓越したテクニシャンだったこと、詩において一家の風格を樹立できなかったことを言って、次のように続けている。

「後年の『悲しき玩具』に於けるかの意識して破壊し、また放擲した一見蕪雑な短歌の作者とは殆んど別人の観あるを以て、彼の短歌のみを知る人は多くは彼の本質に思を致さぬのである。彼は本来の技巧家であつた。かの三行歌の新風も破壊調も実は技巧家としての彼の悲しき玩具遊びであつたのである。あれは彼の技巧である」

この白秋の言葉は啄木愛読者の反撥を買うかもしれない。『一握の砂』や『悲しき玩具』が与える感動がたんに技巧によるものだと言い切れるか。だが、白秋の言葉にも半分の真理はある。『雀の卵』で推敲に推敲をかさねたあげく、ついに詩歌が何であるかがわからなくなってしまったような歌人としての白秋の危機を啄木が経験したとは一寸思えないからだ。生活上の危機は常に啄木につきまとったが、彼の才能は常にそれにふさわしい言葉と表現を次々に見出していったように思う。その意味から、啄木の卓越した明敏な文才のありようを見ておく必要があるのではないだろうか。彼の生涯は渋民村で『あこがれ』に収録される詩を書いていた頃から、文士として生活しようと釧路から上京してうまくゆかず死ぬまで、この文才にたたられたと言えなくもないからである。

先まわりするようだが、啄木の詩文を読んでいて、その肌触りにふさわしい形容はなにかと考えてみると、ごく自然にジャーナリストという言葉が浮かぶ。

新聞記者として小樽や釧路を歩いたという経歴からいうのではなく、彼の文章が現実に敏感に反応し、その時々の話題をたくみに消化し、表現していると同時に、意外にも彼の文体が陰翳を欠いたままに終わっているからである。

ただ、このジャーナリストが凡庸な文章の職人でなかったのは、現実を否認し、白紙にかえしたいとする激しい破壊的な情念、あるいは欲望をもっていたからである。明治の青年の強烈な青雲の志という野心が、社会階層のかたまってゆく変動のなかで疎外されてゆく反動として、破壊的なラディカリズムに至る原因にはジャーナリスト的な常に現実との間合いがとりにくい、別の言い方をすれば余裕のないままに臨場感を追いかける文才の悲劇があったのではないか。

さて、啄木の詩作品が描いた軌跡とはどんなものであったろうか。すでに多くの研究者が優れた分析を加えているだろうから、わたしは現在、もっぱら詩を書こうとする関心から読んでみたいと思う。

まず明治三十八年刊の第一詩集『あこがれ』についていえば、今日の読者として文語というのはやはり読みづらいところがある。ただ、わたしは文語のすべてを否定しようとは思わないし、文語や五・七調がむしろ新鮮に映る若い世代もあるとも考えている。五・七調による文語定型詩や死語雅語などの多用がどうしても催眠的な単調な効果をつくりだしてしまうので、もしこの日本語の母音数の少なさをうまく処理できさえすれば文語かならずしも捨てるべきものとは考えない。そして、実際、『あこがれ』は驚嘆にあたいする詩集なのだ。

明治三十八年といえば、五月に薄田泣菫の『二十五弦』、七月には蒲原有明の象徴主義宣言と目される序をともなった『春鳥集』、十月には上田敏の『海潮音』などが陸続と刊行され、新体詩が近代詩として形式内容をととのえ、象徴主義（この内実は検討すべき余地があるにしても）へ向かって成熟してゆく重要な年であった。こうした時代にあって、陸奥の年少詩人は誰もが指摘するように泣菫や有明の強い影響のもとに出発した。けれども日夏耿之介が「詩集『あこがれ』は早熟少年の模倣詩集にすぎないが、ただ注目するに足る一事は、儕輩の遙かな年長の詩人の間に伍して、その態度その技巧ほとんど年少未熟の痕跡を残さず、当代名家の詩情と技巧の感化をたつぷり受けて、その亜流の間に在つても、一流とあつて二流以下とは下らぬ程度の修辞法を示してゐることである」（『明治大正詩史』巻ノ中）とした評価は正しいであろうか？

ここで注意しなければならないのは、日夏が白秋と同じように啄木の「技巧」に注目していることだ。わたしは、日夏が啄木を年長詩人のエピゴーネンに過ぎないけれども、そのエピゴーネンのなかで傑出しているという判断を最終的には認めねばならないと考えるが、といって『あこがれ』を技巧、模倣、修辞といった側面からのみ捉えるのは啄木には気の毒だと思う。たとえば、日夏が「その修辞に於ける古語廃語雅語詩語の駆使は『林に立ちて《ママ》』の初句……の如く、泣菫の絶句形式と有明の小曲調と鉄幹の詩感との感化のあと鮮やかに見える模倣詩として……云々」と書いている「杜に立ちて」を引用してみよう。

秋去り、秋來る時劫《じごふ》の刻みうけて
五百秋《いほあき》朽ちたる老杉《おいすぎ》、その眞洞《まほら》に
黄金の鼓《つつみ》のたばしる音傳へて
今日《けふ》また木の間を過ぐるか、こがらし姫。

運命せまくも悩みの黒霧落ち
陰靈《ゐんりやう》いのちの痛みに唸《うめ》く如く、
梢《こずゑ》を揺りては遠のき、また寄せくる
無間《むげん》の潮《うしほ》に漂ふ落葉《おちば》の声。

ああ今、来たりて抱けよ、恋知る人。
流転《るてん》の大浪すぎ行く虚《うつろ》の路《みち》、
そよげる木の葉ぞ幽《かす》かに落ちてむせぶ。——
驕楽《けふらく》かくこそ沈まめ。——見よ、緑の
薫風いづこへ吹きしか。胸燃えたる
束《つか》の間《ま》、げにこれたふとき愛の榮光《さかえ》

日夏が「泣菫の絶句」と言っているのはソネット形式のことである。松村緑の「泣菫の『絶句』――ソネット移植史序章――」によれば、日本で初めてこの形式をもちいたのは泣菫で、明治三十年に発表された「花密蔵難見《はなみつにしてかくれてみえがたし》」中の十一篇であるという。ただ、泣菫の場合、一行は八・六音となっているのに対し、啄木のソネットは四・四・四・六音と特異な音律をもっている。また、啄木のソネットは、英詩でいうシェークスピア風ソネットの連続して書かれる十四行詩でもないし、フランス詩などの四・四・三・三行で構成されるペトラルカ風ソネットでもない。十四行で前半に八行、後半六行というソネットとしては変則的なものではある。

こうした形式のことを一寸指摘したいのは、ソネットといえば立原道造や戦後の『マチネ・ポエティック』などを思い出しやすいが、実は近代詩史のなかでかなり早い時期から試みられていたことを言っておきたいからである。

引用した詩にもどれば、「五百《いほ》」という『万葉集』からの古語、『海潮音』に頻発する仏教的語彙に連なる「無間」など、詩語には同時代の趣味があきらかに影を落としているものの、読んで感じられるのはこうした古語による修辞の背後ににじみだしている若々しさだ。秋を歌い、木枯らしの吹く悄然たる風物を描きながらも、どこかに「愛の栄光」のように若い情感が冷水のなかの湯となって流れている。「杜に立ちて」がいかにも巧妙なパスティッシュ（模作）であるように見えても、渋民村らしい自然の豊かさが顔をのぞかせている。「鶴飼橋に立ちて」もまた同じである。こうした印象は有明の詩にも、より啄木にちかい泣菫の詩にも味わえない独特のものだ。おそらくここに見られるのは、幸福な啄木、後に「食ふべき詩」で苦々しく思い出さねばならなかった充足した幸福な詩心であって、より率直で柔軟な文体をとった方が良かったのではないかとは言えよう。けれども、そこには渋民村で「明星」を読み、時代の最先端に目をそそいでいた彼の文学心や才能のあり方に起因する傾向があったのだろう。

啄木がそうして受けとった詩想はやはり有明や泣菫の象徴主義というよりはロマン主義という形容が一番ふさわしいだろう。だがそれは、透谷のように近代的な自我の葛藤を西洋の思想に照らしても深く理解したロマン主義というものではなくて、自己陶酔的な情念の高揚を表現したものである。この姿は、『あこがれ』の序詩である「沈める鐘」にすばらしさと平板さが同居しているところにも見られる。この詩は世界創世の初源へ想像力をかきたて、そこに音ないし声を聞くという壮大な詩想で、啄木が後年になってどう否定しようと、この若い熱狂はきわめて得難いものである。

暗這《は》ふ大野に裂《さ》けたる裾《すそ》を曳《ひ》きて、
ああ今聞くかな、天与の命《めい》を告ぐる
劫初の深淵《ふかみ》ゆたゞよふ光の声。――
光に溢れて我はた神に似るか。
大空《おほぞら》地と断《た》て、さらずば天より降《お》りて
この世に蓮充《はしみ》つ詩人の王座作れ。

これら詩句はあまりにも誇大とはいえ、その理想は啄木に一生つきまとった、伊藤整が指摘しているヒロイズムであり、詩人の、あるいは天才の特権視と無縁ではない。ただ、「光に溢れて我はた神に似るか」というようないかにもロマン主義的詩句を読むとき、同じような表現をしたバイロンや透谷のいだいていた伝統的な神を否定した内面の葛藤がここにはまったく感じられない。そのために、この壮大な詩句に空疎とは言えなくとも、表現として陰翳がなく平板な印象を与えるのである。啄木の詩が時として陥る悪くいえば大言壮語が『あこがれ』という詩集からある種の読者を遠ざけている理由だと思う。

以上のような性格をもちながらも、『あこがれ』という詩集にはたんに修辞的な達成以上の啄木の詩的至福があったことに注目しておきたい。こうした魂の全開状態を思わせる情念の高揚は、有明の「茉莉花」にも泣菫の「望郷の歌」にも感じることができない自然児のもつ至福で、こうした意味では、故郷喪失の抒情を通奏低音とする近代詩史のなかでは充分に珍しい。啄木が、近代詩のその通奏低音に加わってゆくのは、少なくとも詩想の上では渋民村を捨て、各地を放浪しついに東京でデラシネとなって疲れ病んでゆく不遇な暮しを味わってからであると言える。が、『あこがれ』に含まれている至福は、晩年の別人のようになった啄木にとっても、詩的故郷として思い出されたにちがいない。「黄金幻境」や「秋風高歌」と題された十篇のうち「我が世界」に見られるような観念的な理想主義がやすやすと年少詩人の心を支配していたように見える。

世界の眠り、我れただひとり覚《さ》め、
立つや、草這ふ夜暗《やあん》の丘の上。
息をひそめて横たふ大地《おほつち》は
我が命《めい》に行く車にて、
星鏤《ちりば》めし夜天の浩蕩《こうたう》は
わが被《かづ》きたる笠の如。

ああこの世界、或は朝風の
光とともに、再びもとの如、
我が司配《つかさどり》はなるる時あらむ。
されども人よ知れかし、我が胸の
思の世界、それこの世界なる
すべてを超えし不動の國なれば、
我悲しまず、また失はず、
よし、この世界、再びもとの如、
蠢《うごめ》く人の世界となるとても。

（八月二十二日）

読者は、この意気軒昂とした高らかな調べの幾分かが啄木の才筆のなせる技で、こうした観念的な思想はガラスのように脆い若者の陶酔であると指摘することはできる。しかし、俗世人事をこえて、夜の宇宙に対面する素朴な直情にはやはり若々しい情念の陶酔が表現されていることも否定できないだろう。ただ、こうした種類のポエジーというものがもつ危険というのは、言葉そのものの機微や詩的機能を考え、虚構や美といった詩法にかかわる問題や、人の世の現実を理解するには独善的になりやすいということだ。たとえば、透谷も「一夕観」という類いまれな美しい文の中で、星辰にこそ真の書物あり、と語ったが、こうした宇宙の沈黙に接したところに詩想を保ちつづけることは至難の業に思われる。詩人はどこかで現実に足をつけていなければならない。啄木は詩的出発において早くも達成したこのまさに憧れである超越的な宇宙との幸福な関係を、これ以後、維持するのは難しかったろう。もしそれが、自ら踏み固めた思惟の上に到ったのではなく、若い陶酔と当時の文学思潮への敏感な反応によって生まれたものであったとしたら……なおさらのことである。

「其頃の詩といふものは、誰も知るやうに、空想と幼稚な音楽と、それから微弱な宗教的要素(乃至はそれに類した要素)の外には、因襲的な感情のある許りであった」と啄木自身が「弓町より」で回想している。

ここにはたしかに自然児の性急な詩想があったとはいえ、『あこがれ』をたんなる先輩詩人の模倣詩としてのみ考えてしまうことはできない。「此書を尾崎行雄氏に献じて併て遙に故郷の山河に捧ぐ」と記した啄木にとって、この処女詩集はまれにみる幸福な詩的故郷を封じこめていたからだ。

このように考えてみると、さまざまな論議の的となる明治四十二年東京毎日新聞に発表された文学的告白ともいえる「弓町より　喰ふべき詩」はそう簡単には割りきれないエッセーである。明治四十二年、釧路から上京し、文筆をもって世に立とうとする野望が挫折し、結局、朝日新聞校正係となってサラリーマンの生活をしていた時の文章である。生活の資を求めなければならない追いつめられた鬱屈がかつての観念的な至福を浸蝕し、おのれが世間的には天才でもなければ特権的な英雄でもなく、ごく平凡なただの人にすぎないことを痛いほど思い知らされたのちの文である。いや借金を友人知己に頼まざるをえない平凡以下の劣敗者の自覚もあったであろう。内面の誇りを現実的に保証するものはもはやなかった。そんなところから書かれたのがこのエッセーである。

あえて考えてみると、啄木はこうした不遇な環境の変化を乗り切る何かがかけたまま、その場その場の現実のなかで性急に成功を求めようとした、求めざるをえなかったのではなかろうか。明治末年に置かれたインテリの状況に、もはや青雲の志を満たす余地は限られ、啄木が朝日の校正係に甘んじなければならない屈辱を察しないわけではない。だが、同時にかれはいわゆる娑婆っ気もかなり強いのだ。

「おれが若しこの新聞の主筆ならば、／やらむ——と思ひし／いろいろな事！」

「何か一つ騒ぎを起こしてみたかりし、／先刻《さつき》の我を／いとしと思へる。」

いずれも『悲しき玩具』からとった歌だが、言葉によって、あるいは言論によって世を動かすというよりも、現実の場でいきなり願望を充足させたいと焦る心が見えるように思う。「喰ふべき詩」というエッセーはこうした眼前の「必要」から書かれている点は留意にあたいする。もはや啄木には一切の猶予や迂遠なものをもつ余裕がない。作家や詩人が人生のうえで劣敗者でありながらも、流れゆく現象から人間の現実を昇華した表現にとどめるというアイロニーさえ目にはいらない啄木は、またもヒロイックな大言壮語におちいる。

「即ち眞の詩人とは、自己を改善し自己の哲学を実行せんとするに政治家の如き勇気を有し、自己の生活を統一するに実業家の如き熱心を有し、さうして常に科学者の如き明敏なる判断と野蛮人《やばんじん》の如き率直なる態度を以て、自己の心に起り来る時々刻々の変化を、飾らず偽らず、極めて平気に正直に記載し報告するところの人でなければならぬ」

なんという度しがたい夢想家か。こんな詩人はあり得ないとは言わないが、あまりにも現実離れした肖像ではないか。むしろ、これは詩人のありかたというよりは、社会的な成功者のあるタイプの肖像を思いおこさせる。かつてロマン主義的な理想が現実との相克をへないままに養われた「空想」であったように、今度は途方もなく過大な夢想をもった「詩人」像を見ているといえば啄木に酷だろうか。そして、こうした詩人観から生まれる詩作品とは次のようなものだ。

「詩は所詮詩であっては可けない。人間の感情生活（もっと適当な言葉もあらうと思ふが）の変化の厳密なる報告、正直なる日記でなければならぬ」と啄木は主張する。この主張はおそらく日本人の耳に入りやすいが、ここで決定的に排除されているのは芸術としての詩作なのである。わたしはこうした啄木の口語自由詩の擁護へ向かう詩観をかならずしも否定しないし、有明や泣菫の詩にみられる詩法とか修辞のあり方にたいして、暮しに密着した斬新な視点であると思う。ただ、詩が「厳密な報告、正直なる日記」だとするならば、その最適の表現形式はどう考えても散文の領域に属するのではないのか、と問わざるをえない。そして、まさに詩人が「哲学」なり、生活において自己を「統一」する「勇気」と「心」をもたないかぎり、そこからは「正直」を口実にした生活感情の安易なたれながしの表現が始まることは疑う余地がない。啄木の理想は、詩人がどこまで自己内部の充実を保ちえるかが詩の質を決めることになるのではないか。さもなければ、こうした「正直な日記」は近代詩史のなかにあって、伝統という蓄積を不可能にする詩観ではなかったかと問うてみたいのだ。

「弓町より――喰ふべき詩」がもつ近代詩史にける革新的な立場は、川路柳虹、三木露風、などによる口語自由詩への加担である。啄木の敏感な才能が、象徴主義のあとにくる前衛をふたたび嗅ぎ分けているのだが、「我々の要求する詩は、現在の日本に生活し、現在の日本語を用ひ、現在の日本を了解してゐるところの日本人に依て歌われた詩でなければならぬといふ事である」という文章のはげしさはわたしを驚かせる。そこで「現在」と「日本」を強調することは、一方に文語詩の行きづまりを据え、他方に文化的なナショナリズムにちかい外国文学追随への批判がひめられている。

一般的に考えるならば、前者は新体詩の出発点にすでにあった問いかけで、新体詩が文語と五・七調という伝統を温存したことに対する第二の革新としての口語自由詩への加担である。この点ははっきりしていると思う。

けれども、後者の「現在の日本」「現在の日本語」「日本人」という一連の「日本」という啄木の言葉には、かれ個人の暮しの現実というよりも、一気により広い文脈で同時代の現実というものを捉えようとする誇張を感じる。なるほどわたしたちは日本の現実とか、日本の国柄だとか、日本語の性質だとかいうような言い方をほとんど既定の現実のように表現しがちだ。日常の紋切り型表現であると言っても良い。しかし、その「日本」も、「現実」も、「国柄」も、実はわたしたちが集団的無意識のうちに再生産しつづける心像の転写であって、明治国家が制度や文化を再生産し続ける作為と相似形である。おそらく啄木は暮しの私的現実から、日本という集団的無意識の領域へ一気に飛躍しているように思える。一般的には、この私的な現実と集団的無意識への心理的な飛躍が、個人と国家の無媒介的な一体化なのである。しかし、この無媒介的な一体化は長くは続かなかった。

たしかに啄木は同じエッセーのなかで、詩の行き詰りの突破口として象徴主義があったことを語り、ただそれが「一時の借物」であると思っていたと言っている。たしかに、そのとおりだ。そもそもフランス詩の象徴主義を生みだした超越的な神秘観や宗教といった西欧思想は当時の「現在の日本語」にも「現在の日本」にもない。そもそも象徴という言葉自体が、鷗外がシンボルという言葉を訳したときに生み出した新しい言葉でもあった。

こうした点から見れば啄木のいう「日本」もまた西欧の近代国家の「借り物」なので、その「日本」は、鷗外の短編「普請中」や漱石の「現代日本の開化」を思い出すだけでもきわめて複雑で錯綜した現実を抱えていたことは容易に想像できると思う。

つまり問題は、「両足を地面《じべた》につけることを忘れてはいないか」という檄をとばす啄木の「地面」とは一体何を意味するのだろうか？　もしそれが自然の大地のように不動なものならば、話は簡単だ。そこから何かが物理的な法則にしたがって建設できるであろう。ところが、象徴主義も近代国家日本も「借り物」なのである。そのなかでは、地面とは何なのか？　地面と言えるような確固としたものがあったのだろうか？　むしろ、ひとりの人間にとっての現実は多層的なものであって、それぞれの個人が社会での経験や思考によって固有の「地面」をつくり出しているという方が人間の暮しの実態にかなっているのではないか。普遍的な現実などというものはかなりうさんくさいものだ。ましてや啄木の時代にあってはとりわけそうではなかったろうか？

実際、啄木にとっての「地面」というのは、「時代閉塞の現状」というエッセーに書かれた認識になるのだが、青年が権力機構なり社会上層から遠ざけられて、青雲の志を達成することが著しく困難になった明治末期の現実をさしている。詩人としてかつて味わった幸福な自由の感覚が失われ、東京での落ちぶれた「悲しき移住者」の目に映った現実なのである。ライバルの白秋がみごとに都会になじみ、『東京景物詩』のような都会情緒を詩の世界で表現していったのとは反対に、この奥羽の詩魂は生活の破綻をかかえて、東京を敵とし、東京を死の街としなければならない苦しい心理的な理由があったのだ。

「喰ふべき詩」前半に書かれた「田園の思慕」というエッセーはまさに、根無し草になった悲しみが伝わってくる文章だが、おそらく彼自身安定した地面が欲しかったのだと思う。それは端的にいえば経済的な安定であったろう。そして、そんな地面がないと諦めたときに、啄木は自分を排除する国家という存在に気づいていたはずである。それはもはや私的現実から無媒介的に一体化できる「日本」ではなく、国家という人為的な、つまりは作為的な統治の制度が現実として再生産されているという逆説的な存在を発見したにちがいない。

ここに啄木の口語自由詩への加担が、たんに文学思潮への関心だけではなく、反体制の言葉として捉えられた理由があったように思う。故郷喪失を文学的な表現や哲学的、宗教的な立場から慰撫できない詩人が、その虚妄を動かそうとする直情を抑えきれなくなっていたのだ。
口語自由詩への加担は、明治四十二年十二月二十日の「心の姿の研究」という東京毎日新聞に発表された五篇の詩作品に見られる。

電車の窓から入つて來て
膝にとまつた柳の葉——

此處にも凋落がある。
然り。この女も
定《さだ》まつた路を歩いて来たのだ——

旅鞄を膝に載せて、
やつれた、悲しげな、しかし艶かしい、
居睡を初める隣席《となり》の女。
お前はこれから何處へ行く?

この「柳の葉」という作品はとりわけ優れた詩というわけではないが、人々が無名でゆきかう都会から生まれる発想をもつ詩だ。詩の内容はことなるものの、ボードレールの「通りすがりの女に」やネルヴァルの「リュクサンブールの小径」などと同じく、行きずりの女のクロッキーである。啄木は電車で隣りあった「旅鞄を膝に載せた」女をまさに流浪する自分の似姿、つまり寓意的対応物としてみごとに捉えている。こうした情景の把握は、白秋の印象詩「屋上庭園」風の江戸情緒、享楽的な詩趣は微塵もなく、今日でも通用する不遇な民衆への眼ざしであろう。『あこがれ』を書いた詩人の目は、もはや気宇壮大に空を眺めてはいない。なんという大きな変化であろうか。

この傾向が一応の結実をみたのは、よく知られた口語自由詩による一九一一年の日付をもつ「呼子と口笛」だろう。そこに集められた諸作品を読んださいの、舟が座礁したときのような重い衝撃は忘れがたい。なかでも「はてしなき議論の後」は、わたしの最深部にひそむある連帯への願望とその困難さをみごとに照らし出してくれるものであった。青年たちは口角泡を飛ばして議論するものの、後に農民になろうとした宮沢賢治のように一歩実践へ踏み出すことができない。啄木はいら立ってロシア革命前夜の「ヴ・ナロード（民衆の中へ）」というスローガンをおく。

暮しの安定を求めて北海道を渡り歩いた啄木の目に、今は自分もその一人である都会の青年の議論が虚しくひびくとき、無告の民の顔が走馬灯のように映ったであろう。ただ、ここで啄木が

「ヴ・ナロード」と書いたときに見ていた民衆は、はたして日本の民衆だったのだろうか。議論の余地がありそうだ。研究者たちがすでに指摘しているが、啄木には当初からロシア文学への憧憬があって、「ヴ・ナロード」と言ったとき、この詩から六年後にロマノフ朝の強権力に抗して燎原の火のように連帯して立ち上がるような民衆が夢見られていたのではなかろうか。また逆にいえば、そんな夢の民衆を目にできなかった啄木、自由民権運動の最後の炎、秩父困民党《ちちぶこんみんとう》が明治十七年に鎮圧され、日清、日露戦争での勝利でかえって沸き立つようなナショナリズムへ呑み込まれてゆく民衆を目にした啄木の、絶望的な苛立ち、ないしは無力感がにじみでていると言えるだろう。だからこそ、啄木の性急な直情は、「はてしなき議論の後」の後編とも言えそうな「ココアのひと匙」におけるテロリストの心情への共感になってゆく。だが、啄木のテロリストへの共感はやむを得ざることとしてその心情を理解できるということで、何もテロリズムを勧めているわけではないのだ。なぜなら啄木の直接行動への誘惑は、一歩あやまれば自暴自棄に堕落しかねないことぐらい啄木ともあろうものが知らないはずがないからである。

「呼子と口笛」の連作のなかでとりわけ不思議な作品は「家」である。その小市民風の文化的でハイカラな家を故郷にもちたいとする啄木の夢に驚く読者もいるのではあるまいか？　なぜなら、たった十日前には、「ヴ・ナロード」といい、「われは知る　テロリストの／かなしき　かなしき心を──」と書いたばかりだからである。筑摩書房版全集月報六で岩田宏は「詩人の行末」と題して、この詩について鋭い読みを展開している。「死の十ヶ月前、肉体の衰えを強く感じながら、ふと自身の心に浮かんだ俗物的な幻想を、韻律を破る危険を冒してまで吐き出したかったのである」と。このはかない空想の「家」のなかで、啄木はかつての渋民村での観念的で自己充足的なくつろいだ幸福をふたたび思っていたのかもしれない。故郷思慕と文化思慕とが渾然調和した姿、詩的故郷へのはかない帰心が描かれているのだ。わたしたち読者はある種の哀れさ、いとおしさを感じながらこの啄木の夢を読むのではあるまいか。

この「ヴ・ナロード」の思想的な帰結も心やすまる故郷の「家」も、ともに実現しなかった。啄木は志半ばにして二十六歳で倒れた。あまりにも早い。その早熟の未完の文学にもかかわらず、彼のたどった詩想の変遷には、近代日本の摩訶不可思議な現実を生きる文学者の倫理的なあり方について鋭く問いつめるものがある。詩人として書くということはどういうことなのか。わたしが啄木を読んで思い出させてくれるのはいつもこのことだ。

第二部

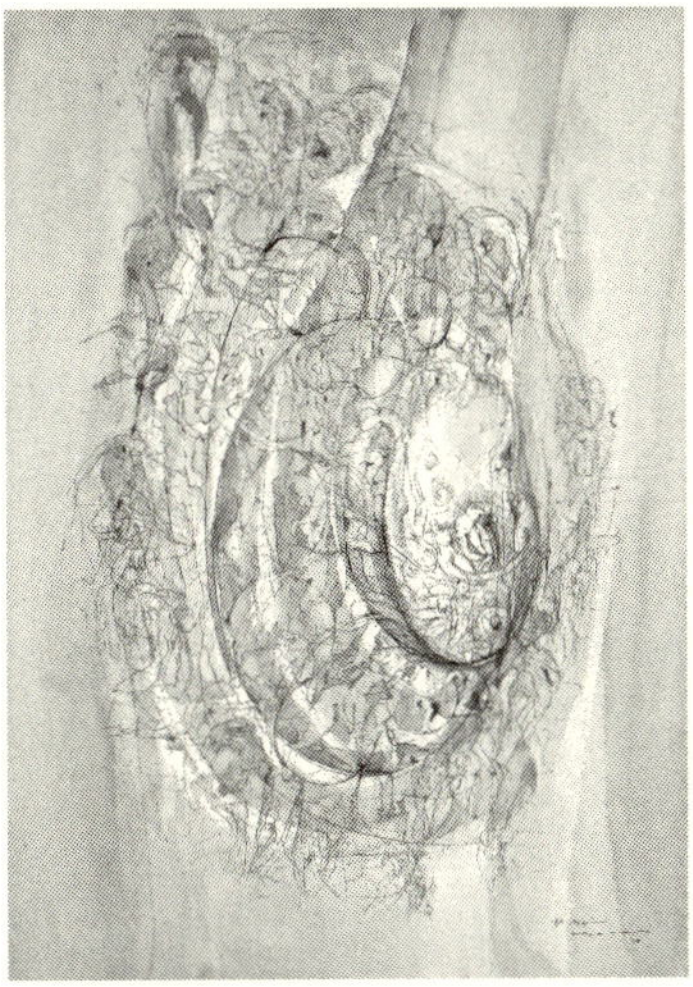

自由への癇癪

西脇順三郎 フランス語未刊詩集『感情的な時計』をめぐって

とある三月の中旬、新幹線に乗って新潟から長岡に向かった。まだ早春にはほど遠い平野の黒ずんだ風景がつづいたが、長岡につくとさすが豪雪地帯らしく横なぐりの春の雪であった。そこから水上行きのローカル線に乗りついで信濃川ぞいに南下してゆくと、窓外の雪はますます降りしきってきたが、かすかに暖房のきいた車内は閑散として、地元の制服姿の高校生の二人連れやお年寄りがぽつぽつと座っているのどかな午後だった。電車は山肌にそってまがりくねり、トンネルをくぐり抜けてやがて小千谷《おじや》についた。駅舎は信濃川に向かって下ってゆく傾斜地にたっていた。

小千谷は詩人西脇順三郎の生まれ故郷である。わたしはこの英文学者でもある詩人の作品を十代の後半から読んできた。愛読してきたといっても過言ではなく、西脇が現代詩人のなかでも何度も読むにあたいする数少ない詩人のひとりと思えていたからである。とはいえ、そんな歳月のあいだにわたしのその読み方はすこしずつ変わってきた。こんなに長いあいだ読んできた詩人であるから、一度は西脇の故郷を訪ねておかねばならないという気持ちは以前からあったものの、なかなか機会が得られないままにいたずらに時が流れた。

わたしは元来、詩人や作家にとっては残されたテキストがすべてだという考えに与《くみ》するけれども、愛読してきた詩人の故郷を知りたいと思う気持ちには、やはりそれなりの否定できない理由がある。ひとつには、詩心というものが産土《うぶすな》の風俗や言葉につよい影響を受けていることが多いということだ。それを知って小千谷を訪ねる人は少なくない。『評伝　西脇順三郎』の著者新倉俊一も、『田園に異神あり』を書いた詩人の飯島耕一もともにこの町を訪問するところから文を起こしている。詩人の産土を知っていた方が作品を理解するうえで鍵となる情報がふえるのはまずまちがいなく、加えて、小千谷には西脇の絵画や蔵書などを展示した市立図書館があって都合が好い。

市立図書館は駅とは反対側の河岸段丘の町にあって、歩いてゆくにはすこし遠そうなので雪もよいでもあったので駅からタクシーに乗った。タクシーは商店街をなだらかに下り、信濃川に直角に対岸とむすぶ旭橋にかかった。すると灰色の空が急に大きく左右にひらけ、そこから雪が舞い降りていた。この光景を見た瞬間、わたしは反射的に西脇の第一詩集『Ambarvalia』の「ギリシャ的抒情詩」の「太陽」に輝いている地中海の明るい陽光を思った。

　たとえば、カルモヂインの田舎は大理石の産地で
其処で私は夏をすごしたことがあった。

ヒバリもゐないし、蛇も出ない。
ただ青いスモ、の藪から太陽が出て
またスモ、の藪へ沈む。
少年は小川でドルフィンを捉えて笑った。

この「太陽」という詩が体験をもとにしたものではなく、詩的虚構だとしても西脇は一九二〇年代に北野丸でヨーロッパを往復しているからポール・ヴァレリーが歌った地中海の澄んだ明るい光は一度ならず属目のものであった。わたしはこのギリシャ的抒情詩の乾いた明るい景色を思いながら、眼前の雪とのコントラストにふいを突かれざるを得なかった。たまたま雪の日に小千谷を訪れたのは偶然でしかない。しかし、「古代世界」の揺籃の地、地中海、そしてその輝きが西脇におよぼした強い魅惑がわかるように思った。見渡せば白い峰の越後三山が連なり、雪深い産土に育った詩人が西脇なのだ、と。

すこしおさまった雪のなかを市立図書館につくと、さっそく三階の西脇順三郎展示室を見た。とりわけ嬉しかったのは何点かの油絵を見ることができたことだ。もともと西脇が青春時代画家をめざしたことはよく知られたことで、みずから絵筆をとって後期印象派風の作品を残した。ただ、その原画をどこでも見られるわけではないので、貴重な機会をこの展示室は提供してくれている。実際、引用した「太陽」という詩を絵画化したような作品、裸の少年とドルフィンが戯れる牧歌的な喜びが描かれたユーモラスな絵がかかっている。ゆっくりと絵を見てゆくと青や緑のグラデーションがとても美しい。そういえば、詩人と親交の深かった彫刻家の故飯田善國が西脇の色彩感覚を絶賛していたのを思いだす。飯田によれば色彩感覚は天分のうちだそうだ。（注1）

もうひとつ展示で見ておきたかったのはフランス文学、とりわけボードレールにかかわる蔵書だった。西脇はフランス語フランス文学についても博識で、昭和四年刊行の記念碑的な近代芸術論『超現実主義詩論』中で一番多く言及されているのはアンドレ・ブルトンではなく十九世紀のシャルル・ボードレールである。実際、西脇は後年「ボードレールと私」という長文のエッセーを書いているほどで、パリの詩人は西脇詩学に深くかかわっている。そんなわけでとりわけボードレール周辺の蔵書を調べてみたかった。

ただ、市立図書館に西脇のフランス文学関連の蔵書がすべて所蔵されているわけではないから、目にした範囲でしか言えないが、ボードレール関連では今からみればやや古いものの当時の基本的な研究書はそろえられていたようだ。西脇の弟子でのちに同僚となった佐藤朔がボードレリアンだったから、当然といえば当然ではある。ジャック・クレペ、ジャン・ポミエ、M・A・リュフ、ジャン・プレヴォーといったボードレール研究の碩学たちの研究書、サルトルやジャン・ジユーブなどの作家たちの批評、それにプレイアッド版、ガルニエ版などのテキストがガラス越しの書棚に並んでいた。こうした研究書を詩人がどれほど読み込んでいたかはわからないが、ボードレールについて書かれた文章を読むかぎり、その理解は大変深い。たしかに東西二人の詩人には文化背景や気質からくるどうにもならないズレが認められるが、そのことでかえって西脇の詩についての好みや考え方が鮮明に浮かび上がってくる。重要なことは西脇がボードレールの詩作品よりも詩論を高く評価し、それを常識として自分の詩学をつくってきたと言っていることだ。

このフランス文学との親密な関係をみると、西脇のフランス語による初期の詩集が長いあいだどうしても気になっていたのである。

それは未刊に終わったフランス語詩集『感情的な時計』(Une Montre Sentimentale) である。この詩集をどう理解し受け取っておくべきかという宿題が心にかかっていた。たんに愛読者としての問いだけではなく詩作当時の現場そのものを見てみたいという立場からでもある。

この仏語詩集は、西脇が一九二五年十月、英国留学を終えて帰途に立ちよるパリで出版を考えていたもので、結局、願いが果たされなかった詩集である。ときに西脇三十一歳。この間の事情については前述の新倉俊一の評伝に詳しい。

「西脇は最近書き溜めた荒々しいスタイルの詩を集めて、ぜひパリでフランス語の詩集を刊行したいと望んでいた。夫人（ゴワロン夫人）にジャン・コクトーを紹介してもらおうと思ったが、あいにく彼は不在だったので、一九二四年にブルトンの『シュルレアリスム宣言』を出したブランシュ通りの本屋シモン・クラに話を持ち込んだ。ところが『まあ、しばらく置いてってくれ』と言われ、そのまま原稿を日本に持ち帰った」（『評伝　西脇順三郎』新倉俊一）

後日譚として、自費出版の提案がもたらされたそうだが、結局フランス語詩集という形では上梓されなかった。帰国直前の八月、英語詩集『スペクトラム Spectrum』は自費出版でケイム・プレスより出版できたのに反し、『感情的な時計』は日の目を見る機会がなかった。後に、フランス語詩は部分的に日本の雑誌に発表されているが、詩集というかたちでは未刊にとどまった。幸い、今では筑摩書房版『西脇順三郎全集』第八巻で原文を、また別巻で早稲田大学の先生で詩人でもあった故窪田般彌訳で読むことができる。

ただ、さきほどわたしが「どう受け取っておくべきか」と書いたのは、ひとつは『感情的な時計』を西脇の詩作品の歴史のなかで、また近・現代詩史という広い視野のなかで、どう位置づければよいのか、という問いがわたしのなかに残っていたからだった。新倉は『西脇順三郎　変容と伝統』のなかで「重要なのは、このフランス語詩集においてマイステル西脇の修行時代が終わったことである」と述べ、この指摘は同じ著者の『評伝』の方でも変わっていない。わたしは基本的にこの新倉の見方に賛成である。とすれば仏語詩集は初期の西脇の詩作にあって重要だということだ。

そして、この未刊詩集が、若い西脇の西欧体験から生まれた詩作の方法や将来にわたる文体のあり方を萌芽的に見せてくれているとすれば、また西脇詩を日本現代詩の源流と考えるなら、あえてその功罪をもまたよく測っておくのも後からの読者の留意点であると思う。しかもフランス語で書かれたという稀な特徴をもつこの詩集から西脇の詩作の秘密でもわかればと考えていたのである。

とはいえ、率直にいえば、この詩集に収録されている七十七編の詩作品はなかなか捉えにくい。そもそも始めから、『感情的な時計』という題名自体が翻訳者の窪田がすでに指摘しているように問題をはらむ。もともと西脇の詩法には「遠いものどうしをぶつける」ことで「詩の火花」を飛ばすという考え方がある。詩は異質なものを組み合わせ、不調和の調和を新しく創造するというのはホラチウス以来の西欧詩学でもあって西脇の特許ではないが、この暗喩《メタファー》の修辞法を日本の近代詩史でこれをはっきりと詩法のひとつとして主張したのは西脇であった。その意味でいえば、「感情的な時計」という通常ではない言葉の組み合わせは西脇詩学を知れば驚くにはあたらない。

ただ問題はこうした言葉の組み合わせから思惑どおりに詩の火花が飛んでいるか、ということである。一九二五年代には唐突で新鮮であった表現も、シュールレアリスム的修辞に慣れた現代の読者から見ればもはや新しいとは映らないかもしれない。しかも、仏語で書かれているテキストから驚きの火花を感じとれ、というのはわたしの判断能力をこえる。ましてや西脇が使ったフランス語の新しい表現、奇抜さを翻訳者もふくめ読者がうまくつかまえられるだろうかという不確定な要素が多すぎる。これを承知で筆を進めるしかない。

たとえば、まずタイトル『感情的な時計』をどう読むのか？「une montre」は、「腕時計、懐中時計」の意で、同じ題名の英語詩では「watch」である。それではこの言葉から西脇は何をイメージしたのだろうか。あるいは何の具体性も意味せず、奇抜さだけを利用したのだろうか。もし西脇が腕時計をイメージしていたのであれば、腕時計が第一次世界大戦の塹壕戦で使われたことから普及した歴史を考えれば、二〇年代というヨーロッパ戦間期に留学していた詩人にとってはむしろ比較的新しい物品として眼に映ったのではあるまいか。

しかし、「腕時計」ではないようである。わたしはこの「時計」は詩人のイメージ（すなわち意味であるが）としては「懐中時計」ではないかと思う。というのは英語詩集の未定稿『感嘆集、Exclamations』に「キングサリ、Laburnum」に「a flat watch」という語があり、この語は処女詩集『Ambarvalia』中の「失楽園」のパートに「ペッチャンコな懐中時計」と西脇自身の手で訳されているからだ。

さらに「感情的な sentimental」という形容詞の問題である。これも英語による詩集『感嘆集、Exclamations』の異稿に『感情的な感嘆集、Sentimental Exclamations』があり、さらにそこに「The Sentimental Watch」と題する作品もふくまれている。訳者の窪田がすでに全集第三巻月報で指摘しているように、もともと sentimental という言葉はフランス語ではなく英語由来である。そのこともあってこの sentimental をどう訳すかは悩まされる。窪田はロレンス・スターンの『A Sentimental Journey』の訳語『風流旅情記』から「風流」に執着をのこしているが、やや東洋的ではある。それでも「風流」がもつ情緒／感傷のニュアンスは sentimental にふくまれているだろう。また西脇が耽読していたフローベールの小説で通常『感情教育、

Education sentimentale』(この初版を西脇はマルセーユで買ったと言われている)と訳されているフランス語化したsentimentaleもまた決して「感情」という一般的すぎる意味にとどまらずで、むしろ「情緒/感傷の」さらには「恋愛の」くらいのニュアンスを秘めている。

こうしてみると、西脇の抱いていたイメージの内実は「感傷的な懐中時計」、あるいは「センチメンタルな懐中時計」あたりではなかったか、と推測してみる。今となっては詩人に聞くことはできないが、いずれにもせよ『感情的な時計』というタイトルは、最善の日本語訳が見つからないあくまで仮のものとして受け取っておいた方がよいようだ。

ただ、こうした言葉の語義には曖昧さが残るにしても、この『Une Montre sentimentale』が喚起するイメージは、「金属製歯車のメカニズムの正確な動き」と「情緒」を組み合わせた撞着語法(オクシモロン)で、充分にシュールレアリスム的であったろう。西脇の詩集よりも後に発表されたサルバドール・ダリの「記憶の固執(一九三一)」の「柔らかい時計」を思い出す人も少なくないのではあるまいか。ダリの時計は懐中時計である。

それでは『感情的な時計』に収められた詩作品はどのようなものか。題名ひとつをとっても以上のように厄介であるように、この未刊詩集に収められた七十七編の作品はなかなか一筋縄ではゆかない複雑な出自をもっている。

全体としてみると、まとまりのある詩集とはいえず、断片的な短詩がかき集められたという印象がつよく、喩えれば線香花火がいたるところで火花を飛ばしているような錯綜ぶりである。しかもその詩の発想源には散文的な日常風景や気分がまずあって、それらを意識的、無意識的につよくデフォルメ（変形）してイメージの唐突な連鎖をつくりだしている。その基調となる感情は一切への痼瘝ともいえるもので、創造主への、自然への、伝統への、自分の暮しへの、一切への、不快感が感じられる。と同時に、ときおり明らかに小千谷回想の短詩が見られる。当時、西脇の頭脳のなかにあったかなり錯綜した感情やイメージが生のまま作品化された印象が強い。

とはいえ、こうした仏語詩集の性格は無理からぬところがある。というのもこの詩集の大部分の作品が英語詩集『感嘆集、Exclamations』（創作年代不詳。また『Sentimental Exclamations』という未定稿もある）からの重訳だからである。フランス語詩集をパリで出版する計画が浮かんだとき、帰国までにできることは溜めこんでいた英語詩集を仏訳することだったようである。

この事情から詩作品の流れは、英語↓仏語↓日本語（翻訳）という過程をへており、詩集レベルでも英語詩集『スペクトラム』や『感嘆集』に出現した詩篇が仏訳されて『感情的な時計』にはいり、さらに昭和八年（一九三三）日本語による第一詩集『Ambarvalia』に詩人みずからの手で日本語に訳され、時に改変され引きつがれるという変幻自在な出自をもつこととなる。西脇はしばしば自分の詩作がピカソの絵のように終わることはなく、永遠に改変されつづけてゆくものだと語っているから、このような異稿の複雑さはむしろ必然で、こうした改稿ぶりは「推敲」ではなくむしろ絵画でいう塗り重ねに近い。そして、重要なことは、定型をもたない現代詩にあっては、西脇のいう永遠に改稿されつづける創作過程はある意味、終わりがない。定型や形式の存在といった一定の枠組みが存在しない場合には、「完成」と言える手応えがなく、常に作品は中断というきわめて不安定な状態に留まるにちがいない。そこに自由を獲得した現代詩の今ひとつの難しい宿命があると言ったら過ぎるであろうか。

その上、すでに指摘したが、この詩集には未刊英語詩集『感嘆集』と共通、もしくは同工異曲の作品が大部分をしめている。あえていえば『感嘆集』の仏語訳版が『感情的な時計』なのだ。しかし仏語訳が英語詩に忠実というわけでない。ひとつこの同工異曲の例として、仏語詩集の「文明、Civilisation」という詩を取り上げてみる。仏語の日本語訳は窪田般彌のもの（ときに筆者が手をいれている）と、英語詩集は新倉俊一の訳を引用する。

文明（Civilisation）

屋根　屋根　屋根
煙突
鐘楼
そして　屋根　屋根

わたしは　それを
十一時に窓から眺める
なんとわが地平線は痙攣的であることよ！

英語詩集のほうではタイトルがことなり、「嵩 The Volume」であった。

屋根　屋根　屋根
煙突
銅鉄
白い石の尖端
が静かにしている
朝になると
窓辺で
俺はそっと眺める
地平線はなんと嵩があることか

俳句でいえば、窓からのこの短い属目吟では、まず英語の「嵩」ができ、仏訳されて「文明」

と成ったものだ。テーマは近代産業文明を思わせる都市風景で、訳される過程で傍線の部分が変更された。仏語詩集にはこうした変更点は少なくないが、その主たる動機は想像するに、ひとつ、英国ないしロンドンの臭いを消すこと、ふたつ、あまりに散文的な描写をよりデフォルメして突飛なものにさし替えることにあったのではないか？　産業社会を直接暗示する「鋼鉄」や「量」から、シュールレアリスム的な修辞「痙攣的、convulsif」へと置きかえられることで、この詩は脱ロンドン化すると同時に、より暗示的になった。ただこの西脇の仏語が「よいフランス語」であったかどうかの判断は筆者の能力をこえるが、『感情的な時計』を見せたフランス人から「Bon français」ではないと指摘されたことが伝わっている。おそらく平均的なフランス人には奇妙な詩だと映ったにちがいない。けれども、常套句を嫌った西脇、そして無意識の自動記述をこころみたシュールレアリスムを思えばいたしかたない当然の反応であろう。そして、今あげた例は、この二つの詩集の密接なつながりと同時に違いをも示している。

『感嘆集』には若い詩人の癇癪がなりふりかまわず爆発したというような詩篇がかなりふくまれでいる、とすでに書いた。新倉はその「カンシャク」の原因がロマン主義的な詩がもっていたような、また心ならずもロマン主義者であったニーチェが抱いたような「造物主への反抗」や「W・Wに」という詩稿に見られる自然崇拝の詩への憤懣にあると解釈している。文芸的なレベルでは新倉の解釈は正鵠を射ていると思う。

ただ、西脇の状況にすこし穿った見方をしてみると、オックスフォード大学ニュー・カレッジへ入ってからかならずしも満足できない鬱屈した心理状態が続いたのではないか、と思わせる。二四年に西脇はイギリス人女性と結婚したが、なにか焦りというか、名門の伝統のなかで息がつまる経験をしたのではないだろうか。実際、その翌年の三月にはオックスフォードをはやばやと中退、帰国要請もあったのだろうが、大学にいたのはたかだか一年半ほどでしかない。
言い換えれば、『感嘆集』の癇癪は、思想的な「造物主への反抗」ばかりではなく、生活環境もふくめて旧弊なものから自由でありたい、解放されたい、とする激しい願望の表現に思われる。次のほとんどヒステリックな詩「我が詩、My Poetry」はそんな心情をよく見せていないだろうか？

我が詩は科学である
我が魂の中の
病気を治す発明なのだ
新しい山　新しい花　新しい雨
新しい夕暮　新しい美　新しい魂
新しい宗教！
それは発明の意図である
新しいねずみ　新しい帽子　新しいシャツ　新しいアルコール

新しい愛　新しい河　新しい馬　新しい魂

この詩はさすがあまりにも直情的で『感情的な時計』に収録されなかった。しかし「黄金の歌」という同曲の詩があり、あきらかに倦怠と鬱屈にとらわれた詩人の、古くさい世界から自由への、解放への激しい願望が窺われる。そして、それが「科学」を、「新しさ」を希求している点で近代美学的《モダニズム》であり、さらにその先に西脇はドーヴァー海峡の対岸を、つまりダダからシュールレアリスムに眼が向いていたと推量する。より正確にはおそらく破壊的なダダの方に。

ここでひと言注記して置きたいのは、西脇がパリでおこった超現実主義運動に強い関心をもっていたことは疑いえないが、自由と解放へと向かう道筋は同じではなかったことだ。ブルトンたちの目指したシュールレアリスム運動は単に文芸や詩の革新を目指したのではなく、ブルジョワ的社会、文化から人間の全面的な解放を目指した。その点からいえば、西脇の場合は自然主義的な詩や旧弊を批判してもあくまで詩作レベルの話で、伝統的定型や形式、常套句などの旧弊の制約を破壊するという文芸世界に留まるもので、このことは詩人生涯を通じて変わらなかった。

あえていえば、そこに西脇の西欧文化の吸収の仕方や外国語の問題があるはずなのだ。日本語による詩作をながい間ためらい、英語や仏語、時にラテン語で詩作してきた西脇にとって外国語とは何だったのか。西脇が小千谷在住の幼い頃から「ナショナル・リーダー」に触れられる文化資本ゆたかな家系に育ち、抜群の英語力を持っていたこと、後年、近代日本にはいまだ詩を書くにたる言葉と文体が確立していないと西脇が思っても当然だったことなど、個人的でもありまた歴史的でもある条件があったことは認めねばならないだろう。だがそれだけだろうか。

　わたしはむしろ西脇の場合もまた、多くの日本人と同じように、外国語は異国趣味、欧化嗜好という日本の「後進的」「島国的」現実からの憧憬と脱出口ではなかったか、と思う。そして、この自由への誘いは多くは印刷メディア（文字）による間接的なもので、その外国語が実際に使用される現実とは切り離された「軽さ」によって特徴づけられていると思う。そして、西脇の場合でも同じだと考える。それゆえ、外国語習得はまだ見ぬ異境への「憧れ」といった情緒と結びつき、政治的なもの、イデオロギー的なもの、日常の暮しなどから切り離された表層のレベルで習得される。比喩的に言語学の定義を借用すれば、意味である概念《シニフィエ》から切り離して音《シニフィアン》と戯れることが起こりやすいということである。反対に、母語に対してその使用者は概念と音の関係をゆるがせにしないように幼児期から訓練される。音と文字と概念を「ただしく」結びつけること、これがある言語圏に参加し、発話者の言語を社会化するということだ。

　ところがある言語を共有しないよそ者にとっては、まず外国語は奇妙な音の連鎖としてしか聞こえない。「鴃舌《げきぜつ》」である。そして、よそ者のもつ固有の母語の影響からその新しい外国語の音を、本来の意味とは切り離して勝手に解釈する自由をもつ。もちろんそれは初習の段階の間違いでしかなく、しだいに「ただしく」訂正されてゆくけれども、ある言語の概念／背景を共有しないよそ者の自由は悪戯のように振る舞える余地をもっている。西脇もその例外ではなかったと思う。窪田は全集月報で、「Une Montre Sentimentale の諸詩篇も、フランス語の音にひかれて書かれたものであるという」西脇の証言を報告しているからである。音《シニフィアン》のレベルで滑走してゆく自由は突飛な「おかしみ」を生み出す。卑近な例でいえば駄洒落である。しかし、そこには西脇が求めていたはずのさまざまな自由のひとつがあり、それは日本語にも応用できる手法として詩人が後に意識化していったものである。

たとえば「誕生日」ではこんな具合である。カッコ内は原詩の仏語。

おお（O）ごく小さな（Petite）魂よ
囀れ（PéPiez）囀れ（PéPiez）
おお（O）黄金の呼子笛よ

ゆっくりと輝け
おお（O）小さなパンよ（Petit pain）
汝は叫ばない（Pas）ない（Pas）ない（Pas）　ない（Pas）

これは小鳥たちが餌をついばむ場面と思われるが、OとP音の戯れの詩である。こうした音の連鎖の他の例は「哲学」と題された詩にも窺える。

ぼくは何から（De）遠ざかっているのか？
町から（Des）
帽子から（Des）
プラタナスから（Des）
レモネードから（De la）
海から（De la）
赤十字病院から（des）
秋から（De l'）
大工から（Des）
そしてパリから（De）遠ざかっている

これは何「から」という仏語の前置詞deと定冠詞le,la,lesを組み合わせたD音の機関銃のような繰り返しで、まるで初級文法をからかっているかのように読める。本来こうした音による修辞のあり方は、伝統的詩法では規則的に韻を踏む。詩句の行末に同じ音韻を規則にしたがってならべゆく脚韻（rime）、同じ子音を反復する畳韻法（alliteration）などがそれである。そうした意味でいえば、詩人はあきらかに言葉の意味を軽んじて、しばしば言葉の音（記号表現）と戯れる。まじめな人から見れば少々人を喰ったおふざけである。言葉の音韻を修辞法のひとつとして扱う点では、西脇の実験も伝統的な手法も基本は同じだが、決定的に違うのは、西脇の場合には伝統的詩法の制約を無視して戯れていることで、それだけに詩人みずからがその自由を制御しなければならないことになる。下手をすればそれはただの遊び、ナンセンスの笑い、駄洒落になってしまうが、以上の例は仏語の音感に乗った西脇のちょっとした遊びと言えるだろう。

もうひとつの面は、言葉がはらんでいるイメージの扱いである。これは言語学者のソシュールが「音響心像」とよんだものを「意味／概念」というよりイメージ＝オブジェそのものとして扱う手法のことだ。この面では『感情的な時計』ははっきりと意識的な実験過程にあるといってよいのではなかろうか。しかし、ここでも注目したいのはアンドレ・ブルトンたちがめざした自動記述と無意識に潜むイメージとはことなる、むしろ一種の連想ゲーム、あるいは散文的現実をデフォルメするという性格を強くもっていると思う。「デメテル」と題された詩を引用する（以下の訳は、窪田が西脇自身の後の訳を取り入れ、さらに筆者が窪田訳を修正している）。

ひとつの疲れた魂が錘を落とす
不活発な流れぬ午後の中に
黄金の鰊の光を釣るために

美しきタコよ！　あなたは女である
あなたは職業としては神様であった
コクリコの女神
麦の女神
梨の美爪師
けれども今では田舎の女学生にかこまれて
美術館の埃を吸いこんでいる

この詩にはじめて接する読者は奇妙に思うはずだ。前半三行とそれ以後の屈折はよくわからない。けれども、すこし想像力を働かすと最後の二行からどうやら美術館の情景らしいと気づく。実は、この作品は『感嘆集』のなかに原型があり、右に引用した仏語詩があり、さらに『Ambarvalia』の「失楽園」パートの「風のバラ」に挿入された詩句でもある。それらの一連の異稿からわかることは、詩の対象となっているのは大英博物館所収で、トルコのクドニスから出土したデメテル像（穀の女神）なのだ。実際、『感嘆集』の詩では、出土したこととギリシャ神話が暗示されている。ただ、それにしても「美しきタコ！」とはずいぶんと突飛ではないか。原語を見れば「タコ」はたしかに「蛸」なのだ。あまりに突飛で唸ってしまう諧謔である。デメテル像の流れるような衣装の波文様がタコに見えたのだろうか？　そして、このタコは仏語では

「黄金の鰊」を釣るのであるが、驚いたことに「風のバラ」では「鱈」にかわっている。当然、タコとタラは音の戯れだろう。

以上のように考えてくると、当面の結論としては、英語詩集『感嘆集』の具体的な表現は『感情的な時計』で仏語化される過程でより強くデフォルメされ、暗喩的な表現に変換された、ということだ。ただ、これはシュールレアリスムの無意識から湧くイメージというよりは、直感的な閃きによって生み出されたもののようで、西脇のモダニズムがある。そのためか、仏語詩集の表現は時としてあまりにも奇異で、読者は啞然とするか肩すかしを喰わされた気分におちいる。玩具箱をひっくり返したような「シュールレアリスムもどき」の表現であるといえば詩人に失礼だろうか。結果的に西脇はこの奔放な自由を手に入れたが、おそらくその自由を詩芸術の美という秩序のなかに制御するためにその後かなりの時間を費やしたのではないか？　詩法が成熟してくるのは戦中から戦後にかけてではないかとわたしは推測している。

最後に、『感情的な時計』のなかに溜息のように挿入された故郷回想とおぼしき詩にふれる。全集では「家族の芸術」と訳された作品だ。ただ、この詩の題名は、『感嘆集』ではドイツ語の「Heimatkunst」となっており、むしろ「地場産業」といったぐらいの意味ではないだろうか。故郷を示しているのは確かだろうが……。

小さな列車が角灯とともに僕を運ぶ
山脈の青くなった渓谷にある木造の我が家に
埃と馬と木靴で一杯な
木の橋がまだある
川もなお下に残っている
柳の下でカワハゼがマラルメを夢みている
（中略）

この英国で、列車に揺られながら夢見られたらしい小千谷の牧歌は、追憶のなかで昔のセピア色になってしまった旭橋の光景を思い出させる。そして詩はつぎのように唐突に終わる。

しかしながら　やがて列車は俺を連れ戻す
俺の文明に
畜生！　角灯は消えた

一瞬のうたたねの夢のように消えた故郷のイメージは決定的に最後の行で感情的な終止符をうつ。実はこのような詩の構成は戦後昭和二十二年に刊行される『旅人かへらず』の骨格になってゆくのである。

こうした意味で、フランス語詩集『感情的な時計』の面白さは後に詩人の詩法やレトリックとなるさまざまな要素がいまだ精錬されない原石のままにばらまかれていることであろう。

（注1）付け加えておくと、その飯田善國の作品が信州安曇野のハーモニック・ドライブ・システムズという会社の敷地内に建てられたＩＩＤＡ・ＫＡＮに収められていて、そこでも西脇の原画が数点展示されている。

西脇順三郎とボードレール

詩論を中心にして

カメロットへ行く道は賑つた
皆お祭りに行くのだ
ジンジャの花を愛する女のあの
眼に
すべての追憶は消えた
…………

なんと優美な詩句だろうか、ワットーの絵をみるような。

『近代の寓話』におさめられた「道路」という名高い詩の冒頭で、英国のテニスンの詩からとられたもの。カメロットはアーサー王の居城であることなど知らなくてもいい。「祭」「花」「追憶」といった具体的な個別性をはっきりともたない言葉が、わずかに「花」で色彩のアクセントを置いて、カタカナによる固有名詞「カメロット」と「ジンジャ」という表記の快い音感とともにこの詩に滑るような動きをもたらす。

日本の近代詩から現代詩の流れのなかで、西脇の作品はまことにスケールの広い背景と独特の魅力をもっている。たとえばあまりにも苦しげな詩を読んで、深刻になったりした後で西脇の詩の世界にふれると、ほっと詩的なカタルシス（浄化）を感じるのだ。たしかに詩作品の字面だけを追ったのでは、氷山の一角を触れたにすぎず、海面下にふかく秘められた詩人の意図を読みすごすことだろう。けれども、その沈黙の深みにとどくその前に、まず言葉の表現のレベルで魅力がなければならないとわたしは思う。この点、西脇の作品にはさらさらした南欧の陽光のような輝きが流れていて、影の部分さえも涼しい。それは風土や人間といった詩の対象となる世界と詩人とのあいだに、透明な、頭脳のエロスとでも呼びたい言葉の「快感」が架橋されていて、現実を意識的にデフォルメしてゆく西脇流の修辞学が働いているからなのだ。

そうした西脇の作品、詩論、『輪のある世界』といった随筆群は厖大な量になっていて、そのすべてに隈なく目を通しているわけではないが、そのなかのいくつかの文章は現代の詩を考えるうえで、わたしにとっては灯台であり、常識でもあった。

西脇の詩作品が、明治以降の近代詩史にあって、ヨーロッパ文学を背景にした傑出したものであることを疑う人はいないだろうが、分類しようとすればはなはだしい困難を感じるだろう。昭和初期の超現実主義ないしモダニズムを出発としながらも、詩人の豊穣な創作活動が第二次世界大戦後の『旅人かへらず』からはじまることを思えば、近代詩から現代詩へまたがっているからだ。ところが、この長い詩歴にもかかわらず、西脇の詩作品が一般読者層に知られているかといえばそうではない。その詩風から取りつきにくさがあって、今の時点では、高い評価にもかかわらず国民詩人的な受け入れられ方はされていないと言っても過言ではないだろう（岩波文庫から那珂太郎編『西脇順三郎詩集』が上梓されたのは一九九一年、死後ほぼ十年後）。けれども、ひとたび西脇詩の魅力に触れたものは確実にそれまでにない衝撃をうけて、素朴な抒情詩などが色あせてしまうにちがいない。西脇が、近代／現代詩史のなかで西欧古典をも広く視野に入れた詩学、つまり詩作の修辞学をはじめて通史的に理解し、ポエジーとはどのような性質のものなのかを問いつづけて、自覚的な方法によって詩作をすすめたまれな詩人だからである。

もとより文芸やポエジーによって社会を変革するという主義に立てば、西脇の作品は現代の文人、知的蕩児の世界と映るかもしれない。たしかに西脇の詩業は夢の深層心理へ未知の扉をひらくことも、ポエジーを現実変革の起爆剤とするものでもなく、二十世紀前半のダダ／シュールレアリスム、たとえばアンドレ・ブルトンなどとの決定的なちがいがある。反対に、西脇は、詩の目的とするところはポエジーそのものの創造であるという信念を頑固に守りとおしたとも見える。実際、『旅人かへらず』からの西脇の世界は、一人の教養人が存在を淋しく耐えつつ武蔵野や多摩川ぞいの田園を散策する逍遥文学の趣があり、属目の風景から詩的美の種子をひろって憂愁を慰める姿が見られるだけだ。なにしろこの詩人は「しかし、詩は現実を認めねばならない。あくまで現実を受入れなければならぬ。詩は現実主義である」と強調していて、近代の偉大な情熱であったブルジョワ文化への批判といった思潮とは、むしろ無縁な立場をとっている。西脇のアヴァン・ギャルドは頭脳のなかの固定観念を破るだけだ。こうした詩人の立場は戦前戦後をつうじてアンガージュマン（政治参加）を求める側からの批判を受けかねないと同時に、詩作の目的や性質をよく知っていた者の芸術家としての身の処し方であったかもしれない。現実をまず認めることで、詩を守り、詩の成熟をたのむ態度とも言える。結果的に、西脇の詩と思惟の世界は、時代の状況に同調するようなものではなく、人間存在への深い洞察といったより本質的な認識が作品の核になっていることは、たとえば『旅人かへらず』の有名な「はしがき—幻影の人と女」などによく示されている。その詩集からこれもわたしの好きな詩を引用する。

九月の一日
心はさまよふ
タイフーンの吹いた翌朝
ふらふらと出てみた
一晩で秋が来た
夕方千歳村にたどりつく
枝も葉も実も落ちた
或る古庭をめぐつてみた

一幅の南画をおもわせる古雅な風景、まるで江戸の文人墨客でも茶会を開いているようだ。こうした一見なんでもない台風一過の風景詩に心惹かれるのは、たくみな「ふ」や「た」音の畳韻《アリテラシオン》による言葉のはこびや、最終行でふいに眼差しを遠景にうつす暗示的な距離、散策する高等遊民のような詩人の姿に優雅な精神を思い浮かべるからであろう。西脇の詩が同時代の詩にくらべて、しばしば広がりが大きいと感じさせる理由は、どこか精神的な余裕、豊かな経験が読者にも伝わってくるからではないだろうか。

しかし同時に、この古雅な庭園風景の背後に、昭和のもっとも激しい歴史が渦巻いていたこともまたわたしたちは知っている。そこには西脇の詩の世界を別の側面からとらえる鍵もまたあることもたしかで、詩や芸術の魅力と不条理という言葉をひとまず残して、このエッセーの大きなテーマに入ってゆきたい。

西脇の膨大な世界にボードレールの影響を見ることは可能だろうか、これがテーマである。西脇の詩作品には枚挙にいとまがないほどの古今東西の文芸作品からの引用、換骨奪胎、借用がみられ、フランス十九世紀のもっとも重要な詩人であるボードレールを熟読していたことは明らかである。ただ、結論から先に言ってしまえば、フランス人が西脇の詩集を読んでどう判断するかわからないが、ポエジーの質《カリテ》を問題にするなら、ボードレールの影響はないとわたしは思っている。これはしかしあまりにも当たり前のことで、西脇がボードレールのエピゴーネンではないという名誉でこそあれ、なんら落ち度ではない。なるほど詩集『近代の寓話』のなかの「野の会話」のように、絵画からのインスピレーションをならべてゆく手法はかすかに『悪の華』の「灯台」という作品を思い出させるし、また、実際のボードレールの詩句を取り入れた作品も認められるが、詩の質という点では当然ながらまったくの別物と思う。西脇の詩想には、地中海的な南欧の輝きや日本の自然や田園風景、そこから生まれる豊饒の女神がさまよっているとすれば、パリという都会でほぼその全生涯をおくり、人工的な虚飾の美を愛した詩人とは根底から発想のちがいがあって当然だろう。

けれども、西脇の詩論にかかわる文章をひもとくと、この印象は逆転する。田園の詩人はボードレールの大読書家であって、パリの詩人の周辺にいた詩人テオドール・ド・バンヴィル、シャンフルリ、ルイ・メナールなどにいたるまで精通していることに驚くばかりか、詩論を形成してゆくにあたって、『悪の華』の詩人が決定的な役割をはたしていることに気づくのだ。わたしは以前、「日本におけるボードレール素描」という一文で次のように書いているので、パリの詩人風に自分の文章にすこし言葉をおぎなって引用することをお許しいただきたい。

「小林秀雄のようにボードレールを生きようとすると息苦しくなる反面、日本でボードレールが成功した側面はその美学および詩学ではないかと考えている。というのも、日本の近代詩史でもっとも重要な詩論は疑いもなく西脇順三郎の『超現実主義詩論』であろう。(中略)著者はそこで小林のような倫理的な傾向のつよい思想を切りはなし、結果的にポエジーに「軽み」をとりもどした。(中略)『超現実主義詩論』のなかでみごとにボードレールが受容されていることは認めねばならず、詩学上のもっとも正統的な理解がはたされていると考えてもよいと思う」

この文章をさらにくわしく展開してみる必要があるだろう。

一九二九年に刊行された『超現実主義詩論』はまことに独特なスタイルをもった文章で、人を喰ったような、しかし西欧古典の詩の秘儀を俗化するという意をこめた「PROFANUS」という題名のもとに「人間の存在の現実それ自身はつまらない。この根本的な偉大なつまらなさを感ずることが詩的動機である。詩とはこのつまらない現実を一種独特の興味(不思議な快感)をもって意識さす一つの方法である。俗にこれを芸術という」と決定的な言葉を残している。この詩論には、プラトン、アリストテレスから始まる西欧文芸の天才たちの名前がつぎつぎに登場するけれども、最初に出てくる詩人はボードレールなのである。

「十九世紀になってから詩の伝統が著しく亡びつつあるのは近代意識であった。ボードレールは俗人の美に対する感覚や道徳までも軽蔑した。

　　コ、アの油と麝香と瀝青とで
　　複雑した香に熱烈に酩酊する

は俗人を驚かした。今日では普通の詩人の考えるところとなった」

引用された二行は、『悪の華』のジャンヌ・デュヴァル詩篇「髪」第六詩節で、この文章に続けて、西脇がとりわけ熟読したと思われる『内面の日記』より、「神は統治せんがために生存を欲しない（正確には「現存することを必要としない」＝筆者注）唯一の存在である」を引用している。それからさらに続けて、「ロマン派芸術論」と『小散文詩集（パリの憂鬱）』より「常に酔っていなければならない」を引用したあとで、「Baudelaire は既に詩が単に思想や感情を歌う如き原始的意義を失った。これが近代詩の精神であった」と結論づけている。

ちなみに、戦後一九五四年、再刊された荒地出版社版『超現実主義詩論』の人名索引をみると、本文一三八ページ中、ボードレールは四十五箇所、次がポーで十四箇所、さらにアンドレ・ブルトン、コウルリッジと続いている。つまりボードレールへの言及が群を抜いている。そして、この版の序で西脇は、初版の題名は「編輯者（春山行夫―筆者）が撰んだ」と回顧し、シュールレアリスムという標語をルヴェルディやイヴァン・ゴルの出した「薄い冊子」で知ったが、すでにボードレールを読んでいたので、「超自然」としたかったと語っている。この書におけるボードレールのしめる大きな存在を思えばうなずけることだ。実際、この初版の序で「殊にCh. Baudelaireを中心にしたことを単に記述したものである。記述によって構成した世界は論理と体系によって支配されない単に記述によって表現せんとして企てた世界に過ぎない」と独特の言い方で述べている。

しかも、このように西脇詩論にしめるボードレールの存在の大きさは『超現実主義詩論』にとどまらない。一九六八年刊『詩学』に収められた長大なエッセー「ボードレールと私――『わが妖術の建築師』」で、ほぼ四十年になろうとする旺盛な詩作活動をへたのち、なお「私は四十歳までのうちにボードレールの芸術と精神を私の詩の常識としたと思う」とさえ書いている。後にこのエッセーを検討してみたいが、とりあえず言えることは西脇の詩学理論の中枢にパリの詩人がいたことだ。

このことは影響という言葉以外では表せない事実で、同時に西脇がボードレールの詩論を自家薬籠中のものにしてきたことを物語っている。少なくともわたしの目のとどくかぎりでいえば、西脇のボードレール理解はその芸術論の領域では深く正しく第一級のものと思われる。その意味で、『超現実主義詩論』はモダニズムのマニフェストないし指導原理だった以上に、ボードレールを中心にすえた十九世紀文学の史的展望のなかで、近代芸術／近代詩とは何かを語った点で不朽の価値をもっているのではないだろうか。それでは『超現実主義詩論』へのパリの詩人の寄与はなんであったのか。

まず『超現実主義詩論』における西脇の目的は序でいう「記述」に留まるとは思えず、むしろ詩学ないしは詩の修辞学の基礎づけであり、確立であったと思う。アリストテレス、ホラチウスなどの古代から近代のベーコンの想像力論、トルストイの芸術論などを比較検討する西脇の文章はかならずしも読者に親切なものではなく、論理をたどってゆくのに苦しむ部分も少なくないが、「詩をひとつの方法」として、詩作品をポエジーの言語装置とした西脇にとっては修辞学が最大の関心であったことはうなずけよう。と同時に、修辞学がたんなる詩作の技術論ではなく、優れた詩とは何かということについて考え続けてきた探求の書でもあった。

こうした文脈《コンテクスト》のなかで、パリの詩人が西脇に与えたもっとも重要な鍵は西脇自身が言っているように「超自然とイロニー」であった。ボードレールは『悪の華』序文草稿で詩論的な説明をほのめかしてはいるものの、まとまった形では展開してはおらず、美術、文学批評のなかでその折々のテーマにそって語っているだけだが、この「超自然とイロニー」という言葉は、『内面の日記』の「火箭《かせん》」十一に「文学の二つの基本的質《カリテ》」として記されている。

それではここでいう「超自然」という言葉をどう考えるべきか。西脇はボードレールに至って、「超自然」が近代詩の要諦になったと語るわけだが、この超自然という観念はもとより修辞学のうちに留まるものではなく、人間観、それにともなう世界観をふくむ。西脇の詩論のひとつの柱になっているベーコンは次のように語る。ファーブル・ドリベの仏訳から引用する。

「感知される世界が人間の魂より劣っているがために、悟性の世界がもつ諸能力をポエジーに与えることで、現実が魂に拒んでいるものを自然に付与するのはポエジーの役割である。実際の歴史を構成する行為とか出来事は人間の魂が求めるあの偉大さと崇高さに欠けるため、ポエジーはより英雄的なものを創造しなければならない。すべてはポエジーの声によって偉大になり、美しくならねばならないし、ポエジーの声から新しい生命を受け取らねばならない。美徳もより純粋な光で輝き、真理をおおうヴェールはポエジーの眼によってはがされ、一層はっきり示される『神の摂理』の歩みをあらゆる出来事のもっとも秘められた原因にまで透徹させなければならない」

充分に近代精神の始まりを感じさせる見方だと思われるが、要点は、

人間の魂は自然よりも優れている。

ポエジーは、劣った自然にたいして、魂が求める変換の役目をになう。

という二段階の創造のあり方が示され、人間の魂の憧れが超越的で神的崇高さに結びついている観念論的な性格にも注意しておかなければならない。そして、美にかかわる観念論者としてボードレールが考えるポエジーの世界構造にも同じような二段階論がふくまれている。

たとえば、「一八五九年サロン」評の「想像力の支配」という章でパリの詩人は、英国の女流作家キャサリン・クロウの『自然の夜の側（一八四八）』を話題にしながらファンシー（fancy）と想像力（imagination）の区別を語っている。この区別はコルリッジの『文学的自伝《ビオグラフア・リテラリア》』にも見られ、通説としてドイツ観念論（カント、ヘーゲル）に由来しているとされているが、手短かに述べれば、ファンシイというのは知覚の混乱にすぎないのにたいし、イマジネーションの方は神が世界を創造した能力と同じ性質の、創造的、生産的な能力をさしている。そして、本当の詩人とはイマジネーションをもつ者とされる。一見、十九世紀からの近代の合理主義や技術世界といった現代へひきつがれる考え方の背後に見落とされがちだが、悟性ないし思惟によってのみ開かれる今ひとつの超越した精神世界の存在を求め、またその存在が信じられていたと言ってよいだろう。

こうした例の典型は、実証科学的な仮面をつけた神秘的な書、ポーの『ユーレカ』であろう。神、すなわち世界の創造主の思想そのものをうかがい知ろうとするとき、想像力が聖なる性格をもつことで「諸能力の女王」と呼ばれるのは理解できるだろう。ボードレールは言う。

「人間に色彩、輪郭、音や香りなどの精神的意味を教えるのは想像力である。それは世界開闢にあたってアナロジー（類似）とメタファー（暗喩）を創造した。それはすべての被造物を解し魂の最深部にしか見いだしえないはずのもろもろの規則にしたがって、手元に集められる素材から新しい世界を創造するのである。想像力は新しいものの感覚を生み出すのだ」

被造物つまり自然を破壊して素材とし、それを組みなおして創造するという錬金術的な操作をおこなうのが想像力である。言い換えれば、芸術には、

（一）被造物（自然）を模倣する素朴なもの

（二）それをひとたび破壊して人間の悟性による新しい世界を創造するもの

との二種類があることになる。

私見によれば、こうした近代的な創造論をボードレールの著作のなかでもっともよく理解できるのはエッセー『人工楽園』だと思われる。この中で描写される刺激物（アルコール、大麻、阿片）による幻覚とその性格づけはサイケデリックな見物であるが、そこでは夢を、日常生活に根ざした夢と、それには何ら関係をもたない謎めいた夢の二種類に分け、また同様に幻覚を、知覚のたんなるゆがみからくるものと、超地上的で神的な恍惚《キーフ》に分ける。これをよりわかりやすくいうと、ボードレールにとって地上の諸現象（彼にとっては劣等）にかかわる世界ないし芸術はなお価値のひくいもので、地上の諸現象からあたうかぎり遠いところにあるとする無限ないし永遠にかかわるものが超自然であり、美の王国だったのだ。こうした象徴主義にむすびつくような観念論を今日どう考えるか今は問わないことにして、ボードレールがポーにならって「崇高な美」という時、詩論的にはこうした超自然の領域を創造すべき世界として夢みていたと言えるだろう。

以上のボードレールの詩論は超越的な神の問題をのぞいて、西脇の分析する芸術論である『超現実主義詩論』に完全に継承されていると思われる。「超自然詩の価値」の中で西脇はポエジーの世界を大別して二大原則をたてる。

自然主義或は現実主義

超自然主義或は超現実主義

ここに使われた用語は西脇自身が断っているように文学史上の「ナチュラリズム」「レアリズム」を指すのではなく、今、ボードレールの場合に見てきたポエジーの世界の二段階論に対応し、西脇によれば、一方の価値の増大は他方の価値を減少させるとも言っている。さらにつけ加えておけば、自然主義あるいは現実主義というものの代表的な思想が西脇にとってはトルストイの『芸術とは何か』であった。

では、西脇はどこに立っているのか。『超現実詩論』「超自然主義」の章の末尾で言う。

「ペトロニウスよりボードレールに至る超自然主義の歴史に対してひそかに敬礼するものである。超自然主義は、インドヨーロッパ人の芸術活動の歴史として最も重大なるものであったが、そのあまりに心理的特種性《ママ》のために、あまりプロフォン（深い――筆者注）なるために多くの人々はこれを軽蔑して了解せんとすることさえせず、しかし超自然主義は永遠に了解されないことを希望するものである」

西脇の修辞学のめざすところが、こうした超自然／現実のポエジーを暗示するために築かれているのは明らかだろう。実際の西脇の詩作品がどうであれ、詩論の上からいえば、ここにはっきりとボードレールの継承者がいる。そして、引用した文が読者を突きはなすようにそっけなく終わっているように、「超自然」という神秘的な観念論が今日でも充分に理解されているとは思われない。たしかに、十九世紀の偉大な情熱であったこの思想を、現代の現象＝本質となった考え方から批判することはできるだろうが、ポエジーが既存の自然／現実をこえて精神の求める領域をかいまみさせてくれるのは、「超自然／現実」の存在をみとめる考え方があったからだと思われる。

以上のように「超自然／超現実」をめぐるボードレール直系の西脇の近代詩論は多くの人々に影響を与えたにちがいない。けれどもこの二人の傑出した詩人を詩論だけではなくより全体的に比べてみると、西脇がパリの詩人から受容しにくかった側面もあることがわかってくる。この点を考えてみることは、きわめて西欧的な詩人に日本人である西脇という詩魂がどう反応したかという個人のレベルとはいえ文化間の受容や移植という興味深い問題に立ち入ることになるだろう。『超現実主義詩論』のなかで、読者は次のような文章に出会う。

「ボードレールの詩は正面からみると不道徳の思想を表現しているように思われるのであるが、

しかし詩としては単に経験を破る材料に道徳宗教上の経験をもってしたのにすぎない。道徳宗教上の叛逆としてこれを解釈することは、詩としての解釈としては価値のないものになる。ボードレールの詩人としての活動を思想として継承した多くの詩人は実に馬鹿々々しいものである」

処女詩論集であるがゆえの気負った言明だとしても衝撃的な断定で、すでに前に書いたようにボードレールから倫理性を切りはなし軽さを取りもどそうとしたまでは理解できても、ここまで断定できるのだろうかとやはり疑問を持たざるをえない。

なるほど西脇のラール・プール・ラール（芸術のための芸術）の立場からすれば筋がとおっている。「超自然」を啓示するにあたって、第一に「驚き」という効果を与え、読者の通俗的な見方を破ることが重要だとすれば、作品にとりあげる素材やテーマを限る理由はなくなる。通俗的な認識を破るものであれば、破る効果の大きさだけでリンゴでも悪魔でも素材として選べることになる。ボードレールがある時期、「爆竹」のような詩集のタイトルを考え、ブルジョワジーの度肝を抜こうとする挑発的な態度があったから、西脇の見方がまったくまちがっているとは言えない。

しかし、パリの詩人は「聖ペテロの否認」だとか、「旅」などにうかがわれる宗教道徳への疑念や叛逆的な表現を、読者を驚かすためだけの詩的効果のために「素材」として撰んだのであろうか。当時の十九世紀という時代背景のなかに『悪の華』の詩人の苦渋にみちた生涯を思い浮かべるとき、西脇の理解は半分の真理をついていても、すべてではないと言わざるをえない。たしかにボードレールの叛逆は四八年の革命騒ぎのさいに、アナーキストのブランキや社会主義者、共和主義者の側にたち、混然とした革命さわぎの熱にうかされて、バリケードにいたものの、その詩人を革命的ということにはたしかに躊躇される。だが、ブルジョワ社会の偽善や通俗性やモラルに毒づいたまさにサルトルのいう反逆者《レヴォルテ》で、時代の凡庸さに毒づいたのは確実であろう。そして、彼のポエジーがこうした時代の文脈のなかで近代美学を表現しえたのだと考えれば、宗教道徳にかかわる表現がただたんに詩の効果をますための素材であったとはとうてい信じられない。

具体的に例を引いてみたい。

『悪の華』という題名が、イポリット・バブーの提案で最終的にきまるまえに、ボードレールは社会主義者の詩集ではないかと疑われた「冥府」というタイトルを腹案として抱いていて、その広告文に「現代の青春の不安と動揺」をあつかうとしていた。これはおそらくプチ・ロマンティックと呼ばれた若い詩人たちの過激な傾向や批評家サント・ブーヴにみられる閉塞的な時代に生きる青春というテーマにちかいものとして構想されたと思われる。ボードレールはE・A・ポーの作品や詩論に出会うことによって、詩は詩以外の目的をもたないという芸術至上主義的な傾向を強めたと思われるが、生涯にわたって同時代の現実に敏感な関心を保ちつづけた詩人であったことを忘れてはならない。

このことは一八五七年の初版『悪の華』が、アグリッパ・ドービニェの「いまわしい草々は忘却の井戸の中、閉ざされた墓場に放りすてなければならない。また言葉で甦る悪は後世の風俗をけがすだろう、と人は言う。しかし、悪徳の母は知識ではなく、美徳は無知蒙昧の娘ではない」という宗教的でさえあるモラリスト的な詩句をかかげて刊行されたことからも明確であろう。また同時にテオフィル・ゴーチェへの献辞の初稿をよめば、『悪の華』という詩集が芸術至上主義（ラール・プール・ラール）の枠内にはおさまりきれない、同時代人の運命へのつよい関心が認められるだろう。そして、『悪の華』がようやく刊行されるやいなや、風俗紊乱罪を招いたのだった。検事ピナールはこの詩集のうちに大胆な美学以上の、公序良俗に対する脅威を嗅いだのである。そして、六編の詩の削除と罰金刑を受けることになるが、この有罪判決が破棄されることになるのはじつに二十世紀になってからだという事実を忘れてはならない。

こんな風に見てくると、西脇のボードレール理解が作品の部分におよぶときには充分ではないと言わざるをえない。

しかしさすが、後年の『詩学』（一九六八）に収録された「ボードレールと私」という長大なエッセーになると、成熟した読みをもつ西脇はパリの詩人の矛盾、つまり詩作品のうちに自分の嗜好とは異なるズレがあることを認めている。言いかえれば、このエッセーの興味深いところは西脇がパリの詩人に感じる違和感をどう表現し、納得しようとしたかにあると言ってもよいだろう。

「ボードレールは文学の方面で『ラール・プール・ラールの芸術』のヨーロッパ最大の宣伝者であったが、この種の芸術論を構成する要素を調べてみると殆んどすべてが彼自身の発見創設したものではなかった。しかしその当時最大なすばらしい彼の頭脳（intellect）によってそうした芸術論を組織化し、立派なフォルムとオールドルとしてそこから彼は詩をかき美術批評をやり一般芸術批評をやったのである」

この冒頭の文章からは、西脇がパリのボードレールを芸術至上主義の枠内でとらえたいとしていることがわかる。しかし、今しがた触れたようにパリの詩人にはキリスト教的な原罪観や、そこにかかわるモラリスト的な精神もあるので、詩論的な論理だけを理解しても充分ではなくて、実際『悪の華』が予想外の印象を与えることに気づく。『超現実主義詩論』の時のような割り切り方がもはやできなくなってしまうのだ。

「いろいろ『悪の華』という作品におけるボードレールを考えてみると、モラリストとしてのボードレールの苦悩を救済するためにその作品が存在するのであって、純粋芸術のためにつくられたのではないという印象を残してくる」

また以下のようにも西脇は書いている。

「私は彼が大詩人であったことを認めても、彼の芸術論がサタニスムという動機から起った部分が多い。彼の美の論には純粋に美を美として考えていないところがあるが私はどうも気になる。芸術はどんな動機があっても問題ではないが、ボードレールの場合は特にモラルから独立して純粋な美とか芸術をつくろうとする『芸術のための芸術』ということを主張しながらボードレールの動機は大変なモラルの評価である。それがために私はそう思うのである。そこになんとなく矛盾を覚えるのである」

引用が長くなってしまったが、右の文章からは、『悪の華』のモラリスト的であまりにも人間臭い性格に対して頭をかしげる西脇がいる。他の場所でも、『悪の華』の寓意的な詩編は好まないとも書いているように、ボードレールが詩的超自然にふくまれる宗教的要素を表現したり、時代の背徳をならべたてる部分については知的には理解しえても、西脇の美的純粋をもとめる嗜好にはそぐわないのだ。そこで西脇の筆はいきおいこの矛盾が少ないマラルメやランボーに向かいがちになる。だが、ボードレールの偉大さ、人間としての重みを認めざるをえないので、言葉にかかわらざるをえない詩作品が、絵画や音楽とことなって「芸術のための芸術」になり切れないらしいという結論を残している。

そして、詩論と『悪の華』のズレともいえる矛盾をなんとかして消化しようと、西脇は『悪の華』が諧謔の詩集ならば美しく読めるのだが、と記している。いかにも自分流に対象をデフォルメする西脇らしい言い方だ。なるほど、大悲劇的詩人にみえるパリの詩人にも、諷刺画家やユーモアの「笑い」への関心(人間の堕落の印なのだが)があるし、「読者へ」とか「祝福」といったいかにも荘重な詩編にも、すこし見方をずらすとふと滑稽な味があるのを忘れてはならないだろう。とは言うものの、そのような裏側でみずからの諷刺に舌をだして笑っていたとは思われず、むしろ脂汗をかきながら苦虫をつぶしていたというのが真実に近いのではないか。西脇の諧謔説はボードレールの偉大さに盲目となった真面目な読者には一種の解毒剤になりえても、解釈としては相当に苦しいのではないかとわたしは考えている。

ここに西脇とボードレールの文学的資質、文化的背景、時代の違いといった問題が浮かんでくるはずだ。文人的で、伝統的に自然になじみやすく田園の哀愁に敏感な西脇と、カトリック的背景やロマン主義的潮流から育ったパリの詩人とであるから、気質のちがいがないはずがない。ただそれでは何も語らないのに等しいので、この両詩人を熟読してきた結果、この違いの根底には時間観のことなる歴史意識なり文化的背景がひそんでいるとわたしは考えるにいたっている。

すでに触れておいたが、ボードレールが近代を意識したのは『悪の華』序文草稿がしめすように、たんなる芸術論のレベルに留まるばかりではなく、七月王制、四八年の革命、第二帝政という十九世紀フランスの歴史の流れが、まったく過去と異なるという自覚だった。その近代は、擡頭するブルジョワに囲われた浮かれ女《ココット》もいれば拝金的な熱狂も、後にヴィリエ・ド・リラダンが描くようなパリという都市が見せる奢侈で蠱惑的な光景もあっただろう。ボードレールの同時代への強い興味と関心ははやくも近代の幻滅を先取りするものであったし、またより根本的なところでは、歴史の完成を未来に夢みる近代の時間観にたいする痛烈な批判者ではあったが、近代をそれまでとはことなる歴史的な現実として引きうけ享受もしていたと思われる。実際、かれの作品には十九世紀の変貌するパリが刻印され、近代人の青ざめた魂が憂えている。そして、それが人類の永遠の声として高められているが、こうしたポエジーのあり方は、時間が進むにしたがって今までとは異なった時、唯一の時が到来するという歴史観をもつ文化のなかで培われたものではないだろうか。オクタヴィオ・パスもその「断絶の伝統」のなかで語っているが、ここには歴史がいわば離陸して、時間の終わりにある「神の国」をみるユダヤ・キリスト教的な観念が遺制としてでも文化的背景としてあるだろう。

　当時、ボードレールは空想社会主義者の説くような理想社会には懐疑的だったし、また「神の国」を信じていたわけでもなかったから、歴史は終末の途上にあると見えた。だが、終末の途上の悖徳の光景こそが近代を特徴づける唯一の歴史の現実としてパリの詩人の好奇心と関心をひきつけ、共感と呪咀とが彼の詩魂からもれたのであった。この姿勢は、大衆社会や民主主義へと向かうそれ以後の現代史にたいしては批判的な立場を取らせることになったが、ひとつの時代を歴史的に見るという姿勢はやはりキリスト教の予言者風なところがあると思う。

一方、西脇の詩の世界は語法において現代であるが、そこに展開される光景は永遠というゼロへ回帰する非時間的な神話であって、歴史的な現実というものとは言えず、むしろパガニスム（非キリスト教）に属する。長編詩『失われた時』の末尾にあらわれる永遠はまさに非時間であって、もはやどのような歴史的な関心をも無に帰す世界である。人間というものも生命という次元では植物の種のように雄／雌と男／女という属性の収斂して行く、相当に淋しい世界である。そこに私たちは土人のささやきを聞くけれども、その土人が歴史現実や時間にたいしてほとんどあきらかな関心をもたない、あるいは見せないことに驚くのである。近代、いや現代の歴史の外でひとりの田園の散策者が憂愁のポエジーを摘んでいるのだ。

以上のように見てくると、詩論ないし修辞学の領域では、ボードレールの影響は西脇詩論に色濃い影響をあたえているが、そこから生まれる作品についてはそれぞれの詩人はそれぞれの気質と時代や文化背景のなかで独自に成熟していった、ということであろう。

存在と諧謔のポエジーについて

西脇順三郎序章

西脇順三郎の数多い詩集を二十年愛読してきたけれども、不思議なことに詩作品そのものについて一文を書くのは初めてなのである。機会がなかったというよりも、西脇の詩作品について語ることを後の楽しみにしてきたところがある。ひとつにはわたしたちの世代が詩への関心を持ちはじめた頃、西脇はすでに高名な現代詩人であり灯台の役割を果たしていて、西脇作品や詩論を熟読しながらまず学びながらおのれの道を模索してきたことが先にたつのではないかと思う。若造が論評するにはあまりにも偉大な存在であった。その上、西脇の詩は読者に思いがけないさまざまな楽しみを与えてくれる稀有な世界なので、そんな作品を散文で論評するなどとは不粋で野暮ではないか、という思いがあったことも事実だ。たとえば『禮記』の中の「田園の憂鬱」という詩のウイットにとんだ後半部をまず引用してみよう。

（中略）

ああ長江の宿も

熊野の海に吹く鯨のしおも
バルコンもコスモスもライターも
秋刀魚も「ツァラトゥストラ」も
すべて追憶は去ってしまった
いまは人間のいないところで
あの宝石のような眼鏡にうつる
あの浄土のくもりをふいている
――「どうもよくみえない」
柿生の山々が遠くに
夕陽にしぐれるころ
心はさまよい歩く

この詩の発想はおそらく佐藤春夫やその『田園の憂欝』からきていて、長江は生田長江のことらしく、現在では田園都市線市が尾から小田急線柿生《かきお》に至る街道鉄町付近にあった春夫の寓居を訪ねた時の印象らしい。「熊野」や「秋刀魚」が出てくるのは言わずもがな、「あの浄土」というのも春夫が「妖精の国《フェアリー・ランド》」を幻視したことへのアリュージョン、「どうもよくみえない」とは見たくとも見えないという詩人のはぐらかしの諧謔だろう。

こうした西脇詩の背景となっている作品については、昨秋（一九七九）、新倉俊一の『西脇順三郎、変容の伝統』という篤実な本が出版されて、随分と種明かしされたが、まさに枚挙にいとまのないほどの古今東西の文学や芸術の記憶がちりばめられていて驚嘆する。戯れに、『近代の寓話』に登場する文学者や芸術家の人名を数えてみたら四十名以上にもなって、たしかピカソとゴーギャンが一番多かったと思う。そうなると、こちら側の読者の教養の多寡もある程度ためされることになって気がひけてしまうが、それもフランス人でさえもう読まないネオ・ヘレニズムで名を売った十九世紀のルイ・メナールという詩人まで登場してきたのはさすがに驚いた。こうなると日本人の読者に理解せよといっても無理な話で、むしろ詩人の博識のすみずみまで知っていて読む必要はなく、いま引用した「田園の憂欝」にしたところで、突如「法隆寺」もイメージされるといった具合だから、イメージの飛躍や言葉の連想の自在を楽しめばよいのではないかと思われる。

詩を読む楽しみはそれこそ人によって千差万別で、もっとも素朴に詩人の生き方や思想、抒情に共感同情することからはじまって、詩の文体、言葉の音楽性やイメージや色彩といった修辞の妙に感心したり、あるいは気の利いた機智やサタイアに笑いだすまで、さまざまな味わい方が考えられる。こうした詩の多様な享受のあり方を教え、直情的に物に寄せて詠うとか、述志の詩といった単純な構造をもつ作品だけがすべてではないことを日本近代詩史のなかではっきり示したのは西脇順三郎だと思う。明治の近代詩の場合でも西欧文学の影響をうけた詩人は少なくなく、薄田泣菫《きゅうきん》の「ああ大和にしあらましかば」がブラウニングの「Home-thoughts from abroad」からヒントを得ているといった事例にはこと欠かない。けれど西脇の作品には、常に原典とのあいだに詩人独特の自在な距離があって、連想のかるい遊びのように虚実をデフォルメしてゆく唐突な発想が楽しいのだ。

ただ、むやみにデフォルメしても詩となるわけではない。詩作品が作品としてなりたつためには、読者の鬱屈を晴らし、心を開かせてしまう芳醇な一杯の酒にもにた浄化《カタルシス》、あるいは優雅さが必要なのだ。どのような烈しいメッセージを発する詩も、どのような暗澹たる絶望をうたった詩も、もしそこに曰く言いがたいこの詩的な快感という芸術の美が欠けていれば、スパイスのない料理にすぎない。西脇作品が一見、衒学的とさえ言いたくなる、普通には嫌味になりそうなほど、古今東西の芸術を典拠として、しかも自在に変形して自家のものとしても、なお独創的な詩として楽しく読める作品としているのは、どこかにこの浄化や優雅さが醸し出されているからだ。おそらくは詩人の心の余裕から生まれる特徴だろうけれども、そんな作品であるから良き読者は一篇の詩をもって応答するのが粋なので、今こうして散文で説明したりするのは無粋なことだろう。そのために、まさにサイレーンの歌声に引きずられないようにオデッセーさながらに帆柱に身を縛りつけて筆を進めねばならない。

さて、西脇の詩集のなかで、私がとりわけ感銘するのは『近代の寓話』、そしてとてつもない長篇詩『失われた時』である。もちろん『Ambarvalia／あむばるわりあ』も『第三の神話』もそれぞれ持ち味があるし、詩人自身はあまり好まれないという戦後すぐに上梓された『旅人かへらず』にしても捨てがたい。だが、ポエジーが思考と感覚との柔軟でまた緊密な調和をかもしだしている点、つまり俗にいう完成度という点では前者二詩集がとりわけ優れていると思う。

ところが信じがたいことなのだが、これら二詩集は昭和二十八年と三十五年にそれぞれ出版されているから詩人六十歳代の成果なのである。出版される以前から書きためられてきたとしても、『失われた時』は確実にその前年に執筆されている。その後も、『禮記』『壌歌』『鹿門』といった晩年の詩集もあり、昭和五十四年には『人類』が出ている豊饒ぶりとはいえ、六十歳代に西脇氏がひとつの頂点をむかえたといっても過言ではない。これは夭折の詩人がおおく、詩魂の枯れやすかった日本の近代詩人のなかで奇観であるばかりでなく、西脇のポエジーが年齢とともに衰えることなく新しい境地を展開してゆく強い力をもっていたことを示している。それは若さとともに去ってしまう情念だけが詩作の源ではなく、西脇的な独特な思考、詩想といってもよいが、その積みかさねの結果のものの見方が年齢とともに深化してきた結果なのだ。

さて、西脇の作品の背景は散歩の場面がおおく、一見、高等遊民の文人日記にちかい。その意味では逍遥文学といってもよい。散歩といえば何かつまらないことに思われそうだが、古代ギリシャの哲学に逍遥学派というのがあったように、歩くリズムというのは人間の精神に適度な刺戟をあたえ発想をゆたかにして、観念だけに陥るのをふせぐように思われる。実際、西脇作品の背景は、現代の文人が東京郊外に残された多摩川や武蔵野などの田園で、そこを詩人は淋しくさまようばかりである。こうした、いわゆる実社会にかかわることが少なく、書斎とアカデミアと散策ですごされるような学者の暮しは決定的に詩の質をも決定している。たしかに研究の暮しは知的刺戟にはことかかないとしても、やはり単調さとそれゆえの倦怠もまぬがれがたく、あまり俗っぽいドラマチックな性質をもたない。たとえば、エッセイ集『あざみの衣』のなかで、

「私などは職業上読書することは普通日常の仕事であって、本を読むことは娯楽ということにならない。むしろ本を読まないでいることが娯楽の境地になるというパラドックスが真理である」

と記している。考えてみればこれは職業が読書であるだけで、別の仕事であっても仕事をしないことが娯楽になるというのは当たり前で理屈としてはちょっと変であるが、読書が普通の人々とちがって娯楽や趣味にならず、言葉という間接的なメディアによる文学研究が職業になってしまうブキッシュな学究の暮しを指しているのだろう。田園を散策しながら詩の種をひろうことが詩人にとってはむしろ言葉を通さない直接経験の世界であり、職業上で義務的な読書の緊張をときほぐす手段方法であったのだろう。西脇が自分の文学趣味といい、そのために不幸な一生を送ることになったとどこかで語っているが、この言葉の半分はおそらく本当にちがいない。時として

読書による頭脳的な経験と実体験との一種の倒錯さえが感じられるからである。

人間の不幸は言葉をもっているからだ。
人間の存在は言葉のないところにある。

あきらかに文学にながくつきあってきたこの詩人は言葉の復讐をも知っている。言葉によって詩的美は啓示された。思考も始まる。しかし、言葉はいつしか虚像という怪しげな亡霊となりおおせ、無数の鏡の間のように精神をとじこめてしまうのである。ポエジーはこの言葉を否定しようとはしないが（つまり詩人は言葉に頼らざるをえない！）、他方では言葉からのがれたい願望につらぬかれ、確実な存在にかぎりなく憧れている。こうしたいわば通常からみれば一種の倒錯こそが、西脇を近代詩から現代詩の源流とした言葉への自在な姿勢、新しい語法の発見なのだ。言葉との素朴な関係が失われたところに、一見ノンシャランな言葉づかいの自由や、また他の文学をこれでもかこれでもかと典拠としたパロディが生まれてくる。たとえば芭蕉の『幻住庵記』の「先たのむ椎の木も有夏木立」（「猿蓑」）を『壌歌』の冒頭でパラフレーズする。

野原をさまよう神々のために
まずたのむ右や

左の椎の木立のダンナへ

俳聖芭蕉の句をこんな狂言ふうに書きかえられるのは西脇でなければできない。もし西脇がただパロディだけを機智とし、いわば反精神性たるサタイアをのみ追ったならば、たんに現代狂詩人となり終わったことだろう。サタイアが、聖なるもの、悲劇的なる、真面目なるものにたいし、からかうという狂言的で喜劇的な性格を持っているからで、西脇が詩論に「Profanus」という「聖なるものを俗化する」というラテン語を使ったことは忘れてはならない。そこに、西脇の諧謔には一定の偶像破壊的要素が見られ、ニーチェもボードレールもみな友達づき合いなのである。そして、これが嫌味なく成功するとサタイア自身が今度はひるがえってすばらしい修辞となる。

あのまだ青いふぐりのような実は
ギリシャ人の彫刻のように
ロダンのヨハネのように
葉の手でかくされている
この偉大な悲劇がかくされている

こうした遊びと厳粛、俗と聖との変換の機微を司るものは西脇においては何であるのか。このことをわたしたち読者は見きわめておかねばならないし、そのことはさきほどふれた思考と認識のポエジーの内実を問うことになる。つまり、詩人のパロディやデフォルメが駄洒落に堕さずに、どこかに普遍的な真実を啓示している骨格のことである。

西脇の精神は早くから絵がすきだったように芸術にひかれていたが、同時に哲学的でもあり後年の植物観察にみられるように自然科学的な目をもっていたことにも注意しなければならない。そこにこの詩人の人間の存在についての独特の思考がある。

それは個人というよりは個体の、まず自然的な基盤である生命、肉体的な存在というところにつよい関心が寄せられている。そして、そうした存在そのものへの認識の深まりは生涯にわたって粘りづよい思考の対象になっていて、人と人とのつながりとか他者性といった社会性、あるいは時代性といった通常いわれる実社会の現実はむしろ第二義的なものにみえる。

そして詩人の世界観は、生命体が物理的時空の内側にとどまり、また支配されてもいること、そして、その物理的時空はわたしたち人間の存在には無縁に、ただ永遠に存在しているとするとコスモロジーであるように思われる。つまり西脇が人生と世界の意味を問うその出発点は、生命をもった個体、肉体的存在にあり、その誕生、生殖、死の諸相そのものを考察しようとする。こうした西脇の発想にはかなり普遍的であり深く共感できるけれども、同時にその問いは、常に「今、現にここにある」という存在の謎／神秘に舞いもどるほかのないドウドウメグリの円環的思考でもあると言わなければならない。

こうした考えは、ユダヤ・キリスト教的な啓示による超越神の存在、その結果として自然を、そして人類の歴史をその神の意志にそった合目的的であるとする近代の時間観や進歩思想の考え方からはなはだ遠く、信じがたいほど西欧芸術や文学を渉猟しながらも西脇はついにキリスト教的な超越の観念や世界観とは無縁な人でもあったのではないかと思う。『あむばるわりあ』の「ギリシャ的抒情詩」がよく示しているように古代的、異教的《パガニスム》な要素の方が圧倒的につよいのは確かであろう。

だが、西脇はこのドウドウメグリの円環的思考を螺旋状にめぐりながらも、そうした思考がゆきつけるある彼方へ達したことも事実で、詩人自らの存在の最深部に「幻影の人」を見たり、作品のなかで「永遠」という言葉をひんぱんに用いても、それがある種のリアリティをもって読者に感じられるのは、たんなる思いつきではないからだ。それは西脇の初期の作品、たとえばフランス語で書かれたダリ風イメージをもった題名の『感情的な時計』(Une Montre Sentimentale)では未だはっきりはしていないけれど、『Ambarvalia/あむばるわりあ』『旅人かへらず』で西脇の言葉ははじめて認識の対象とすべき現実に出会ったように思われる。

それは自分が一個の生命現象にすぎず、この生命現象は石や水や空のなかでどうにもならない孤独という宿命をおわされた存在だ、という強い認識である。そこでは、生命現象は自然に支配されるが、同時にそれは無機的な自然ではなく、生命それ自身の掟に支配されたある特異な存在形態なのだ。『あむばるわりあ』のあとがきに「人間の生命の目的は他の動物や植物と同じく生殖して繁殖する盲目的な無情な運命を示す」という。詩人によれば、この生命現象を支配している掟はただ生命を限りなく維持するという盲目的意志でしかない。しかも、かりに永遠に生命を維持することが目的とすれば、その生命は個体ではなく類として遺伝子レベルで存続するという姿でしかありえない。個体は一時、この生命の流れのうちにあってもやがて死という終焉を迎えねばならないとすれば、生命にとって最高の善とは類としての永生にできるだけ近づく努力、別の言い方をすれば個体の終焉をこえて種の永生へと和合する努力をすることになるだろう。西脇が自らの魂の最深部に「幻影の人」を見ると語る時、それは種として生きつづける永生のメタファーにほかならず、「水車をまわす」と語る時には、個体の生命を活性化し、生命のくもりを払うことを意味している。

さて、こうした考えからは古代の豊饒の神のように必然的に生殖が、類としての永生にかかわる最大の行為として出現するだろう。西脇の詩のイメージに、ユーモラスな女神や女神のおしりや、たおやめぶりといった女性的なるものが多く、色好みというよりは、より抽象化された恋愛がふんだんにまきちらされている理由もここにある。富岡多恵子の文章で、ある時、西脇が「自分は女です！」と叫んだというエピソードを読んだことがあるが、これは象徴的だと思う。西脇は芸術家が恋する女でもあることを知っていて、ボードレールも芸術家は両性具有者と考えていたのと軌を一にする。西脇の詩のなかの土俗的な陽物を祀る笑いとか、たくさんの乳房をもった豊饒の女神の登場とかは、すべて自然の生殖と祭りこそが、個体が類の永生に参加する機会だからである。祭り、アンバルヴァリアという祭りは恋愛両性の出会う儀式、場面である。だから、こうした生殖と祭りを司るエロスを抑圧しようとする文明文化は西脇には耐えがたく、「土人」とか「野原」へと詩心はいつも回帰しようとする。これはまた洗練された表現としてジォルジォーネの「フェト・シャンペトル（田園の祭り）」の優雅へ向かう憧憬でもあろう。

けれども祭りは終わる。個体が永生に参加しえたと思えた瞬間は、たちまち闇に閉ざされる。風化と老衰の道にただひとり取り残された個体は、かつて美しかった祭りへの追憶ときたるべき祭りへの期待とのあいだで、対象を失ってただエロス的志向だけをもち続ける。この片恋の姿こそが詩人の「淋しさ」「哀愁」の実体なのだ。近代詩人にも郷愁という形でこうした詩心をいだいた文人も少なくないが、西脇のように恋情の種としての「淋しさ」を認識の対象として、また最終の抒情として思いつめた詩人は日本では希有だろうと思う。

この夕焼けを見たら
あなたも私と同じように
恋愛の無限人間の孤独人間の種子の起原
のために涙が出そうに淋しく思うだろう。

「キャサリン」という詩のなかにあるこの詩句ほど生命現象の痛ましさを記したものはない。

詩人には、一方にダーウィンやジャック・モノーといった生物学者を思わせる冷静な眼差しがあり、他方に泣き崩れんとする感傷がある。ところが、こうした淋しさを救ってくれるはずの古代の神々も追憶としてしか存在せず、超越神もいないのが西脇の住む現代世界である。誕生、生殖、死という生命現象に還元された哀れな人間観は、西脇もT・S・エリオットも同有する荒廃した二十世紀の現代的視点だが、エリオットが後年、英国国教会の信仰へと進んだのに対し、西脇には信仰とか超越的観念は無縁のようであり、この淋しい存在を思考しつづける西欧的な思想からいえば無神論であると思う。

そして、さらに個体が永生を思慕しながら淋しく孤独を耐えつづけるという状態は、西脇にあって美の源泉にちがいないのだが、同時にそれは憂鬱な煉獄でもある。この煉獄から救ってくれるものがピカソやゴーギャンや南画などの絵画的な美で、一時的に救われるものの、本質的にはやはり地獄にほかならないことを詩人は充分自覚している。そして、ここから始まる詩人の思考の深まりは比類のない歩みをもっており、わたしの最も注目するところだ。つまり、エロス的思慕は残され、永生のはるかなヴィジョンも生きているが、同時に、生命現象をこえてひろがる宇宙の存在、つまり永遠への思考が加わってくるのである。これはもはや有機的な世界ではなくてその外部に永劫にひろがる物理的な宇宙への融合の夢で、詩的表現としては東洋の隠逸の境地が暗示されてくる。

秋分の日は晴れた
久しぶりに遠くの山がはっきり見える
曲りくねった松の木の間を
丁髷を結んだ主人の後から
琴と酒を袋に入れてかついでいる
少年の従者が歩いているのまで
も見える

これは山水画のような虚構の情景で草木山河に清遊する憧れだといえる。だが、残念なことに、どのように類として永生やコスモスの永遠を夢みたとしても、生命現象としての個体は常に消滅に脅かされ、またそれを自覚して生きなければならないがゆえに、草木山河の自足した自然なり、不易なり、永遠そのものに同化も参加もできないという悲劇はかわらない。詩人が生き思考するかぎり、草木山河の永遠は一体感を与えてくれるどころか、わたしたち人間の悲劇の証人でしかないのである。存在することそのものによって永遠に充足することのできない、時間のなかの流浪者／旅人なのだ。

ここで西脇の流浪する螺旋的な思考はどこへ行くか。ひとつは個体として、時空の支配、つまりくり返しの輪廻をのがれようとする仏教的論理であり、今ひとつは死を、つまり個の消滅を求め、この呪われた出口のない思考そのものを破壊することである。

四月の末の寓話は線的なものだ
半島には青銅色の麦とキャラ色の油菜
たおやめの衣のようにさびれていた
考える故に存在はなくなる
人間の存在は死後にあるのだ
人間でなくなる時に最大な存在
に合流するのだ私はいま
あまり多くを語りたくない

まさに詩人は思考と言葉の涯にある沈黙の世界にふれることによって、思考というか反省的意識というか、自らをすてたところに永遠の存在を知るのである。それはもはや生命の世界でもなく観念の世界でもなく、即物的なコスモス、無限空間の世界、生きる者にとっては死の領域そのものである。

こうした思考をもった西脇詩のスタイルは「我が思考我が詩は／野薔薇のくずれだ」と記されているように、抒情にみえるけれども、そしてたしかに抒情を喚起するけれども、ひとつの認識を核として、あらゆる事物に自在にふれてゆくまことにパラドックスと飛躍にみちた個性的なものだといえる。そして、今までのべてきたような永遠にかかわる世界を詩的に表現するためには、詩人得意の観念と散文的日常、雅と俗、美とグロテスクといった相反するイメージを連結し、読者の常識的感覚を破って、意外性をうみだすような修辞が動員される。よく注意してみると、そこには西脇には画家の眼が働いていたり、現実よりもむしろ博識な文学や絵画の記憶が優先しているのがわかる。そうした意味では西脇の作品は明らかに教養人のものだ。ただ、教養といってもアカデミズム的なものばかりではなくて、むしろ人間の常識を破壊する刺戟にもなれば、同時に新しい発見をもたらすものでもある。そこに外界の風物、それもなんでもない些細なつまらない光景が接木されてゆく。

あのポールの血統をうけた男も
蟋蟀の音におびえるマクベスも
人間の存在を語る唯一の音を避けた
エフィサス人のお産の女神の多数の乳房は
人間をあまりに繁殖させる——
「淋しい故に我れ存在する」
アルミのたらいをもってシャツ一枚きて

銭湯にかけこむ少年は淋しい光りだ

『失われた時』に見られるこうした絶妙な言葉の綱渡りははなはだ刺戟的だ。人間の世界を離れようとしてなおまといつく人間の宿命が、じつに日常的な下町の風景の「淋しい光り」にみごとに落ち着く。この言葉の落差とバランスこそが西脇詩の詩的説得力なのだ。教養も日常も一切を詩の光で照らしてしまう。言い換えるなら、詩人の心はどこにも属さず、どこにも属するという円環の、その中心に漂うのである。徹底的に夢なり想像力のなかに入ってゆくのでもなければ、反対に日常の散文的な現実にどっぷり腰を下ろすのでもなく、その双方、内面と外面を自在に縫ってゆくのである。これはまた思考のドウドウメグリの息苦しさと外界への散策の対位法でもある。こうして、西脇の詩は全人的な、スケールの大きな表現となって読者を魅了してしまう。おそらく西脇の詩から学ばねばならないのは、超現実主義風の語法ではなくて、ポエジーを思考のスタイルとして表現しつつ、詩の美による浄化を粘りづよく探していった態度ではないかと思うし、この点について言えば他の追随を許さない境地に立ったのだと思う。

わたしはかつて西脇の詩論について一文を書いたおり、この詩人には近代的な歴史意識というもの、つまり合目的的な西欧文明のもつ進歩的な時間観はなく、むしろ「永遠のカルマ」とか、ヘラクレイトス的な万物流転といった時間観、つまり永劫回帰の意識がつよいと指摘し、今でもこの考えはかわらない。ある意味では、「土人」の思い（これは結局、単純な円環的時間）を求めた、というか、あるいは理想としてもっていたというか、そんな西脇のあり方にいささか羨望の念さえもつ。そこには現在も過去も、未来も実は存在しない。「現在」そのものが永遠であって、その瞬間の情緒なり思いが磁石のように過去の追憶と未来の永遠をよびよせる。

「人間が地球という一つの天体の上に生活している以上、宇宙という一つの永遠の世界の中に生活していることになる。そうしたことは人間にはどうしようもない宿命であって、陶淵明のいう窮達である。古代のギリシャ人のいう tóchrēn である。永遠の世界にくらべれば人間の世界などは瞬間的にすぎない。そうした運命に服さねばならない人間の存在それ自身は最高の哀愁である」

詩人は『壌歌』のあとがきにこんなふうに語って、まさに「瞬間」である存在の思いを言葉に託する以外、いかなる人間の意志も無効に終わる。こうして、西脇の詩篇は限りなく水平につづく言葉の流れとなる。淋しさとアンニュイを囁きつつ、小さな水車が飛沫をあげているだけであり、読者はその野原の風景に心の浄化を感じ慰められるのだ。わたしもまた思いつかれた時には、一読者としてこれからもこの哀愁の風がふく野原へ帰ってきてしばしの慰めを得たいと思っている。

最後に私の好きな「秋」という詩を『近代の寓話』から引用して、まことに無粋に終わった思弁的な文を終えることにしよう。

タイフーンの吹いている朝
近所の店へ行って
あの黄色い外国製の鉛筆を買った
扇のように軽い鉛筆だ
あのやわらかい木
けずった木屑を燃やすと
バラモンのにおいがする
門をとじて思うのだ
明朝はもう秋だ

これは日本人の秋にたいしていだく季節感の新鮮な表現だ。「タイフーン」と「バラモン」という音のエキゾティックな効果、「黄色」と「バラモン」の映発しあう色彩の効果も見てほしい。巧まざる修辞が美しい。平凡なことを詩にしうるのが偉大な詩人だといったゲーテの言葉が思いうかぶのである。

講演

『詩想のローズ（バラ／羅針盤）、西脇順三郎の業績』

はじめに

このたび「西脇先生を偲ぶ会」にお招きいただき、大変光栄に思い、深く感謝いたしております。ここで皆様の前でお話しできる機会があろうなどとは、今からほぼ半世紀前、三田の教室で、先生の「詩学」の授業に出ていた学生であった身としては、とても信じられないことであります。その上、こちら小千谷の皆様のご努力で発行されています『幻影の人、西脇順三郎を語る』二巻をみますと、この演壇に立たれた方々は、まず西脇先生と直接おつきあいのあったいわば第一世代の方々がいらっしゃいます。佐藤朔先生（この方は小生の指導教授でした）、那珂太郎さん、田村隆一さん、飯田善國さん、江森國友さん、鍵谷幸信さん、新倉俊一さんなどなかには亡くなられた方もいらっしゃいますが、生前の西脇先生をよくご存知だった方々ばかりです。こうした方々は西脇先生の第一世代の理解者といっても良いと思います。第一世代の方々は、先生を直接知っておられご一緒にときどきお蕎麦なんかを食べたり、旅や散策をともにされたりしていらっしゃるわけで、そこからたとえば鍵谷幸信さんの実におもしろい『詩人　西脇順三郎』や、あるいは飯島耕一さんの優れた文学論『田園に異神あり』もそうであったように、これらの著者たちはたくさんの西脇体験というものを持っていらっしゃいます。

つぎは一九四〇年前後の生まれで、すでに西脇先生はもはや偉大な詩人で書物とか教室とか、あるいは第一世代の方々の書かれた文章をとおして詩人西脇順三郎を知るにいたったいわば第二世代の方々、詩人たちです。昭和三十八年に文学部を卒業しましたわたしはこの第二世代に属します。西脇先生の「詩学」に出席していたとはいえ、フランス文学科の学生でしたから当然ですが、先生と同席するような機会はまったくありませんでした。この世代の方々では、吉増剛造さん、八木忠栄さん、そして、この数年、親しくさせていただいている昨年の講演者で、さらにお若い八木幹夫さんなど、みなさん詩人として一家をなされた方々ばかりです。第一世代の方々にくらべますと、第二世代の方々の西脇体験はおそらく間接的で、作品についても人についても初めはおもに文字メディアを通して知ったり味わうようになります。そのような逸話をひとつ紹介しますと、当時、文学仲間の一人が「詩人になるにはどうしたらよいのか？」という手紙を西脇先生へ出し、ご返事をいただいたらしいので、どんな返事だったのかと聞きますと、先生の返事は「学問をしなさい」ということだったと話してくれました。これなどは間接的に先生の忠告を漏れ聞いたということで、今でもそれを戒めとしていますが、残念ながら今にいたるまで「学成り難し」のまま来てしまいました……。そんなわけで、先生に直々にお会いできたのは、それから十年以上もたった三十代の後半で、一度だけ彫刻家で詩集も出されていた飯田善國さんのお宅ででした。それだけ、第一世代の方々にくらべ、わたしをふくめこの世代の西脇体験は少ないのではないかと想像します。

そんなわけですから、わたしが最初に詩人西脇順三郎の名前を聞いたのは、たぶん大学一年生の頃で、最初に大枚をはたいて買ってしっかり読んだ詩集は『失われた時』（政治公論社、一九六〇）でした。国会周辺では大騒動だった年で、三田の丘も先生方までデモにゆく時代でした。そんななかで悠長に詩集を買うというのは少し変わり者だったかもしれませんが、たぶん多くの読者がそうであるように内容はよくわかりませんでした。その頃、同じ会社から季刊詩誌「詩と詩論　無限」（編集・発行、慶光院芙沙子）という豪華な詩誌が出ていて、そこを発行者として、とても贅沢な黒い革装の装画入り詩集として発刊されたのが『失われた時』でした。西脇先生の盟友だった村野四郎の『亡羊記』という詩集も同様の装丁で発行されたと記憶しますが、このお二人は当時、かたやモダニズム、かたや新即物主義（ノイエ・ザハリヒカイト）の詩論をかかげた現代詩を代表する大家でありました。

この時点よりもさらに早く、慶應義塾のなかには西脇先生を信奉する附属校の文学高校生たちもいたことをついでに紹介しておきます。

さて、こうした第二世代の人間にとって、先生の肉声を、半世紀をへて耳にできるという素晴らしい機会が最近与えられたことはご存知だと思います。一昨年（二〇一二）、慶應義塾大学出版会から『西脇順三郎最終講義』というCD二枚組が発売されたことです。すでに先生の詩集『豊饒の女神』（思潮社刊、一九六二）に「最終講義」と題された詩がありますが、これは慶應義塾を退職された時に行われた最終講義を思いつつ書かれた詩です。そこには最終講義をするという学塾との別れを前にした微妙にゆれ動く心理が率直に書かれています。この最終講義にはわたしは出席していませんでしたが、しかし、ありがたいことに、どこかで音源が見つかって再生されたこのCDによって西脇先生の肉声の別れの講義を聞くことができるのです。第二世代にはもてなかった西脇体験が現代のメディアによって提供されたわけです。このCDを聴いて、なんといっても一番驚かされたことは、講義の内容よりもまえに先生の口調で、その話しぶりには新潟の方のアクセントがある、とある方が指摘したことです。いや、それは小千谷のアクセントかもしれませんが、これはまったくふいをつかれました。文字化された先生の詩や文章だけからはわかりません。授業に出ていたにもかかわらず、そこに産土／故郷のアクセントがあるとはまったく記憶にありません。ただ、今度、CDのおかげで肉声を聞いて、さらに指摘をうけて、初めて気づいたわけです。この西脇先生の例をみても、母語（母国語ではなく）というのは本当に深く人間の記憶に刷り込まれているようで、このことは詩人のばあい無視できない言葉の音感が、音楽でいう絶対音感のように内在化されていることを思わせます。

さて、今日のわたしの話のタイトルは、『詩想のローズ（バラ／羅針盤）、西脇順三郎の業績』

というものです。（ここからは敬称なしの「西脇」でお話しするのをお許し下さい）この講演をお引き受けしたものの、西脇について新倉先生のご本をはじめたくさんの優れた研究がすでにあるわけで、皆様方も郷土の詩人についてかなりご存知であることを考え、何をお話ししたらよいか、随分と悩みました。しかし、ない袖は振れないわけです。行き着いたさきは、第二世代のわたしが西脇順三郎という現代の大詩人から今までに何を汲み取ってきたのか、また今後も何を汲み取るべきか、ということがわたしには一番切実な問いだということでした。

実際、西脇の多方面にわたる卓越した業績はわたしにはいわば灯台の役目を果たしてきました。詩という広大で深い海に乗り出そうとしていた大学生時代から今にいたるまで、自分の詩作の位置を確かめ、あるいは暗礁をさけ、進むべき方向を決めるに際して、西脇の文学は闇夜の灯台としてあったと思います。その間に、乞われるままに西脇の詩や詩論についてエッセーを書いてきましたが、これらはすべて優れた詩人から詩作や詩論を学びたいという動機から生まれたものですから、どうしても個人的なものにならざるを得ずに、客観的に研究するというのとはちょっと違っていました。

ただ、半世紀も読んできたということは、年齢に応じて作品の読み方が随分と変わってきました。今から三十三年前に書いた「存在と諧謔のポエジについて」という若書きのエッセーを見ますと、もっとも感銘する詩集として『近代の寓話』と『失われた時』をあげています。そして、今ではむしろ一番にあげたい『旅人かへらず』については「捨てがたい」とだけ書いていますから、随分とわたし自身が変わった気がします。そして、今の方が西脇詩の詩想についてもすこしは冷静にわかるようになったと思います。

と同時に、西脇詩のもっている独特で決して真似のできない、また真似をしてはいけないという部分にも気づくようになりました。というのは、西脇詩というのはまさに「始めもなければ終わりもない」独特なもので、どこかに読者から永遠に逃げさってしまうような性質をもっていて、まさに幻影を追うようなつかみ所のない読書体験でもあるからです。たとえば西脇がよく名前を持ちだすボードレールの詩作品のように一篇一篇が完結した強い印象を残すものではないのです。フランスから出ている『シュールレアリズム事典』の西脇の項で、J・Eこと美術評論家の江原順は西脇の「文体は吹く風のように軽い」と書いていますが、この「軽い」というのは正しいと思いますが、同時にこれは決して難点ではないのです。むしろ「美しい軽さ」と言いたくなるような西脇詩の魅力があると思っています。この魅力の秘密をわたしはどんな風に見ているのかをお話しして、何かのご参考になればと考えたわけです。

そこで、タイトルは『詩想のローズ（バラ／羅針盤）、西脇順三郎の業績』としましたが、大きな題ですね。ローズはまさに花のバラで、西脇が英国ロンドン滞在中に住んだホテルを「薔薇《ロマン・ド・》物語《ラ・ローズ》」とフランスの中世寓意文学からとって呼んでいたくらいに、バラは西脇には親しい言葉です。また同時に『Ambarvalia』の「失楽園」のパートに「風のバラ」という詩がありますが、博学な詩人はフランス語で「風のバラ（rose des vents）」が「羅針盤」をさすことを知っていたはずです。英語でもバラ（rose）には同じ二重の意味があります。このローズの意味をわたしなりにもじって、西脇の業績をローズ（Rose）というひと言にまとめ、花としてのローズを詩作品として、他方、羅針盤のほうは詩論として、西脇の業績の秘密をさぐってみたいと思います。つまり、詩と詩論の両面にわたって、わたしが西脇の世界をどう受け取ってきたのかを語ろうと思ったのです。

それでまず、バラのほう、つまり詩作品から始めようと思います。西脇詩はわたしにとっては、西欧の詩が与えてくれるような日本の文芸をこえたスケールの大きな文学的背景や美しさをもったものとして現れました。あえて言えば、世界文学（Welt Literatur）の中にあるものです。西欧文学が、日本の古典や中国の漢詩などをあまり顧慮していないことを考えますと、西脇の背景は西欧の詩人よりももっと世界文学的と言えます。正直申しますと、戦後の日本の現代詩というのは高い志をもっていましたが、やはりその背景となる現実の生活環境は残念ながら貧弱であったと思います。これは過酷な第二次世界大戦を敗戦という結果で体験した時代でしたから、数世紀にもわたって世界を支配したヨーロッパの文化的な蓄積や日常生活の豊かさに及ばなかったとしてもやむをえません。そんな中で西脇詩は明治以来の欧化主義的な流れのなかで、日本的であるけれども同時に世界へつながるスケールをもっていました。まさに朔太郎が言ったように、初めてギリシャ／ラテンから続く西欧の詩論（Ars Poetica）を日本にもたらしました。しかも、それはたんに朔太郎の「フランスはあまりに遠し」という異郷憧憬（ないとは言いませんが）ではなくて、西脇の詩心のなかで充分に咀嚼されたものでした。その結果として、西脇詩の背景は日本の当時の近代／現代詩の水準をはるかにこえていました。

そして現在でも、西脇詩のもっている豊かな文化背景は、そこには学識とか教養とかいったものが含まれますが、圧倒的だと言わざるをえません。さて、それでは西脇詩というのはどんな独特な魅力をもっているのか、わたしなりにすこし見てみたいと思います。

そのキーワードは、散文体です。

散文体《プロザイズム》について

西脇の詩作品を特徴づけるもっとも大きな特徴は、その文体《スタイル》そのものだと思います。

ダビデの職分と彼の宝石とはアドーニスと莢豆との間を通り無限
の消滅に急ぐ。故に一般に東方より来たりし博士達に倚りかゝりて
如何に滑かなる沒食子《もっしょくし》が戯れるかを見よ！

（『Ambarvalia』「馥郁たる火夫」より）

遊園地の向方の
船舶の森に花が開く

株主がみんなよろこぶ
世界的正午
ホテルの方へ商売人が歩き出す
太陽の中で一人の男が
アツボッたいチョッキと杏子色の腰巻きをきて
酢につけた葉巻煙草を喰ふ

（『Ambarvalia』「風のバラ」より）

といったような過剰とさえ思われるほどに異様なイメージを充塡した初期の『Ambarvalia』の気負った文体でも、またそれ以降でも、西脇詩をささえる基本的な文体は一貫して晩年にいたるまで散文そのものだということです。なかには詩作品を語るのに散文体とは、と怪訝に思われる方も少なくないでしょう。しかし、すこし冷静な目で西脇詩を読むと、読者はすでに気づいているとと思いますが、西脇詩には定型的な形式はなく、フランスの詩人アポリネールの詩集『アルコール』のように、句読点のない短い散文体で書かれていることがわかります。この句読点がない行分け、ということで散文体でありながら「変だな」という違和感を読者に与えて、「詩かな」と思わせるきっかけになるわけですが……。

西脇作品にあっては、この文体そのものがとりわけ大きな意味をもつと考えるのは、日本の伝統的な短詩型、近代詩の文語定型詩、あるいはソネットのような西洋詩の定型などの形式によっていないからです。つまり日本の近代詩史からいえばまず文語定型詩があって、しだいに口語自由詩が生まれたわけで、西脇詩は朔太郎の作品を経由した口語自由詩といちおう言えます。このことは西脇も自覚していました。しかし、伝統的であれ自ら選ぶ定型であれ、西脇はその両方を捨てて、ともかく自由に書くことを選んだわけです。ただ、西脇は自由詩というものもひとつの形式だ、という言い方をどこかでしています。これは詭弁めいた理屈ですが、要は自由詩にあってもおのずとある文体《スタイル》とか形態《フォルム》があるのだと言いたかったのだと思います。

たしかに詩人それぞれには固有の文体や作品の形態はあるはずです。しかし、そこまでを形式と呼ぶとすると、形式という言葉の意味がなくなります。形式というのは個人をこえたものだからです。ですから、自由詩というのは比喩的に見ますと、定型的な形式という制服を脱いだ詩が個々別々にお洒落をしようというようなものです。そして、このお洒落の仕方にも詩人固有のスタイルが出てくるのはまさにその通りです。しかし、それでも、朔太郎の『月に吠える』に見られますが、詩や歌の大きな特徴のひとつである「繰り返される文や音韻」が、たとえば「竹がはえ」などというように繰り返されています。つまり詩というものは、英語ではverseといいますように、「繰り返される」というところに大きな特徴があり、その理由は耳で記憶されるメディアという歌の起源にまでさかのぼる条件から発達したからだと思います。

ところが、朔太郎の詩によって日本語で詩を書く可能性をみたという西脇の場合には、こうした意図的な文の繰り返し《リフレイン》はあまり多くなくて、行から行へと勢い良く進行してゆく「直線的な散文性」をスタイルの特徴としています。もちろん定型詩でも進行するのですが、それは一定の形式のなかで行われるので、倒置構文やリフレインもあれば、音数や音韻の面でも伝統的であればあるほど形式化されています。ところが、西脇詩の書き方は、行分け詩の体裁をもっていますし、一行の長さにも詩人の息づかいのようなある程度一定の音数（七五／五七で構成される行もかなりあります）があり、あるメロディーをもっていますが、作品の構成はひたすら展開、進行してゆくというスタイルです。そうした観点からいうと、西脇詩は詩集のタイトルが『近代の寓話』とか『第三の神話』とかいうように、いわば「歌」より「語り」の構造にちかくて、たいへん散文的なのです。そして、たとえば詩『第三の神話』などがそうであるように、さらにくだけると、ほとんど随筆のような文体になっていて、詩の歴史にそっていうならば、西脇の作品ははじめから口語による行分けの散文詩なのです。

では、散文詩というあり方はどうなのか。西洋では特にフランスでは、十九世紀後半で生まれたのですが、定型的な形式を取り払っても、詩という効果を発生させることができるという思いから出てきたものですね。フランスでは、アロイジウス・ベルトランの『夜のガスパール』を受けて、ボードレールが散文詩『パリの憂鬱』を書き、さらにランボーが『地獄の一季節』、『イリュミナシオン』、ロートレアモンが『マルドロールの歌』を書くといった流れが文学史的にはあるわけです。

日本では散文詩は、朔太郎がアフォリズムなどに使用し、立原道造などもこころみましたが、ここにはまだ詩というある種の凝縮性といった性格が残されたままです（西脇も、また初期には散文詩的な作品を残していますね）。しかし西脇詩の散文性という特徴は、さらに散文詩という枠組みさえも乗りこえて、あるいは逸脱していきます。このことは西脇自身にも充分に意識されていました。『斜塔の迷信—詩論集』（この「斜塔」は仏語の城「シャトー」のもじり？）のなかに「詩・雑感」（初出「三田文学」）というごく短い文章がありますが、そこで詩人は自作についてこう言っています。

> 詩の作品にもられている世界は私の場合はすくなくとも、全くつくられた世界であるから、要するに最短短篇小説《ショート・ストーリー》にほかならない。
> 次は技術的なことであるから、大工の内幕に関することに等しいが、詩は韻文でも、散文でもよい。即ち小説でもよいことである。
> （『斜塔の迷信』「現代詩の意義」）

また、「私の詩作について」の冒頭で、こうも書いています。

> 自分はもう詩を書くときそういう外面的な制限を絶対に排除する。いわゆる散文で書きたい。（中略）自分は外面的に定めようとする作詞を好まない。

西脇は拘束が嫌いなのです。もはや散文詩がある程度保持しようとした音楽性や詩的語彙などもとりはらって、小さな虚構の話を描写するというところまで文体は自由に解放されて、散文化してゆく傾向にあったわけです。

ここに一般の素朴な読者が詩というものに期待している性質とはことなる印象がまず文体のレベルで与えられるといってもよいでしょう。そして行分けと句読点ナシという特徴が「詩かな」と思わせるきっかけになるにしても、西脇詩は、散文による文芸として発展してきた小説的な特徴をもつようになります。語り手（話者）がいて、その他に登場人物がいて、会話が挿入されるといった俯瞰的な手法が随所で用いられています。

小さい窓から見ていると
柔いうすみどりの野原から
花籠を売る人が来た
静かに戸《ドアー》をたゝく
中に青ざめた女が
裸のまゝねむつている
「このペンキ画は面白い
いくらだ」

（『近代の寓話』「たおやめ」3）

窓の淋しき
中から人の声がする
人間の話す音の淋しき
「だんな　このたびは　金毘羅詣り
に出かけるてえことだが
これはつまんねーものだがせんべつだ
とつてくんねー」
（『旅人かへらず』三九番）

一編のショート・ショート（掌小説）を見る思いですね。ここで大切なのは、詩作品のなかの「私」というのは普通では書き手と同一人物だという暗黙の了解が読者の側にあるものです。「私小説」という言い方があるように、詩の多くの場合は「私詩」なわけです。しかし、小説的な性格では、作家はいわばすべてを知る神の俯瞰的立場にたって、作中の「わたし」とは同一人物ではないことが圧倒的に多いわけです。「わたし」そのものがすでに虚構なのです。それがフィクションのもつ「異化作用」（ロシア・フォルマリズム言語学の用語を借用すれば）で、以上の西脇詩にはこのような小説的な性格が発生しています。最初の詩のなかの会話部分は誰が言った言葉でしょう、二番目の会話は誰にむけて話されているのでしょうか。どちらもある種の曖昧さを含んでいて、その曖昧さがむしろ詩のおかしみといった味を出しています。

ここまで詩の文体を散文に寄せて行った西脇詩ですが、これだけであればやはり詩としては燃焼不足というか、詩という作品である必要はかならずしもないわけです。散文性だけでは、短歌であれ、俳句の場合でもそうでしょうが、現代詩においても、西脇の言葉を使えば、「詩という独特な快感の世界」という「ポエジー」の効果を生み出すことはできません。奇抜なショート・ショートは書けるかもしれませんが、詩として優れた作品を生み出せるかというと疑問です。なぜなら散文の主要な目的は言語そのものよりも、正確に意味を伝え、描写し、物事を語るといった点で秀でているからです。それに反して、詩作品を特徴づける「ポエジー」というものは、言葉を一旦散文の有用性から解放して、どこか日常の世界とはことなった特異なものの創造なのです。（ですからサルトルは詩作品を文学から除外したわけです。『文学に何ができるか』）西脇はこのことを自覚していますから、日常の暮しや情景をただ描くわけではなく、さきほど引用した文章にあるように「全くつくられた世界」が必要なのです。そこでこれから述べますが、散文体を選んだ西脇には、伝統的な制約にこだわっていたら生まれないようないろいろな特典が手に入ります。そして、その特典を利用して、詩作品を生むための独自の仕掛け＝修辞《レトリック》をいろいろ考え工夫してゆくことがつよく求められるのです。

散文体と言葉（語彙）の自由

西脇詩は散文体を詩のベースにしましたが、そのことでもたらされたひとつの大きな特典は、詩人が言葉を自由に選べるということだと思います。

わたしは西脇詩を読むたびに、この詩人は言葉という言葉を、固有名詞までふくめて、実に自由に、ときには卑俗な言葉も平然と使ってしまうことに驚嘆します。おそらく、日本で西脇詩ほど言葉の豊富な詩人はいないのではないかと思います。イタドリだとか、タビラコだとか、イヌフグリだとか、植物の博物誌的な名前はア行だけで七十五個もあります（新倉俊一『西脇順三郎全詩引喩集成』）。まさに植物図鑑のコレクションのような驚くべき数です（ただし動物の名前は極端に少ないです）。西脇詩にでてくるすべての草木名からそれぞれ実際の草木の姿を思い浮かべることのできる読者はそうはいないと思われます。それほど多いのです。

また、同じように詩人、芸術家の名前の頻発です。むかし数えたことがありますが、『近代の寓話』という詩集にはピカソだとかゴーギャンだとか、たしか四十名以上の作家や芸術家の名ができます。それも圧倒的に外国人の名前です。つまり、人間の言葉は、その人が強い関心をもっている対象にたいしてたくさんの言葉を生み出すという性質を考えると、西脇は草木や詩人、芸術家（音楽家は非常に少ないです）についてたいへん強い興味や関心をもっていたことがわかります。それにしても、一詩集に四十名以上もの芸術家などの固有名詞が登場するというのはいささか賑やかすぎる気はします。これはそもそもただ名前を出しただけにすぎないのか、あるいはその一人一人の芸術家にいだいた特別の関心のあり方がどうだったのか、あまりよくわかりません。ただ、キリコと樵のように音感が面白かっただけかもしれません。つまりそれほど言葉の使用については言語学でいう「選択制限」がないのです。
たとえば詩集『禮記』のなかの「生物の夏」にでてくる詩句を一例として引用します。

ベトーヴェンの音楽などは
鉄砲の音とあまり違わない
ヴァレリの詩なども女中さんが
花瓶を割つた音とあまり変りがない
サルトル以上に実存主義かも知れない
聖オーガスティンよりも超自然の世界を
感じる霊をもつているかも知れない
毛の生えた天使で真夏の星かも知れない
プロティノスより神秘主義者であろう
物質の存在も宇宙の存在も
人間には神秘の極限であるが
犬の脳髄にとつてはなんでもない（傍線筆者）

最後の行などは犬が聞いたら叱られそうですが、この詩句全体もあまりよくわかりかねます。到底わたしなどでは使いこなせないような固有名詞、抽象語の頻発です。ベトーヴェンはまあ良いとしても、そもそも聖オーガスティンとかプロティノスといった固有名詞は日本人の平均的な教養からは遠すぎると思います。今の若い人はサルトルもポール・ヴァレリーももう駄目でしょう。この引用部分には六回も行末に「ない」という言葉が置かれ、脚韻のような役目をしていて、かろうじて散文性を免れています。

また、「超自然」とか、「神秘主義者」とかいったこれほど平凡で散文的な名詞を平然と使うわけです。さらにこの詩ではありませんが、古代ギリシャ語、ラテン語の感嘆詞や単語などを使ってしまいます。つまり、先ほど言いました草木の名前といい、芸術家や文学者の名前といい、外国語の古語といい、西脇詩には言葉のコレクターとでも呼びたくなる豊富な言葉が踊っています。たしかに西脇はアカデミズムにいた人ですから、話すことが職業であって、抽象的な言葉に慣れていることや、外国語や外国の芸術家の名前などに詳しいことを考慮しても、自由自在に、あるいは場合によっては日本の読者は眼中にないかのような、あるいはたいした意味もなく駆使する語彙の多さに驚きますし、それだけをみると怖れをなして、教養がないと西脇詩は読めないのではという気後れを感じますね。

どうしてこんなことが可能であったのか考えますと、やはり西脇は言葉が好きだったこともありますが、散文体を選んだことによって、伝統的な歌枕、文語雅語、季語俳語だのといった定型にまつわる文語的な詩語、近代詩のもつ既成概念から解放されて、音韻とか音数などさまざまな定型的な条件に縛られなかったという点にあると思います。つまり、定型や形式によって「選択制限」のついていた言葉のダムが一挙に放流されたというわけです。つまり、散文性こそが、どんな言葉でも使える自由を可能にしたわけです。

結果的に、普通であれば詩のなかではそう簡単には使えそうもない卑俗で滑稽な言葉も平然と書いてしまうほど、詩のなかに豊かな語彙を取り入れたことになり、夢であれ経験であれ学識であれ、あらゆる現象を書いてしまえるという意味で、西脇詩のあとにきた詩人は言葉の使える広い可能性を与えられたと思います。実際、今日では現代詩の多くが散文体をもちいて言葉の制限をもたずに書かれているのではないでしょうか。

不条理な場面変換

ベースとして西脇詩は散文体やそれによる自由な言葉／語彙をもったわけですが、そこから普通の語りや小説ではなく、詩の世界を生み出すにはどうすべきかということになりますと、先ほど指摘しましたが、そこには西脇詩独特の修辞《レトリック》があるわけです。言い換えれば「作り方」です。

西脇詩の構造は多くの場合、同じパターンを繰り返します。初めは季節や場面が提示され、「九月」とか「秋」だとが、「カメキューラ」とか「タマ」だとか、「いつ（when）、どこで

(where)」という散文的であり常套的な場面設定があって、そこから詩の語り／散歩が展開してゆきます。とうぜん読者は、こうして設定された時間や空間が語りの背景として持続するものと予想しますね。ところが、お芝居の第一幕、第二幕のように場面は転換し、しかもその転換が普通の因果関係から見ておよそ関連のなさそうな、とんでもない回り舞台に変わってしまいます。

つまり、図式化しますと、

A↓B↓C↓D↓E↓……

というような誰にとってもわかりやすい常識的な因果の連鎖（ここでは例としてアルファベットの順序）にそって展開されれば読者は無理なくついてゆけるわけですが、突然にありえない連鎖がもちこまれます。

たとえば、

A↓P↓F↓X↓B↓……

というように読者の意表をつくランダムな連鎖（むしろ非連鎖）が現れてくるのです。これは西脇詩に初めからあった特徴で、あきらかに詩法として意図的なもので、ある固定した場面のなかで言葉がとどまるということはほとんどなくて、読者に安定した連鎖関係を与えず、読者が理解しようとする次の瞬間に予想を裏切って非連続的な場面／時が連結されます。これは常識的な立場からみると因果律に違反することで、不条理（absurd／absurde）となるわけです。

ここまでのレベルですとまだ何とかついて行けますが、ところがある一定の基礎となる連鎖

（この場合アルファベット）のなかでの連鎖が破られるばかりではなく、さらに別の系列の異なる連鎖（たとえば、アイウエオ）がふいに加わるという二重の、あるいは三重の手のこんだ操作が挿入されるのです。ひょいひょいと場面が変わってしまうのです。これは異なった複数のコード（code）がまじるということです。ここでわたしたちは非常に混乱し、困惑するわけです。お芝居のように、一旦、幕を下ろしてくれれば良いのですが、西脇詩の場合は切れ目がないままに場面が転換されるのですね。冗談めかしていえば、中里介山の『大菩薩峠』のためし切りの場面を見ていた観客が、その次には突然、「アヴィニョンの裸の女たち」（ピカソ）の踊りまくるムーラン・ルージュの場面になる、といったショックです。このコード進行のおかしさこそが西脇詩のいう超自然的なイメージや背景となりますし、場面転換の次元での遠い関係のものをぶつけ合わせる手法にもなります。図式化すれば、

A↓カ↓X↓ピ↓M↓キ……

というようなかなり通常の意識からみれば、ランダムで不条理な組み合わせになるわけで、そこにも摩訶不思議な連想が西脇の精神／頭脳のなかで働いているのでしょうが……。

話がやや抽象的になりましたので、わたしが若いときから好きな詩のひとつで、今日の話題のバラ（ローズ）が出てくる、「道路」（詩集『近代の寓話』）という作品を見てみましょう。出だしは秀逸で、十九世紀の英国の詩人テニソンの有名な詩「シャロットの貴婦人（The Lady of Shalott）」からとられたものです。民衆も川の流れもみなカメロットへ急ぐ情景です。

道　路

カメロットへ行く道は賑つた
皆お祭りに行くのだ
ジンジャの花を愛する女のあの
眼に
すべての追憶は消えた

こんなロマンティックでもあり、美しく恋がらみの詩は現代詩ではないと思います。カメロットというのは「アーサー王物語」の宮廷の場所で、このテニスンの詩は、ちなみに漱石の「薤露行」にインスピレーションを与えたものです。その他にもこの詩には、西脇の専門であった複数の英詩からくる想起が使われています。もちろん、日本の読者はこうした原詩は知らずともよく、カメロットという町へつづく道がお祭りにゆく人々で賑わっているというエキゾチックな情景をまず思い浮かべるだけで当面はよいので、イギリスの話らしい、そこが背景だ、くらいで読みます。ところが半分ぐらい読んでいきますと……（この詩に限ったことではありませんが、西脇は引用したり換骨奪胎したりした原詩を全然明記しないのです）。

水晶のような女
このため息のうるしの木
十月の八瀬大原の道に
色あせた果《み》の
野ばらの言葉
幻影は最高な現実で

という詩句に出会い驚きます。場面は突然、京都の八瀬大原になってしまうのです。この部分はおそらく旅の想起ではないかと思いますが、この場面の転換にかんしてだけいえば通常の因果関係がありません。内容から察するには、「水晶のような女」というおそらく恋する女性のイメージがかすかに連鎖の糸にはなっていますが……。多くの読者が戸惑うのは、あるいは驚くのはこうしていきなり、英国の風景から京都北郊の八瀬大原に場面が移行するためです。ところで、この移行する場面がかならずや八瀬大原でなければならないのでしょうか。失礼ながら、ちょっといたずらしてみましょう。

水晶のような女
このため息のうるしの木

十月の木曾の寝覚めの床に
色あせた果《み》の
野ばらの言葉
幻影は最高な現実で　（傍線筆者）

詩的印象はすこし変わりますが、「うるしの木」と「木曾」などけっこう自然な流れになりますね！　言いたいことは、八瀬大原でなければならない枕ことばのような必然性はそれほどないと思われることです。もしこの必然性が強ければこんな大胆な場面展開はかえってできないのではないかと考えられるからです。

原詩をさらに読むと、こんどはまたも「エルマ・ロウズ」という英国の女性らしい人が登場するのです。おまけに、またしても、場面はロンドン北郊のヘンドンという村になってしまうのです。これはランドーとミルトンの詩の記憶から想起されたものと新倉さんによって指摘されていますが、イギリス文芸の記憶と実際の郊外の村の想起とが入り交じっているのです。全体として大変美しい詩ですが、散文体でありながら一貫した因果はもはやなく、詩人の連想による場面配列をもった詩的フィクションが浮かび上がってくるのです。これが西脇詩の詩的因果の特質であって、散文体であるにもかかわらず、「特別な」印象が生まれてくる大きな要因です。たとえば詩集『失われた時』などでは、意識に浮かぶ想念をつぎつぎに書きとめる「意識の流れ」といった技法をつかっているためか場面転換は非常に激しく、ほとんど読者はついていけないほどのものになります。

それではこの自在な場面転換を可能にしているのは何かといえば、西脇の記憶の戯れです。それには二種類の記憶があります。

ひとつは日常で経験したいわゆるリアルな記憶、たとえば散策とか酒をのんだとか、旅をしたとか、です。ここでは八瀬大原です（西脇詩には特定の恋愛とか家族、動物、鳥類はあまりでてきません）。

もうひとつは、文芸とか絵画の方面の教養からくる間接的な記憶です（音楽についてはほとんどありません）。これは膨大なものです。

このふたつの記憶が、西脇の頭脳のなかでは一種の倒錯が起こっていて、間接的なものの記憶の方が直接的な経験より大きくリアルなのではないかとさえ疑われます。つまり、脳髄の方、つまり西脇によって「超自然」という言葉で示されている世界の方が強い、という印象を受けます。伝統的な言葉で言えば、「虚実、あざなえる縄のごとし」であり、「虚」のほうが強いということでしょう。

この手法によって、実際の体験と教養が絶妙に組み合わされてゆくと豊かな本当にすばらしい詩的世界をみせるのですが、同時にしくじると驚きよりも、場面や時を確定できない苛立たしさの印象を読者に与えかねない危険があるように思います。西脇だから許されるレトリックでありましょう。

以上が、作品の場面設定のレベルでの特徴です。ちょっとルイス・ブニュエルの超現実主義的な実験映画『アンダルシアの犬』を思い出させるような不思議な場面の転換ですが、この実験映画の方がまだしも場面変換の幅は限られていますね。

デフォルメ（デフォルマシオン）

以上は不条理にみえる場面転換の組み合わせのことを言いましたが、これは西脇詩論的に言えば、常識的な世界の否定で、たとえばリアリズム的写生などはあまり認めないわけです。自然主義の否定ですね。このような立場は、理念よりもリアリズムを尊重したがる近代日本人のメンタリティーのなかでは、かなり特殊だとわたしは思います。たとえば島崎藤村が小諸あたりに住んだ頃、小説へ、つまり散文の世界へ入ってゆく修練として風景描写に努めたことなどとはまったく正反対の態度ですね。ただ注意しなければならないのは、西脇詩の使う言葉には現実との接点はまったくなく、ただ観念だけと思うのは早計で、散歩とか旅から得た体験の記憶に根をもっているのも確かです。

しかし、その記憶が作品に使われる時、カルモヂイン（鎮静剤カルモチンからの造語——新倉注）だとか、鎌倉は「カメキューラ」、青梅街道は「オーメ街道」というように変形され、ちゃかされ、からかわれてしまうわけです。このような現実に体験したものを、意図的に「歪める」

ことを手法として行うことをデフォルメ、デフォルマシオンというわけです。
このことは、詩誌「無限」創刊号に発表された「ポイエテス」で、西脇は、

> 詩を芸術とみれば、詩は自然をねじまげることであるといってもよい。詩は芸術ならばデフォルマシオンが本来の表現形式である。ボオドレル《ママ》のいう文学の根本要素は超自然主義であるといったことは近代詩のことばかりでなく、本来の形式を述べているのであろう。（傍線筆者）

と書いています。ここで注意していただきたいのは、西脇の論理は、「デフォルマシオン＝超自然主義＝芸術の本来の形式」というように結ばれていて、つまりは、西脇にとってすべての文学をも含む芸術作品はデフォルマシオンだということになります。これは随分ともってまわった言い方で、読者を迷わせますが、結局、芸術や文学は現実そのものではないという誰でも知っていることの言い換えにすぎません。ただ、その虚と実の関係を西洋の知性のように分析的に論理的に検証していくことが従来にはなかったことなのです。そしてすぐ気づくことですが、現実に体験したものを歪めるだけではなく、徹底的に文学／芸術作品の記憶もねじ曲げられるのです。

> この男はジューピテルを信心して
> いるので野ばらの実のようなブラン・ルージ色

に日にやけていた
「コッテはどこですか—あの岩山の下の家です」
客は一人もいなかつた
芸者がひるねをしていた
そこで紺の地に虎のついた浴衣を
きて待つているとコンガラ童子みたいな少年が裸で
蓮華のような桃をもつてきてくれた　（傍線筆者）

『失われた時II』のなかのユーモラスに成功している詩句ですが、考えてみると変な詩句です。「この男」は「ジューピテルを信心して」というのは、ジューピターは太陽の神（大日如来？）で、「コッテ」とは粗末な家という英語でしょうから、一見、西欧の話にみえます。ところが、芸者がいて、「紺の地に虎のついた浴衣」（笑いをさそいますね）を着た語り手の前に「コンガラ童子」が出てくるわけです。高野山の「矜羯羅童子＝紺柄？」となって前の「紺の地」の音感から生まれたイメージでしょうか。不思議な情景ですね。

また、他の詩人の詩句をねじまげて笑わせてしまうというのもデフォルメの例です。たとえば、『壌歌』の冒頭の三行、

野原をさまよう神々のために
まずたのむ右や
左の椎の木立のダンナへ

などは西脇でなければ絶対にできない俳聖芭蕉の句「先たのむ椎の木も有夏木立」（「猿蓑」）のパロディです。『幻住庵記』に添えられた芭蕉の句には、自分の運命を椎の木に託すような響きがありますが、西脇にはむしろ乾いた笑いが聞こえますね。

このせまい都の人間よ
オイコーメーネーよ
オイコミのドゼウの
アンコーのアンコニューのランボーの
アンコーなべの
アフリカの白いアサの
ズボンのよれよれよ
はだしのアルチュールよ

（傍線筆者）

『人類』のなかの「パイ」という詩の一部です。文字通りとれば、「オイコーメーネー」はギリシャ語の「人間の世」、「アンコニュー」はフランス語の「未知」、「ランボー」は「アルチュール(アル中)・ランボー」、ですが、これは「オ」や「ア」の母音を繰り返すことによる連想で、西脇詩には結構このような駄洒落と言われるような言葉の遊び／デフォルメは多いですね。こうした冗談の表現はナンセンスな詩として、笑うことが正しい読み方で、生真面目に意味を探すとがっかりするとわたしは思います。

同じ詩のなかで、「最高の美は最高のカイギャクで／カイギャクでないものをカイギャクと／思念することは最高のカイギャクだ」(『人類』「パイ」)と言っていますが、あまりにデフォルメを重ねるとついには諧謔もとおりこしてグロテスクになり、ついにはほとんどナンセンスになってしまうのですね。ただ、ナンセンスというのも詩的表現の喜劇的な要素であることも知っておかなければなりませんが……。

存在の認識論

西脇詩には時として、アフォリズム風な抽象的議論が投げだされるように書きこまれていることがあります。たとえば、詩集『えてるにたす』のなかにある次のような詩句です。

前世現世来世は

永遠の中の経過にすぎない
すべては永遠の中にいるだけだ
空間と時間との永遠だけが存在だ
永遠を求める必要はない
すでに永遠の中にいるのだ
すべてがなくなっても永遠だけがのこる
人間の存在も死も永遠の中にある
存在することもしないことも
宿命だ

このような詩句は、人間存在についての西脇の思想をかなり直接に言語化したもので、もし行分けでなければ、短文のアフォリズム（警句）的なごく平凡な表現にすぎません。どこにも詩らしい表現／修辞もなく、面白い文体でもないわけです。前と後に置かれ他の詩句との差異、あるいは落差によって、引用した数行の特殊性が浮かび上がってくるといった程度です。字面から大げさに受けとった読者はなにか謎めいた禅問答のように考えるかもしれませんが、禅問答のような逆説的な比喩《メタファー》が使われているわけでもなく、文体上は詩的性質はほとんどゼロといってよさそうな表現です。こうしたそっけない抽象的な論議を他の日本の詩人が書いているかもしれませんが、むしろ珍しいのではないでしょうか。

　ただそれにもかかわらず、ここにも西脇の詩の強みが確実にあります。まず、存在にかんする宇宙論的な考えをあっけらかんと詩のなかに挿入してしまう西脇の大胆不敵さです。いきなり言葉が化粧を落とした素顔でぬっと出てきたようなもので、なかなかこうした詩句を書けるものではない、とわたしには思われます。これがまず、散文体が可能にした強さです。実際、このような論議の展開を短歌や俳句でできるでしょうか？

　さらにこの一連の詩句を、文体上はなんの変哲もないにもかかわらず、詩的にしているのは、ここに展開された独特な思考の流れ、内容です。この詩句の思想といってもよいと思いますが、それは詩人自身にも跳ね返ってくるはずの、極端に大きな、それゆえ常識をこえた、永遠というものをかかえた虚無という思考です。それを老子の「道《タオ》」と言おうと、東洋的な「玄」や「無」「大空」と言おうと、虚無をふくんだ認識です。ここであえて哲学的と言わないのは、この認識には哲学が必要とする論証が一切なく、詩的な直観によるいかにも詩人らしい認識だからです。述べられていることは、この空間や時間、宇宙の存在すべては永遠であり、永遠だけがあって、あとは虚無であり、虚無という言葉さえも消滅する「ゼロ」とか「大空」とかいうもので、永遠しかなくすべては消滅する、というあまりにも巨視的な世界観です。アポロ11号の月からみた「地球の出」の写真を思わせるような、天体ロマンどころか、宇宙的永遠しかないという自然科学によるような見方ですね。思想は違いますが、エドガー・アラン・ポーの宇宙論『ユーレカ』

を思い出します。

今、詩集『えてるにたす』よりわずかに数行を引用しましたが、七十五歳の時に出版された『壌歌』は、詩集全体のテーマとして以上の宇宙論を敷衍した途方もない詩集であると同時に、あまりにもばらまかれた知識や言葉がゆたかすぎて拡散気味になってしまい、長篇詩にもかかわらず、あるいは長篇詩であるがために、読者にはっきりした印象を残すことが難しかったようにわたしには思われます。

もとに戻りますと、このような宇宙的な規模での思いはかならずや人間の存在をふくめて一切が意味もなく存在し、意味もなく消滅することを繰り返すだけで、巨大な時間空間の物理の変化しかないというどこか古代の哲学思想ににています。ところが西脇詩のなかにはそこから日本の情緒のまつわりついた無常観のようなものはあまり感じられません。むしろ、このような認識にとらわれた限りは、何事であれ、永続的な意味や超越的な救いを見いだせないという、究極的な、あえて言えば、底なしの虚無主義《ニヒリズム》が出てくるだけです。そこに西脇詩のもつ大胆な認識、日常の暮しではあまりにも巨大すぎていつも意識しつづけることのできない認識、しかし明らかに否定できないどうしようもない真実といった詩的な毒がたっぷり含まれているのです。この驚きこそがこの詩句の表現する詩的なもの、ポエジーなのです。

ここから西脇の「淋しい」という言葉を理解できるように思います。もちろん「淋しい」という言葉はいろいろなニュアンスがあるもので、ひとつの要因に帰すことはできません。しかし、その根本にあるのは、何も残らないという淋しさです。詩であろうと絵であろうと学問であろうと、名誉であろうと、一切が無に帰すわけです。これは西脇の感じる人間世界を超越したニヒリズムの淋しさです。そして、この「淋しさ」はときどき感じるといった情緒ではなくて、存在にまとわりつく影のように常に同伴する気分や情念、音楽にたとえれば通奏低音として西脇詩を特徴づけています。西脇はたびあるごとに人生派の抒情を嫌いましたが、この「淋しさ」は西脇詩の一貫した抒情です。まさに「淋しい故に我存在する」(『失われた時』)です。

このような巨視的な存在論を散文体であっけらかんと書いて、そこからにじみだす情念や美を表現していったところに西脇詩の大変な強みがあります。

さて西脇詩についていろいろ話してきましたが、今回、ほぼ全詩集を再読してみましたが、人によって好き嫌いはあるでしょうが、ひと言でいうと、とんでもなく独創的な詩人であると再確認しました。宮沢賢治や北原白秋、あるいは中原中也といった多くの人々に読まれる詩人でありうるかどうかわかりませんが、日本の現代詩がもったきわめて個性ゆたかな大詩人だとあらためて再確認しました。

ただ、今の老いの境に入ったわたしには長詩よりも短い詩のほうが西脇詩の特徴をもちつつ、詩的な効果をあげるのに成功しているように思えます。とりわけ昭和二十二年刊行された詩人五十三歳のときの『旅人かへらず』が好きです。ところが、西脇自身は「私の詩作について」(『斜塔の迷信』所載）のなかで次のように反対のことを言っています。

「『旅人かへらず』は死人の言であり、その表面上の構成は平凡な田園の世界であり、茶ばなしであるが、その中にまむしをかくして置いてあった。だがそのまむしはあまりに貧弱であって、その田園を歩いてみる人の足にかみつく程のものでなかった。またeroticismもひそませているが、それも野に叫ぶ声になり百姓のたわごとにすぎなく気づかずに消えて行く。要するにその当時の自分はあまりに人生的で新しい関係を発見しようとしないからであった。即ち純粋に美を求めた詩の世界ではなかった。恐らく人間の自然の神秘を求め、それを感じたまま描いたためである」

詩人自身の評価は低いのです。『旅人かへらず』の詩が、現実の記憶から来る要素の方が大きいことに西脇は不満をもっていたようすがうかがえます。しかし、わたしはむしろそれだからこそ、作為があまり目立たず落ちついた作品となっていることを高く評価しています。どうも、今のわたしが評価する詩集は、どちらかというと西脇が人生で憂鬱になっていたと思われるときに書かれた詩集ですね。戦争期を背景にもつ『旅人かへらず』はそうだと思いますし、どこか老いのはじまりを感じさせる『失われた時』もそうだと思います。反対に、詩人が解放されたときには火花のように脳髄が躁状態のようになって読者がはいりこむ、つまり共感してゆく余地がむしろ少なくなるような気がいたしますが、どうでしょうか……。
そして、以下のような短く、「自然＝風景」と「超自然＝想い」とがちょうどよい割合で調合されている詩にむしろ現代詩の今後の可能性が見えるように思えます。

九月の一日
心はさまよふ
タイフーンの吹いた翌朝
ふらふらと出てみた
一晩で秋が来た
夕方千歳村にたどりつく
枝も葉も実も落ちた
或る古庭をめぐつてみた
茶亭に客あり

（『旅人かへらず』六一番）

まさに短編随筆のようでやや沈んだトーンをもつこの詩は、詩人自身からみれば充分に超自然的ではないかもしれません。しかし、ここには詩人の心が衒いもなくデフォルメもなく素直に表現された良さがありますね。台風一過、さわやかな秋が一挙にきた千歳船橋あたりの俳句的な風景が文人画のように美しいです。秋の始まりと静かな人の営みが感じられますね。こうした自然風景と超自然の想いがちょうどよい割合でブレンドされている詩に、西脇流の現代詩の良さ、日本の詩歌の伝統につながると同時に、それを革新した良さを感じます。

羅針盤としての超自然主義

さて、いままで西脇の卓越した業績を詩作品のほうから眺めてみました。ところが、わたしが西脇詩の特徴として指摘してきたことは、使っている言葉は違え、西脇の執筆した多くの詩論に詩人みずからの手ですでに書かれているといっても良いでしょう。何のことはないわたしの拙い試みはお釈迦様の手の平の上ですこし飛び跳ねた孫悟空のようなものですね。

実際、西脇の詩論はとても大きな業績であるとわたしは思ってきましたし、今もそれはかわりません。「三田文学」が二〇〇八年に「西脇詩論の国際的評価」という特集を組んだのも、おそらく作品と同様に西脇の詩論の重要さを認めていたからではないでしょうか？　まさに詩を作ろうとする人にとって、また詩をよりよく味読しようとする人にとって、西脇の詩論は、おそらく作品以上に、詩のあり方を知る羅針盤になることを強調したいのです。

西脇は「ボードレールと私」（『詩學』一九六八、筑摩書房）で「私は四十歳までのうちにボードレールの芸術の精神を私の詩の常識としたと思う」と書いています。この言い方を真似させてもらえば、「ボードレールの詩論と西脇の詩論は、詩作する人の常識となるべきものである」とわたしは言いたいと思います。二人の詩論にはそれぞれ生きた時代や東西の文化伝統の違いがあきらかに反映していますが、それでもそこには、賛成するにせよ反対するにせよ、古びない詩学の普遍的な、つまり洋の東西を問わない基礎的な考え方が示されていると思います。その意味で、二人の詩論は、もうひとつのローズ、つまり「羅針盤」なのです。少なくともわたしには羅針盤でしたし、今後もそうでしょう。

ただ、この二人の詩論を理解するのはわたしたち日本人にはいささかの困難があります。それは、二人の詩論をよく理解するためにはヨーロッパ文芸の知識がある程度必要だということです。専門家である必要はありませんが、取り上げられたヨーロッパの詩論を翻訳で読んでおくくらいは必要でしょう。けれども、あえて逆説的にいえば、西脇の作品よりも詩論のほうが筋道があるだけにわかりやすいのです。初期の『超現実主義詩論』などではかなり人を食ったような、あるいは気負った翻訳文のような文体で書かれていますから注意深い判読が必要ですが、年とともにしだいに平明な文章になってきて、先ほど引用した「ポイエテス」などになるときわめてわかりやすく西脇詩論が述べられています。ここで、西脇という詩人の卓越したもうひとつの業績、つまり詩論の探求とその日本への啓蒙的な紹介に気づくことになります。

西脇が膨大な量のヨーロッパ文学を読破したことは、昭和八年に出版された『ヨーロッパ文学』を見ればわかります。第一書房版では本文七六六頁にもなるこの本は、西脇自らの文学遍歴を語ったものですが、不思議な、そして驚くべき書物です。大学教授の講義ノートのような本で、その本について緻密な研究をしようと思えばゆうに数年以上かかると思われるとんでもない書物です。

全体の構成をみると、詩集『Ambarvalia』と構成が似ていて、I部は、ギリシャ、ラテンの古典をふくむ文学史的な視野から記述され、II部は、イギリスの当時のT・S・エリオット、D・H・ローレンス、J・ジョイスなど近代文学をあつかっています。ただ、大変失礼ながら、そこで取り上げられている本を全部読まれたのだろうか、とつい思いたくなるほどギリシャ、ラテン、中世、近代、現代のもの凄い量の文学書について語られています。昭和八年以前という時点を考えますと、これだけの読書歴をもったヨーロッパ文学の専門家は日本ではまれであった、あるいはいなかったと想像しますし、西脇は完全に西欧文学のなかで呼吸しています。そして、ここでも西脇には一種の知的コレクター的な気質があるのではないかと思われるほどで、何しろ、プラトン、アリストテレス、ロンギノス、ホラチウス、ボワローといった、西欧の主要な詩論／芸術論を通史的に語っているばかりではなく、後半部では英文学を中心に、ときとしてフランス、ドイツ文学をも参照しています。わたしが感心するのは、すでに現代言語学の祖であるフェルディナン・ド・ソシュールの記号論的言語観にも通じていたという、ちょっと信じられない関心の広さです。

さて、この膨大な『ヨーロッパ文学』は、一人の気に入った作家や詩人を詳細に調べあげるというやり方ではなく、誰の作品にたいしても「自然科学的」に、ある一定の距離を保ちながら、文学史的にそれぞれの作品の性格や傾向をやや大雑把に西脇流に分類しています。そして、そのもっとも大きな分類は、「古典主義」と「ロマン主義」というカテゴリーです。これは十九世紀ヨーロッパ文学の趨勢を反映していると思いますが、明らかに詩人はロマン主義が嫌いです。主観的で、情緒的で、ときに神秘的なロマン派の作品は西脇の精神の気持ちをわるくさせるのです。まあ、あまり情緒を思わせるものはお嫌いのようですね。一方、理性的な抑制のきいた古典主義的な作品の方が好まれているように見えます。（ただ、西脇の分類カテゴリーの定義はそれほど厳密ではありません。西脇が詩人だからなのでしょうが、「古典主義も極端に理性を崇めるようになるとロマン主義だ」、などと元も子もなくすような言い方が出てきたりするのでびっくりします。）こうした非常に広範な読書歴から西脇の詩論が生み出されているわけです。

そして、西脇の詩論を形成するベースとなっているのは、E・A・ポー、コウルリッジ、ボードレール、ランボー、それにマラルメといった十九世紀を中心にしたいわゆる象徴主義を中心とした詩論です。そのなかで、西脇は、芸術なり詩作品を分ける大きなふたつのカテゴリーをあげます。それは「自然／現実主義」と「超自然／超現実主義」です。ただし、この「自然主義」「現実主義」という言葉は、十九世紀文学史でよく使われる「ナチュラリズム」や「レアリズム」の意味とは違います。この西脇の基本的な分類は、昭和四年に出版された『超現実主義詩論』の近代芸術論を踏襲しています。すでに『超現実主義詩論』の「超現実」というのは一九二四年にフランスのアンドレ・ブルトンたちが旗揚げした「シュールレアリズム」ではなく編集者の求めで決まったもので、詩人本人としては「超自然主義」としたかったと回顧していますし、その方が的確な題名であったはずです。

こうした一連の西脇の文学論、あるいは詩論にあって、とりわけ十九世紀のボードレールの影響は大きく、終生続きます。先ほどあげた『ヨーロッパ文学』の人名索引をみますと、パリの詩人の名前はアリストテレス、プラトンに次ぐほど多く登場します。また、『超現実主義詩論』のなかでもっとも引用されている詩人は彼ですし、晩年になっても「ボードレールと私」という長大な労作エッセーも残し、その冒頭で西脇はパリの詩人について、

文学の方面で『ラール・プール・ラールの芸術』のヨーロッパ最大の宣伝者であったが、この種の芸術論を構成する要素を調べてみると殆どすべてが彼自身の発見創設したものではなかった。しかしその当時最大なすばらしい彼の頭脳（intellect）によってそうした芸術論を組織化し、立派なフォルムとオールドル（筆者注・ordre　理法）としてそこから彼は詩をかき美術評論をやり一般芸術批評をやったのである。

といつものとおりややそっけなく書きだしています。

つまり十九世紀のパリの詩人は、西脇にとって詩を考える上でもっとも重要な存在であり、も

し影響ということが言えるとすれば、まさに影響を受けたといえるでしょう。つまり、ボードレールはヨーロッパ文学の詩論の伝統を受け止め、かつ刷新した芸術家として評価されているのです。（ただ、西脇が影響を受けたのは、詩論に関する側面であって、かならずしも『悪の華』の作品ではないという点です。そこには、二人の詩人の生き方や気質の違い、生きた東西の文化の違いがあるということです）。

それではパリの詩人は何を言ったのでしょうか？『一八五九年サロン評』の三章「諸能力の女王」に記された以下のような想像力についての説明はそれを知るよい例でしょう。

人間に色彩、輪郭、音や香りなどの精神的意味を教えるのは想像力である。それは世界開闢に当ってアナロジー（類似）とメタファー（暗喩）を創造した。想像力は一切の被造物を分解し、魂の最深部にしか発見しえないはずの諸規則に従って、手元に集められた材料から新しい世界を創造するのだ。想像力は新しきもののサンサシオン（興奮）を生み出すのだ。

ちょっと、わかりにくいかも知れませんが、砕いてしまうと、想像力（imagination）というものは世界を創造した神の能力に匹敵する崇高なものだとする考え方です。そうした想像力によって、不完全であり、ゆえに劣った自然を改変する能力を人はもつとする（フランシス・ベーコン以来の）近代の思想です。それが芸術に適応されると、

（一）　芸術には自然（被造物）を模倣するもの
（二）　自然を一度破壊して精神の世界を創造するもの
との二種類があるということです。一は素朴なものであるのにたいして、二を達成するためには想像力（「諸能力の女王」）が不可欠なわけです。
以上のようなボードレールの想像力論は西脇詩論の骨子でもあります。ただ、パリの詩人が「万物照応」という詩で表現したような西欧的な秘教的要素はありませんが……。ここから西脇は、『超現実主義詩論』中の「超自然詩の価値」でポエジーの世界を二つに分類しています。
（一）　自然主義或は現実主義
（二）　超自然主義或は超現実主義
そして西脇はこうも言っています。

「ペトロニウスよりボードレールに至る超自然主義の歴史に対してひそかに敬礼するものである。超自然主義は、インド・ヨーロッパ人の芸術活動の歴史として最も重大なるものであったが、そのあまりに心理的特種《ママ》性のために、あまりプロフォン（著者注・profond 深い）なるために多くの人々はこれを軽蔑して了解せんとすることさえせず。しかし、超自然主義は永遠に了解されないことを希望するものである」

引用した文はなんとも皮肉な終わり方をしていることからもわかるとおり、西脇は深く西洋の超自然主義的な精神を重要視していました。この立場は、日本の詩歌のきわめて写実的な性格（能楽はすこし違うと思いますが）にたいする暗黙の強烈な批判をふくむことになりますし、西脇自身の若いときの心的な傾向にも適うものであったと思います。

注意したいのは、西脇は超自然／超現実主義を詩の本質としますが、それでは自然や現実を忘れてよいのか、というとそうではありません。西脇は極端であることに常に警戒心をもち、中庸を尊んだ人です。

西脇は『超現実主義詩論』のなかで「現実はつまらない」といい、この「つまらなさ」を感じることが詩に向かう動機であるとはじめに言明しています。率直に申しますと、この「現実はつまらない」という見方にわたしは大変ショックを受けた記憶があります。現実は思うようにならないとか、難しいとか、というような言い方は理解できるのですが、「現実はつまらない」と感じることは現実を突き放したある種の断念、現実に積極的に働きかけて「おもしろく」する努力の放棄をも含むように思われたからです。「現実はつまらない」とはなんとも消極的な態度になるわけですが、西脇はかならずしもそうした卑近な意味で言っているのではなく、自然あるいは現実は、精神の思い描くものに合致しないのだと言いたかったのだと推量します。だからこそ、自然や現実をこえる別の世界、つまり芸術の世界を求めたわけです。それが詩の世界だったわけです。

詩の目的は詩そのものである

以上のように、「現実はつまらない」という気分から始まるとすれば、芸術一般は（詩作は言葉というメディアをかりて）、超自然という、今でいうヴァーチャルな世界（幻影）をつくりだし、精神を刺激したり、慰めたりして活性化する手段だということになります。そして、「詩というものが芸術であるならば」（この西脇の言い方には微妙なニュアンスがあります。つまり詩は芸術という枠をこえているものかもしれないという余地がかすかに残されているということです）、今言ったような超自然に到達することがもっとも重要な目標だということになります。これが「ラール・プール・ラール l'art pour l'art」の立場で、日本では「芸術至上主義」などと訳されてきましたが、文字どおりには、「芸術のための芸術」です。

そして、この主義が主張するところは、詩作品が精神を活性化するものとは美であって、人生の善（倫理）を描いたり歌ったり、思想や哲学（真理）を説くのが目的ではないということです。ボードレールは「テオフィル・ゴーティエ論」で、善や真理を求める能力と、美を求める詩作に使われる能力とは同じではないと主張しています。詩作品は現実で何かに役に立つという有用性から離れて、それ自身の目的である芸術的な完成、つまり美的完成をめざすものと主張するわけです。

わたしは基本的にこの主張を肯定するものです。たしかに杓子定規に、審美的な世界に実際の作品がぴったりとおさまるとは思いませんが、ただ世間一般の人々がしばしば詩や文芸に道徳や真理を要求する意見にたいして、それはお門違いであると言えるのは、この立場からでしょう。

たとえばボードレールの唯一の詩集である『悪の華』は、一八五七年に出版されますが、気の毒なことにたちまち風俗紊乱の罪で起訴され、有罪となり罰金を科せられ、六篇の詩の削除命令がでます。今からみると、どうということのない表現なのですが……この有罪判決が破棄されるのは実に二十世紀になってからです。おなじような滑稽な誤解は、軍国主義の時代に、西脇の「金髪がもえる」という詩句を当時の特高が革命を暗示しているとして疑ったそうですが、これなども疑えばなんでも疑えるということでしょうね。（ただ、詩がこのように危険視されたことは、考えてみると、特高は詩の意外な力を認めていた、という詩の名誉であるかもしれません）

このボードレール以来の「ラール・プール・ラール」の芸術観を西脇が引き継いだことはまちがいないでしょう。さきほど言いましたように、「現実はつまらない」という西脇の心のありかたから、自分にも読者にも意表をつき、一瞬であろうとも心を活性化するなんらかの詩的美をもった詩作品が求められたということになります。

詩作品は言葉のメカニズム

さて、このようなボードレール／西脇の立場に立つと、すこし前に言いましたが、詩作品は、美を生み出すために、言葉というメディアを使って、仮想的な幻影をつくり出すメカニズムだということになります。こんなことを言うと、多くの詩歌愛好者は顔を背けるかもしれませんね。わからないでもありません。たとえば「閑さや岩にしみ入る蝉の声」という芭蕉の名句が、言葉のメカニズムなんですか、と興ざめした読者の表情が浮かばないでもないですから。

しかし、なぜそれが名句なのかよく考えてみましょう。この句を名作にしているのは、まず俳句という定型が要求する5／7／5の音数のメカニズムがあるという前提を忘れてはなりません。「立石寺はとても閑かで、蝉の鋭い声がまるで岩をつらぬくようだった」と言ってもたんなる説明で俳句にはなりませんね。そうではなく、ある制限された字数のうちに言葉をまとめ、季語をいれ、そして「しみ入る」という美事な表現を用いるデフォルメのメカニズムによって、蝉の声というものが固い岩さえも貫いてゆくという物理的なイメージから静けさが強く新鮮づけられるのです。これは俳句でも詩でも同じです。

つまり、ボードレールや西脇が信じていたことは、詩作品は言葉というメディアが芸術的効果という目的のために通常とはことなる使われ方をした結果だということです。歌われている主題が、悲恋だとか孤独の嘆きであるからではないのです。言葉というメディアが、ある精神の求めに合致するような効果を生むことができれば、立派な芸術作品になり、極端にいえば、主題は何でもよいということになります。その好例が、『悪の華』二十九番目の詩、「腐肉（Une charogne)」です。題材はグロテスクで人を驚かせるけれども、作品として美事であるというパラドックスが生じるわけです。大切なのは「何が」書かれ歌われているかではなく、「いかに」

言葉が組み合わされているか、ということです。

西脇は晩年になると、言葉から意味を抜きさって、できるだけ純粋なイメージそのものとして詩作品をつくりたいと繰り返し述べています。このイメージへの愛着は、詩が朗読から目で黙読するという本の読み方の変遷と関係あるかもしれません。近代は視覚が大変強調されてきた文明ですから、詩人もその影響を当然受けているわけですね。若い頃より絵が好きだった西脇らしい言い方です。ただ、言葉は色彩や音響とちがってどうしても意味があり、その束縛（社会的な約束）から逃れられない以上、西脇のこの願いとしてはよく理解できるとはいえ、究極的には不可能であると思います。けれども、それにもかかわらず、言葉をイメージやオブジェとして扱うという傾向が近代／現代詩のなかに生まれ、それは詩作の可能性の追求であったことは忘れてはならない試みだったと思います。あえていえば、それぞれの詩人は不可能を追いかけつつ詩作を繰り返すのかもしれません。

西脇詩論の極意

そろそろ西脇詩論の最後の目的、それでは西脇のめざした美とはどのようなものか、ということを話さなくてはなりません。西脇は、晩年になると「詩論は美論」になると言っていますが、芸術至上主義の立場にたてば、そういう結論にみちびかれると思います。

ただ、西脇といえども、ながく詩作にたずさわるなかですこしずつ年齢とともに美にかんする見方も変化していきます。『超現実主義詩論』の頃は、やはり読者をびっくりさせるというか、相反する性質をもったイメージをぶつけて驚かせるという傾向が強かったのですが、これはダダイズムや超現実主義の詩作品や、絵画で言えば、野獣派やキュービズムのピカソのような絵が前衛であった時代にすこし遅れて西脇も生きていたからでしょう。こうしたいわゆる前衛芸術（アヴァン・ギャルド）の時代には、個性的な「新しさ」というものが最上の価値でした。ボードレールはすでに『悪の華』の最後の長い詩「旅」でみごとに予見しています。「地獄であろうと天国であろうと、かまいやしない、深淵の底に飛びこもう／『新しさ』を見いだすために、未知の底に！」まるで、近代／現代の消費社会の熱狂のようですね。

西脇詩論はその後も、表現は穏やかになりますが、自然がむすんでいるものを切り離し、遠いものを衝突させて意外な効果を生みだすという西欧文学から学んだ基本に変わりはありません。すでに述べたように、直接経験の記憶と教養などから来た頭脳の記憶を交互に入れかえたり、組み替えたりして作品ができあがっているのは見て来たとおりです。「詩はそうした新しい関係を含むimageをつくることがその目的である。その新しい関係を詩的美であると考えたい」（「私の詩作について」）と西脇は書いています。そして、同じエッセーのなかで、

「最後に詩をつくる人にいいたいことは、人生派の詩人でも、理知的な虚無の詩人でも、詩の美は現実と夢の世界との中間にあることである。即ち現実と夢の調和である。それがために

は詩人として成功するには最大に現実を知ると同時に最大に夢みるひとでなければならない。シェイクスピアの芸術の美は夢との調和である。」（同上）

と書いています。この若き詩人へのいかにも教師らしい忠告は、詩論というよりは西脇のもとめた理想だと思います。そしてまた、洋の東西を問わない基本的な考え方であると思います。砕いて言ってしまえば、「虚実をいかにもありそうにうまく調和させて、虚でも実でもない、しかし虚でも実でもある、不可思議な表現を言葉で提示することが詩である」というわけです。詩のかくあるべしという美の理想です。わたしの議論もドウドウメグリしてきわめて常識的なところに落ち着いたようで、おそらく、ここまでの西脇の道筋に反対する人はいないでしょうし、ここまではわたしたちは継承することができます。

しかし、西脇の独創性は、この現実と夢との調合が晩年になると「虚無の栄華」と表現されるところまで行ってしまうことです。これは目をつぶすようなすごい言葉だとわたしには思えます。こんなことを言った日本の詩人はいないと思います。これはもう独特な世界で、西脇が到り着いた詩想の最後の境地でまとめると、

「言葉が言葉であることを止め、何も意味せず、何も象徴せず、ただそこに現実でも夢でもなく、同時に現実でもあり夢でもあり、はかないイメージの存在として生み出されているところなのです。」（傍線著者）

これが西脇の「淋しい心」を慰める詩であり、かつ美なのです。西脇の心理には、あたかも人をこえた絶対的な何かから認められていないような虚しさ／淋しさを終生感じていたようなところがあったと思われます。

率直に言ってわたしは西脇がそのような作品を書くことに成功したとは思いません。むしろ、それは詩という蜃気楼のように西脇の理知を誘ったひとつの美しい夢、不可能な夢だったのだと思います。こうなると西脇も相当なロマン主義者ではないでしょうか？　そして、その途方もない「美の境地」というものを求め続けるながい人生の中で千二百ページにもおよぶ作品が生まれていったのだと言ってよいように思います。後から来たわたしたちはその生み出されたものの中に、西脇の理想とした境地への痕跡を見つけることになるわけです。

ここまでお話ししてきてつくづく思うことは、後から来た詩人は西脇の独特な詩と考えぬかれた詩論から多くのことを学ぶことはできるけれども、それは西脇にして初めて可能であった新しい道だったということです。その途上で、詩人の頭脳という希有な酒樽のなかで魅力的な詩が醸造されたのです。これはとても他者の真似のできるものではありません。ただ、後から来た者が学んでよいことは、西脇の酒樽には大きな自由が酵母として入っていたということです。後からくる書き手はその自由を受け取って、それぞれの信じる道に旅立つことができるということではないでしょうか？

終わりに

いろいろ西脇詩や詩論についてわたしなりの味わい方や見方をながながと語ってきましたが、最後に小さな思い出にもどって締めくくりたいと思います。

わたしの書斎の壁に、むかし故飯田善國さんのお宅で初めて西脇先生にお会いしたときに、先生が緑色のマーカーで書いて下さった色紙がかけてあります。そこには「何者かの投げた／宝石が／絃琴にあたり／古の歌となる」とあります。これは『旅人かへらず』の一二八番目の四行詩です。「絃琴」と言うのは西脇詩集の晩年にも時々出てきますが、弦琴とかチターに似た弦楽器（dulcimer）のことでしょうか。こんな風に乞われて色紙に何か書くときは、率直に自分の気に入った言葉や詩句を書くものだと思いますので、これを読むと、『旅人かへらず』は日本の風土を思わせる詩集ですが、西脇詩の根底にはやはりどこかに古代的な晴朗な響きが鳴っているように思います。

西脇詩の故郷はまちがいなく小千谷であると同時に、もうひとつの詩の故郷は、イルカの泳ぐ青い地中海だったのではないでしょうか。小千谷から出発し、古代ギリシャ的世界からも出発し、人間の現実と存在を煉獄のように悲しみつつ、野原をさまよい続け、遠いものをぶつけて火花を散らしながら人生を耐えた西脇先生の心の旋律が野原の風のように響いているように思います。

長いあいだご清聴ありがとうございました。

ボードレールの喜劇／悲劇

「パリは煉獄であり、パリは己のダンテをもつだろう」
バルザック『黄金の眼をした娘』

シャルル・ボードレールは今さら語るのも屋上屋を架す気がするほど、日本では明治時代からよく語られ、研究もされてきた詩人だ。米国のヴァンダービルト大学W・T・バンディ教授によれば世界広しといえども完璧な翻訳全集をもつのは日本だけと言うほどである。

それでもなおあえて何事かを書いてみようというのは、わたしにとってボードレールを読むたびに心を揺さぶられ、これに匹敵する感動を与えてくれる詩人はそれほど多くはないという理由によるのだ。実際、彼の詩作品やその修辞、芸術論、さらに皮肉な思想にいたるまでなにがしかの影響をうけてきたと思う。時代や東西文化のちがいを考えるとほんとうに理解しているのか素直にいって心もとないし、わたしの共感も大いなる誤解にもとづいた勝手な思い込みかもしれない。読み手は自分の関心のおよぶ範囲でしか読みとらないということを思えばなおさらのことである。

ただ、ふりかえってみると、青春時代に病臥したおりに初めて堀口大学訳『悪の華』を読んだ日から、ほかの詩作品や詩論を読むさいにボードレールがひとつの指標になってきたとは思う。フランス語による文学という大学に入るまではほぼ未知であった世界から周期的に訪れる謎をひめた星、小林秀雄流にいえば暗澹たる星、近代の蒼ざめた黎明に癇癪と悔恨との苦々しい光をはなった星ではある。くわえてこの不運な詩人が生きたのは時間的にはとおく隔たった十九世紀、しかも地理的にもなじみがあるとはいえないヨーロッパのパリという都市であった。そう思うと日本での声望のわりには、今になってもなお『悪の華』がすっかり消化されたとは言えないように思われる。たとえば彼の同時代人だった小説家バルベー・ドールヴィリーの言葉を本当に納得できるにはヨーロッパ人の心のあり方を知っていなければならないだろう。

「『悪の華』の後で、それを咲かせた詩人にとってなすべきことはもはや二つしか残されていない。自殺するか、それともキリスト教徒になるかだ」

今日、なお聞くにあたいするこの洞察はポール・ヴァレリーなどよりはるかに詩人の追いつめられた心理のあり方を見抜いているのではないか。それは「進歩」という名の、それまではただの絵空事であったユートピア幻想が野放図な資本主義と結託した産業活動となって、人々の暮しに浸透しはじめた近代の黎明期十九世紀に、より高邁な精神をやみがたく求める魂がはやくも味わった驚きと幻滅の表現ではなかったか。そして、まさにその袋小路から詩と美のあやうい翼にのって逃れようとする行場を失った詩人の魂の苦しみと美の発見こそが今もなお読者をひきつけ、なにがしかの共感と慰めを与えつづけている。このような意味から、異なる文化圏に住んでいるとはいえ、近代の末裔でもあるわたしたちにとって、ボードレール文学をたんなる古典としてしまうにはまだ早すぎる。『悪の華』初版（一八五七）がでてから一世紀半以上もたった今日ですら、読者にとり詩人のアイロニーは充分な毒をふくんでいる。

たしかに彼の時代に大通りを行きかった優雅な馬車ももはやみられない。ガス燈も消えて、詩人の心の葛藤を理解するために必要なキリスト教的な感受性もフランスでも薄れてきたかもしれない。けれど当時の諷刺紙「ル・シャリヴァリ」に掲載されたドーミエの諷刺画《カリカチユア》が今もなお見る人を笑わせ、また納得させるように、『悪の華』も『パリの憂鬱』も現代人の暮しと至近の距離にあるのではないか。というのも、わたしたちが当然のものとして空気のようにすっている社会制度、歴史意識、人間観、幸福観などの骨格が定まったのがやはり近代であることや、科学的な知識が世界と人間の精神から神秘というものを追いはらいかねない現代に生きる人間にとり、ボードレールの苦々しい否認の表情にはどこか共感を誘うものがあるからだ。実のところ詩人の時代とどれほど大きく異なった環境に人間は住んでいるのかと疑問に思うことがある。

パリの薄暗いホテルの一室で近代を呪い、新興階級であるブルジョワが金儲けに狂奔するありさまに癇癪を破裂させていたボードレールは、今もわたしたちの近くにいてもおかしくないと思わずにいられない。

一　詩人至上主義について

ボードレールについて語るにはいろいろな切り口があるだろう。『悪の華』の詩作品ひとつひとつをていねいに評釈しながら、修辞の含蓄とか、抒情の質、無機的美学とか神秘的世界への憧憬などを語ることは興味つきないことだが、そうした試みはすでに多くのすぐれた研究者たちによってなされ（日本でも一九八六年に京都大学人文科学研究所共同研究として多田道太郎編で出版されている）、ここではむしろすこしちがった視点から書いてみたい。さて、最初から結論めいてしまうが、ボードレールの文学作品を眺めわたしてみると、そこから響いてくるのはまるで蟻地獄からひびく「出口なし」の歌だ。

たとえば、一八六一年に出版され、定本とされる『悪の華』第二版には、その掉尾をかざる「旅」というマクシム・デュ・カンへささげられた長い詩がある。その中で、ボードレールは「地上における人間生活」を眺めわたして、希望ではなく、むしろ苦々しい幻滅を抱いて近代の夜明けに立っていると言ってよいだろう。

この「旅」という最長の作品はセーヌ川の河口、ル・アーブルから遠くないオンフルールという地にあった母親の別荘で休息をとった前後につくられたことを考えると、パリのうっとうしい日常から題材をとったものではなく、まさに詩人の世界観を想像力で寓意的に書ききった作品で、コウルリッジの「老水夫」を彷彿とさせる。また、当時、流行となっていた旅行熱を知人のマクシム・デュ・カンなどが声高に謳ったことに対し、「旅」という「アレクサンドラン（古典的な十二音節形式・筆者注）による一四四行の哲学詩」（E・トルガール）は冷水を浴びせかけ、愚かしい人間を救うものは旅でも麻薬でも進歩でもない、「新しさ」なのだとモダニズムばりの挑発的な思想を示したものだった。

ところでボードレールの癇癪や怒りが「地上」における人間生活に向かうものだ、といったときの「地上」という言葉の意味をすこし検討しておきたい。単純なことだが、現代ではこの地上という言葉の意味はかならずしも天上界と対比して理解されているわけではないからだ。だが、この天地の対比は古代のアウグスチヌスの「神の都《キウイタス・デイ》」と「地上の都《キウイタス・テルナ》」に典型的なようにキリスト教の世界観に由来するし、「地上」という言葉を理想化された美的自然と混同してはならない。実際、多くの宗教が「天国」や「彼岸」を設定しているが、そうした信仰や思い込みの強さは現代の人間にはうすいと言わざるをえないであろう。

西欧の信仰によれば、人間の感知できる世界としての地上は神あるいは精神からみれば不完全な頽落した現実であって、そこに住む人間もまたその誕生からしてどこかに欠陥をもったもの、一言でいえば原罪をおった者なのである。これを偏見だとか迷信だと思う非キリスト教徒も、人間存在についてのふかい認識として認める人さまざまであろうが、少なくともキリスト教者にとって人間をとりまく現実は事実とよばれる無色透明な世界ではありえず、すでにある本質的なものから頽落したという刻印を捺されている。だから、真の現実性は事実の方にあるのではなく、むしろ精神の方にあるとする。このあたりがわたしにとってはもっとも興味深い西欧の宗教的観念性なのだ。

そして、詩人自身がカトリック信者であったかどうかはさて置いても、地上に暮らす人間への皮肉はこうした大きな文化的な文脈のなかで言われていることは疑えず、このことについては後にまた触れてゆきたい。

さしあたってはボードレールの厭世観をすこしずつ絶望に至る病にしていった歴史的な背景を考えてみたい。というのも『悪の華』を象徴主義《サンボリスム》といった文学史的レッテルから読むのではなく、その詩集が出版された第二帝政下のはなやかなりしブルジョワの時代と、現代日本のパンとサーカスですぎてゆく世俗性のきわまった現実とのあいだには、ある種の類似性が認められるからで、ボードレールは期せずして近代社会のなかで芸術家の位置、とりわけ詩人の疎外、あるいはJ・スタロバンスキイのいう「道化としての芸術家」という十九世紀後半の惨めな境遇に触れてしまったのである。そして、近代社会にたいする嫌悪がつのるにつれて、その心は外界の対象からも剝離してゆき、「救いがたいもの」におけるように自意識の空転におちていった。これがボードレールのようにもともと古典的な教養や詩論をもち芸術家を崇める者にとって、いかに苦痛だったかは察しえよう。

わが魂は墓、永劫の昔より
悪僧たる私はそこを巡り、そこに住む。
この忌しい僧院の壁を飾るものとてない。

この『悪僧』第三詩節は寓意的にではあるが詩人の陥った閉塞状態をよく示している。しかも皮肉なことは、こうした幻滅は、詩人が出身の豊かな境遇から自由たろうとしたとき、パリという十九世紀の大都会のなかで根無し草《デラシネ》となってゆく過程で生じたことなのだ。そこには後年、彼が悔いてやまない青春の軽率さがなかったわけではないが、実際には今日疎外という言葉で説明される近代社会の落し罠にたいしてボードレールは無防備だったように見え、彼はそれをきっかけとして自殺をほのめかすほどの焦燥感にさいなまれ、冷静さをも失いかねなかったようだ。遺産を相続し羽振りのよいダンディとして詩人は七月王制下のブルジョア風俗に反抗したものの、それはたんなる英国流のファッションでしかないことから、自分のアイデンティティすら曖昧となる危機に陥ることをあらかじめ予測しえなかったのではないか。危険を感じたのはむしろ詩人の母であり、その再婚相手であるオーピック将軍であって、詩人を禁治産者にしたのだが、この処置はボードレールにとってこの上ない屈辱であったにはちがいない。しかし同時に救いでもあって、とにもかくにも詩人として生きのびられ、近代詩の先駆者というまれな成果を生みだすことになったのだ。

そんなわけで、ボードレールがしばしばどうして蟻地獄に陥ったかわからない、と手紙で告白するとき、その言葉は正直であると思われる。『悪の華』序文草稿でこの詩集を「完璧なコメディアン」として、つまり真意とは別に仮面をかぶって書いたという、見えすいた言いわけをしたとき、それは風俗紊乱の嫌疑をかわすための韜晦《とうかい》というよりも、むしろ世間を前にして自分を証明する確信を見失っていたからではなかったか。一言でいえば、世間向きの仮面のうしろで、詩人の内実は溶解しかねなかったのではないか。バブーフやオーギュスト・ブランキの裁判所における態度にくらべ、芸術家はなんと曖昧な存在であろうか！

けれど、初めからこうではなかった。ボードレールが送った青春の文学界をみれば、彼の心を自由の幻想と誇りでふくらませたものは「詩人」を英雄や、天才になぞらえるロマン派の伝統だった。たとえば人々の耳目を集めた一代の嬌児バイロン卿の声望はドーバー海峡をこえてパリにまで達し、今では忘れられたJ・L・ドゥミエなどという詩人は崇拝のあまり、みずからもギリシャ独立戦争に身を投じたりした。ここからボードレールの心に「詩人」をどこか特別視する考え（むしろ信仰というべきか）があったことを認めておかねばならないように思う。M・A・リュフの大著『悪の精神とボードレールの美学』のなかで、ボードレールが文学を職業として選んだのではなく、「詩人としての人生」を選んだとする指摘は納得できる。この詩人の複雑な内面を理解するただひとつの鍵はボードレールの心に「詩人至上主義」（筆者注・「芸術至上主義」ではない）とも言ってよい強い思い込みがまずもって存在したことを認める必要があると思う。

たしかに、多くの詩人に「自分は詩人だ」という自覚や信念があるのは珍しいことではないだろう。ボードレールだけがうぬぼれたナルシストというわけではないはずだ。昔から、詩人は学んでなれるものではなく、天才によるという見方は東洋でもあったし、詩人の魅力というのは水面にうつる月影を捉えようとして洞庭湖に落ちるといった浮世離れした伝説、神話にあることを思えば、自分を詩人だと信じるのは罪のないことではある。けれど、人物そのものをポエジーの化身として詩人を思う場合と、詩篇を創造することで詩人になるという場合とではきわめて本質的な違いがあるはずだ。俗に前者をロマン主義的であり天才的といい、後者を古典的とよんでもよいだろう。

ボードレールは「詩人として」の信念においてロマン派の影響を脱しているとは思えず、他愛のない自惚れではなくアイロニーの毒をふくむものだった。彼にとって「詩人」とは一にも二にもブルジョアジーの成金的功利主義と凡庸さを軽蔑し反抗する者で、あたかも治外法権をもったかのような精神の国に属する者だった。こうした俗塵にまみれまいとする気質は尊いものではあるが、また危険な戯れでもあった。なぜなら作品の世間的成功をのぞけば、この誇りをささえるものは孤独な魂の自負しかない。裏をかえせばそれは夏炉冬扇の天の邪鬼という世間に対する反逆でもあったからだ。

さて、このような「詩人」であることの信条告白が「祝福」という近代のオルフェの皮肉な運命を謳った『悪の華』の冒頭の詩篇であろう。ところがそこに描かれたオルフェ像は実に皮肉なもので、一方において意地悪い世間を否認しつつ神の子としての詩人を美しく謳っているものの、他方では詩人の高貴さを証明するものが「苦悩」でしかない、という負のロマンチスムを描いているからだ。つまり詩人が偉大でありうるのは、詩句の特別な審美的魅力によるとすれば、「祝福」という詩人讃歌はいかにもひねこびている。ここにはどうしても当時の文学史的な流れをみないと理解しがたいところがある。

歴史的にみると、こうした「詩人」像はかならずしもボードレールの独創的な発明ではなかった。ロマン派の詩人たちの後、「若きフランス」とよばれたペトリュス・ボレルだとかフィロテ・オネディといった過激な詩人たちへと継承されていった概念だと思われる。たとえばラマルチーヌは悠々と美しい湖水を眺めつつ愛の喪失の憂愁と孤独を謳うことができたのにたいして、一八三〇年の革命以後、七月王制下に生きねばならなかった詩人たちは、亡命者の無聊もエキゾティズムもなく、勃興してゆく資本主義の功利優先という風潮に居場所をうしない追いたてられていたのだった。この世代で成功した唯一の文学者ゴーチェは小説『モーパン嬢』の序文で言っているように、そうした現実と縁を切ってしまうことで自分を救いだしたのだった。時代はかつてないほど、次々に白日にさらけだされてゆく産業社会の格差と矛盾になやみ、他方では、カトリシズムの権威失墜とあいまって信仰への懐疑をうみ、「瀆神」という逆説的な表現でしか神を描けなくなっていた。このあたりの動揺する時代思潮をみごとに把えているバルザックの文章を引用しておこう。

「それゆえ今日、懐疑がフランスに瀰漫している。カトリシズムは地上における政治的統治を失ったのち、精神界の統治をも失いつつある。とはいっても、汎神論ローマが崩壊するのに必要としたのと同じほどの時間を、カトリック・ローマもまた必要とするだろう。今後、宗教感情はどんな形をもち、その新しい表現とはどんなものであろうか」

感嘆のほかないバルザックの何という炯眼だろう！　スウェーデンボルグ流の神秘思想をとりあげた『神秘の書』への序文（一八三五）に記された言葉だが、しだいにカトリック教会が権威を失うにつれて、聖なるもののヴィジョンがぼけてゆく過渡的時代をはっきりと見抜いているのみならず、後年、ネルヴァルやボードレールを苦しませることになる聖なるものへの希求と懐疑が渦巻いた精神風土をみごとに読みきっているといっても過言ではない。

このように伝統的カトリシズムに安住することができず、それでもなおかつ人生に日常を超えた意味を求めようとする詩人たちはテオゾフ（「接神論者」との訳がある）とよばれた神秘思想家の影響をうけることになった。このなかでも典型的人物はアベ・コンスタン（後のエリファス・レヴィ）だが、ボードレールもまた同じような精神風土から出発していること、たとえ彼の芸術家としての天分が官能的美を享受する能力を与えていたとしても、時代のこうした混迷を分けもっていたことは疑えない。青春の一時期に友人のシャンフルリに、当時、文人・サロンのあいだで評判であったスウェーデンボルグについて、「あらゆる文学以上のもの」と語っていることからも知られよう。

この勃興してゆく資本主義文明のなかで、バルザックは天上への思慕を『ルイ・ランベール』で書き、詩人たちは焦燥に苦しみ、時としては追いつめられて阿片《オピオム》や大麻《アシッシュ》といった刺戟剤にわずかな脱出の可能性を見るほかはなかった。現実という破壊的力は新しい文学を夢みた青年たちの熱狂を叩きつぶすに充分だったのだ。詩人はもはやロマン派第一世代のように貴族でも、議員でもなく、パリの下層やボヘミヤンに甘んじるほかはなかった。当然そこには厭世主義と過激で挑戦的な心情がうずまき、切迫したこの環境のなかで、A・ラブ、F・アルヴェール、P・ボレル、J・L・ドゥミエ、Ph・オネディといった一連の不遇な生涯を送ることになった若い詩人たちが負のロマンチスムを都会の闇にひびかせたのだった。当時、政治的にも権力を掌握していったブルジョア階級に真正直に反抗したかれらにとって、「詩人」という存在は失墜した天使、凡庸な世間に受け入れられない存在として映っていたとしてもやむをえない成りゆきだった。もはや詩人は英雄でもなければ、予言者として敬われる存在でもなかったのである。

こうした歴史的背景を知ることはボードレールの屈折した詩心を理解する上で欠かせないと思う。たしかに豊かな家庭に育ったボードレールは初めからこうした群小詩人たちほど惨めな環境にいたわけではなかったとはいえ、後年『わが同時代人への考察』のなかで、P・ボレルの『ラプソディ』や、Ph・オネディの『火と炎』に言及しているところをみると、彼の真の血縁はこうしたプチ・ロマンティックの詩人たちではなかったか。そして、「詩人」の運が物質的価値に狂奔する社会のなかで、精神のある種の高貴さを守る四面楚歌の単独者であるという近代のオルフェ像が定まってきたのではないか。

しかし、考えてみれば、「詩人」あるいは芸術家の特権的優越性、ブルジョワに対する反俗性を保証するものは一体何であったのだろうか。文学的成功とか名声という、考えてみればむしろ皮肉でもある世俗的な結果をのぞけば、それはしばしば、後のヴィリエ・ド・リラダンのような身を切る反骨の精神とか、御婦人がたをただ驚かせる悪趣味を衒うことでしかなかった。まさに詩人は時代の流れに取り残されてゆく「老いたる道化」でもあった。ボードレールの焦燥は火を吹かんばかりに烈しいものであったろう。一八五五年十二月二十日付の母親であるオーピック夫人に宛てた手紙の一節に、

「すでに何年も前から、僕は肉体的にも精神的にもかなり病気なのです。僕は一挙に、たった今すぐに心身の完全な若返りと、満足と、つまり一切を欲しているのです」

と読める。これはまさに何ごとかを成就するための過程を無視した願望であろう。つまりボードレールの詩人至上主義ほど地上の現実と完全に切りはなされたものはなく、すでに引用した『祝福』という詩人の誕生を謳ったいささか女嫌いの皮肉な作品で、詩人の高貴さを証明する徴は、

「苦悩」でしかなかった。

知っている
苦悩だけが唯一の高貴さと
それを地上も地獄も傷つけることはない
わたしの神秘な冠を編むためには
すべての時代、すべての宇宙が必要だ

二 「詩人」の矛盾

こうした歴史的背景をもった「詩人」像はボードレールの心のうちでひとつのスタイルないしは演じるべき役柄のように信じられていたと思われる。

同時代人による多くの証言をひもといてみると、あたかも詩人自身がポエジーの化身として演技しているような喜劇的な場面に出会う。髪を緑色に染め、ピンクの手袋をしたボードレール、娼婦にむかって恭々しく「マドモアゼル」とよびかけたりするボードレール、というふうにも芝居じみた悪ふざけの伝説などがその典型だが、今までの評家は詩人の苦みばしった渋面を語るに忙しく、こうした人を驚かせる滑稽な振る舞いにあまり触れていない。実際、晩年に思いのたけを歯に衣をきせず吐露したアフォリズム集『内面の日記』のなかで、しばしば幼年時代には舞台俳優になりたかったという夢をかきとめている。それは長じるにつれて、ジョージ・ブランメルという男を始祖とする英国から伝わったダンディズムに染まった原因でもあり、いわば西欧的風狂とでもよびたい日常の暮しのなかで詩人自身が芸術そのものと化す「異化」の趣向である。後年、この傾向が『小散文詩集』の『英雄的死』に描かれた道化ファンシウールの典型的な姿に投影されていることも、詩人自身の虚言癖に通じているのも明らかだろう。「詩人を演じる」ということが一種の習い性になっていたのである。

要するにボードレールは詩篇をかくこと以上に「詩人」たることを夢み、事実、同時代人の目にうつる詩人は、詩作品よりは人物の方がはるかに印象深かったのである。詩人について書かれた最初の伝記から引用してみよう。

「ボードレールは書き物机の前で生涯がすごされ、一度本を閉ざしてしまえばもはや何も語るのがない、という勤勉でコンスタントな作家ではない。

彼の作品はよく云われるようにたしかに彼目身であるが、そこに詩人のすべてがあるというわけではない。

書かれ出版された作品の背後に、今ひとつの話され、行為となって生きられた作品があって、これを知ることは大切である。なぜなら後者は前者を明らかにすると同時に、詩人自らが云ったにちがいないように、創造の泉をふくんでいるからである」

詩人の忠実な友人で、最初の『ボードレール全集』編纂者の一人であったCh・アスリノーの右の文章は、伝記を書くわけを弁明しているのではなく『悪の華』という詩集にもまして、ひとりの詩人の生きざまそのものに注目したところにおもしろさがある。

実のところボードレールは度あるごとに「詩人」は受肉的存在《アンカルナシオン》でなければならないとくりかえし言っている。このアンカルナシオンという言葉の意味は、人の存在そのものが、ある思想や信念の体現者であるということで、「詩人」は生まれながらにして特別な存在で、努力によるものではないという主張なのだ。たしかに、仕事としてどれほど達者な技巧を身につけたからといって偉大な芸術家になりうるわけでもなく、その反対に詩的感興の豊かさだけで傑作を残せるわけでもない。ここに芸術家、とりわけ詩人が、言葉の審美的な達成者であると同時に、それをこえたある人格を反映していることで作者の全存在にかかわる、ということなのだ。

ところが、自らを詩人と信じることは思いがけない陥穽《かんせい》にはまってしまうことのようにも思われる。『悪の華』の読者はその詩篇のなかでしばしば不毛な芸術家の苦しみや嘆きを聞くことになる。そしてほどなく、失敗した詩人を描くことがそのまま芸術表現になっている、というまことに読者を惑わせるパラドックスが潜んでいることに気づく。つまり、詩人がもともと受肉的存在、あえて言うならばキリストや予言者のような存在であれば、体現された思想はかならずしも紙の上の詩作品として表現される必然性をもたないはずなのだ。かりに詩作の行為があったとしても、それは第二義的なものでしかなく、他の振る舞いとなんら変わらない、今の言葉でいえばパーフォーマンスにすぎない。そして、その受肉的存在がとりわけ詩作にこだわっているならば、関心が眼のまえの現実への興味と詩作の審美的な完成という二方向に分裂していることになる。そもそもこうした分裂はボードレールがある時期、俳優的な詩人至上主義を奉じたところに起因してはいないだろうか。

のちに、P・ヴァレリーが「ボードレールは不完全な詩人かもしれないが、最大に重要な詩人だ」と書くとき、芸術家すべてに通じる受肉的ななにか定義しがたいものを意識しているのではないか。だから詩作が下手でも、詩人の運命におうじて素朴に感動的な歌や言葉が生まれてくる可能性があるのだ。それだけ詩作をピアノの鍵盤に喩えるなら、その鍵の数は広いのだ。

ただ、どのような詩人でさえも、逃れようのない現実が言葉である。どのような思想をもとうと、どのように振る舞おうと、詩人であることを明かすのは言葉、この過去からの重い記憶をひきずった言葉ではある。

ボードレールは実生活の破綻がすすむにつれ、自分を証明するものとして最高度の戯れであった言葉にすがっていっただろう。けれどこの言葉が現実との弁証法的対話をもたないかぎり、言葉という仮想的な記号は実質的に詩人の運命に無力である。思うに『悪の華』序文草稿とよばれる三つの断片的文章が常に未完のまま投げやりに放棄されているのをみると、ボードレールが少なくとも同時代の読者にわかってもらえるかもしれないという期待を感じられなかったのではないか。説明できない何かがあるのだ。自分の詩篇を弁明することなどどうでもよかったのである。詩人自身が「至高の神の命によって」すでに詩人なので、読者の多数決は不要だ。受肉という存在がすでに実現しているかぎりは……。

詩作品を書く理由をもたず、自分のための自分自身による詩人至上主義を創造するという悲喜劇を意識し、自己を茶化してみせるようにして書かれたのが、唯一の自伝的小説『ラ・ファンファルロ』（一八四七）だ。作者は主人公であるサミュエル・クラメールという青年の心理を「出来《ラ》損《テ》い」としてこんな風に描写している。

「誰にもましてサミュエルは出来損いの傑作といった人物だった。彼のポエジーは作品の中で、というより、むしろ彼の人柄に強く輝いているといった病的で夢みがちな人物だった。そして午前一時頃、暖炉の石炭が燃える輝きと、時を刻む柱時計の音のなかで、彼はいつもながら無能の神、その無能があまりにも無際限で巨大なため、私には叙事的にさえ思われるほどの、現代的で両性具有の神であった」（傍点筆者）

先に引用した友人アスリノーによる伝記に呼応するかのように、ボードレールは自分の分身ともいうべき主人公の肖像を書くにあたって、まさに存在自身がポエジーとなり、「才能の大半を怠惰の太陽で蒸発させてしまった」滑稽な出来損いを描写している。『ラ・ファンファルロ』にあってはこの自嘲的ユーモアにはいまだに自分を客観視できる余裕がうかがえるのだが、この詩人至上主義の不毛な肖像は後に『小散文詩集』における「二重の部屋」を予告しているといえるだろう。そこで都会生活者である詩人にとって、二重の鍵をかける部屋は現実から遮断された心地よい「魂の風呂」なので、あまりにも密閉された空間ではもはや創造するという行為を忘れさせてしまうのである。青色と薔薇色とで彩られた薄明をおもわせる部屋は、詩人至上主義がそうであるように、ポエジーそのものとなって、あえて詩篇を書く必然性はもはやなくなってしまうわけである。

ここにボードレールの詩創造の二律背反的なおそるべき孤独が起因している。密室空間で夢みられたものが現実へ投げかえされ何ほどかの衝撃を与えるという期待も、部屋が新しい行為への瞑想の場でもないのである。部屋のなかで純粋な夢想がふくらみ、そしてそこで蒸発してしまう。このことを亡命地ゲルヌゼイ島のオートヴィル・ハウスにいたユゴーや、人生の大半をモン・サン・ミッシェルの牢獄ですごした革命家ブランキの場合と比較してみるとよい。進歩を信じた詩人ユゴーや不羈の革命家ブランキにとっては孤立はいささかも歴史から切断された空間ではなかった。

それに反し、ボードレールの部屋はこの世の最果てであり、彼岸もなければ現実もない《no man's land》であった。「パリ風景」のなかのユゴーへ捧げられた『七人の老人』の最後の二連を引用して、属目の光景に仰天した詩人がどんな風に部屋にもどってくるかをみよう。

物が二重にみえる酔漢さながらいら立って、
家にもどり、呆れ返って、扉をしめた、
病気じみ愕然と、熱っぽく乱れた精神よ
謎と不条理に傷つけられて！

むなしくわが理性は舵をとろうと願ったが
吹き荒れる嵐はその努力を台なしにして
わが魂は老朽船のように帆柱もなく
岸辺もなく見るも怖ろしい海原に踊りに踊った。

高邁な矜持をもってブルジョワ的な俗世を否認したボードレールは、歴史へ新たな夢を空想社会主義者のように託すこともできず、同じ章の『パリの夢』のように人工的な「金属と大理石と水」の無機的な幻境を半信半疑で憧れるほかはなかった。出口のない部屋にすむ詩人の眼前には冬のように凍った闇が迫っていたことだろう。部屋にとどまることは破滅を予告する。しかし、ガス燈に蒼白くてらされたパリの街も今ひとつの破滅をかくしている。恐怖が彼を立ちすくませ、彼はその場の幻影に溺れてゆくのだった。

ところが、孤独な詩人がこうして出会った闇は不思議に近代の黎明がてらしだす時代の影の部分と呼応していた。鉄道が敷設され、鉄やガラスが建築に用いられはじめた華やかなパリの下層からは、反抗と革命への熱狂がひろがりはじめたのだった。一八四八年、銃をもってバリケードに立ったボードレールは、彼自身の閉塞状態と、パリの労働者や庶民の出口なしの不満とが一瞬短絡したためではなかっただろうか。歴史は皮肉である。詩人のどうにもならない憂鬱ほど歴史的なものはなかったのである。

三　英国と憂鬱《スプリーン》

『悪の華』第二版（一八六一）は、「憂鬱と理想」「パリ風景」「葡萄酒」「悪の華」「叛逆」「死」の六章立てとなったが、もっとも長いのは「憂鬱と理想」であることは初版からかわらない。ところがその題名となった「憂鬱《スプリーン》」という言葉は実はもともと十八世紀中葉から伝わってきた英語起源で、漠然たる鬱屈、ある種の不機嫌を意味する。この言葉にさそわれて、ドーバー海峡の向こう側を見てみたい。というのは冬の霧にも似た憂鬱の故郷英国の十九世紀は、フランス知識人に大きな影響を与えたように思われるからだ。

歴史的に十八世紀後半からウィリアム四世の即位した一八三〇年の間に、英国はヨーロッパ諸国の先陣をきって産業革命をおし進め、人口二百万をこえるロンドンでは夜をあざむくガス燈がともり、店頭に商品があふれていたと語られている。実際、産業革命のエネルギー源であった石炭産出量を英仏二国で比較すれば雲泥の差があって、イギリスはワーテルローの戦いをへて新時代、英国支配による平和（パックス・ブリタニカ）に邁進していった。

今までの一般的な十九世紀フランス文学史の解説では、ボードレールの思想、詩論形成にはドイツ観念論とロマン派の影響を重視するようだが、『悪の華』の序文でクロード・ピショワが指摘するように、イギリスもまた詩人にさまざまな霊感を与えた源泉のひとつであったことを忘れてはならない。むしろ、よかれあしかれ新しい時代の到来をみせたのは英国なので、一説によれば「パリ風景」中、素描画家コンスタンタン・ギースに捧げられた詩『パリの夢』は英国人の建築家ケンデルの手になる都市計画からもヒントを得たのではないかという。ふつう新時代の風俗や趣向は先進国から後発の国々へと流れてゆくこと、戦争が勝敗にかかわらず相互認識へみちびくことなどを考えあわせてみると、十九世紀初頭における英仏の関係はたいへん興味ぶかいのだ。

とりわけ本質的に農業国で、当時、歩道も下水道すらなかったパリから、ドーバー海峡を渡り、ロンドンの景観に接したフランス知識人の驚きは想像にかたくない。アルフレッド・ド・ヴィニーといった先輩ロマン派詩人から、詩集『ラザール』で「スプリーン」と題する詩を書いている詩人オーギュスト・バルビエ、共同体「イカリ」を提唱するエチエンヌ・カベ、女性解放と労働組合運動の先駆者フローラ・トリスタンといった人々は英国滞在を経験することによって近代社会について思いを巡らしたといってても過言ではない。こうした人々のなかにロンドンの精神障害者を初めて描いた画家テオドール・ジェリコーをつけ加えることもできるだろう。

ボードレール自身はその生涯に一度も英国を訪れることはなかったが、英語のできた母親の影響か、生涯にわたってエドガー・A・ポーの作品を翻訳した。また、友人のシャンフルリはその回想録で詩人を評し、紳士《ジエントルマン》であり、奇嬌な振る舞いも英国風《ブルタニック》で冷静だったと書きのこしている。英国風俗はパリの社交界で流行になってさえもいて、モデルニテ（近代性）という言葉は今日では抽象的になってしまったが、もともと英国を仰ぎみた時のイメージをはっきり持っていたのではないか。言い換えれば、ジョン・ブルの国は新しい産業技術の発明によって、いわば未来社会の見本としてフランス人の目に映っていたはずだった。

ところが、フランス知識人がロンドンで見たものは皮肉なことに近代社会の悲惨な影の部分に他ならなかった。今日ほとんど語られることのない先にあげた詩人バルビエは前掲の詩集『ラザール』（一八三七）のなかの「ロンドン」と題する詩ではこんな風に描いている。

それは途方もない空間だ
燕の速さでも一日かかる大変な距離
そして　遠くから眺めれば
さしたる左右対称もなく時代時代に建てられた
家々、宮殿、高い記念碑の寄り所帯。
煤けて長い管、工業の鐘楼は

いつも口をあけ、熱い腹の底から
長い煤煙を大気のなかに吐きだしている。
白い大きなドームとゴチック風の尖塔は
蒸気のなかを煉瓦のうえを漂ってゆき。
近寄りがたい流れ、波さわぐ川は
うねうね曲がりながら黒い泥をころがして
地獄の川を前にした恐怖をよびさます。
（中略）
太陽は死人さながら顔を棺衣でおおい、
時には、瘴気を孕んだ空気の流れのあいだに
炭鉱夫のような真黒な額をのぞかせる。
黒ずんだ民衆が暗く厖大な廃棄物のなかで
言葉なく生きて死に、
無数の人間は宿命の本能のままに
善かれ悪しかれ黄金をもとめて右往左往する。

一読すればわかるように、作品そのものは詩としては格別に優れているとは言いがたい。しか

し、詩人の目にとまった煤煙に沈む産業都市の汚染はよく捉えられている。都市は近代文学の主要なテーマとしてこんな風に登場してくるのだが、「ボードレールのいくつかの主題」というW・ベンヤミンの独創的なエッセーで、『悪の華』の「パリ風景」とバルビエの「ロンドン」詩篇との血縁関係が指摘されているのは特筆すべきで、近代の社会現実への関心というレアリズムが見られる。

大切なのは、バルビエが、石炭の煤煙でおおわれた都市下層に生きる民衆の悲惨な暮しに注目したことである。エンゲルスが一八四五年『イギリスにおける労働者階級の現状』を発表するほぼ十年前、バルビエはニューキャッスルの炭坑夫や、幼い少女たちの売春、アイルランドからの悲惨な移民労働者たち、そして、貧困にうちひしがれた民衆のただひとつの慰めであったジン酒などを題材にいくつもの詩篇を残している。なるほど、ボードレールが後年「A・バルビエ」論で指摘したように、バルビエは詩篇の美よりむしろ社会現実や正義に関心を寄せたため、作品として芸術的な味わいに欠けるところがないわけではない。だが、誇らしく近代に突入した国の痛ましい裏面へ目を向けた功績は大きく、ボードレールにとってもそうした影の部分は決して無縁ではなかったはずだ。後にトーマス・ド・クインシィの『阿片吸飲者の告白』やエドガー・A・ポーの生涯についての詩人の視点と重なりあっていると言えるだろう。

このA・バルビエが目撃したロンドンの悲惨は、自らを非人《パリア》とよび波瀾の生涯を送ったフローラ・トリスタン（ちなみに彼女はポール・ゴーギャンの祖母）の眼にもとまることになった。彼女は一八四〇年に『ロンドン逍遙』という書物を出しているのだが、原本を入手できなかったので、D・デザンティの感動的な伝記『F・トリスタン』より少女の売春がロンドンではいかに劣悪な状態に放置されていたかを糾弾しているフローラの文章を引用する。

「ロンドンでは、悪徳の犠牲者に対して人々はどのような同情をも示さないのだ。アイルランド系移民、ユダヤ人、労働者や乞食の運命とおなじく、街の女となった娘たちの運命が人々に哀れみの心をおこすこともない。かつて競技場で死んでゆく闘士たちに対してローマ人はこれほどまでに無感覚ではなかった」

後にマルクスにもヒントを与えたといわれるトリスタンのロンドン観察は近代都市の下層に生きる無産者の群、虐げられた人々におよんだ。そして、こうした現実を目の当たりにしたフランスの知識人たちはようやく産業化へ進みはじめた祖国で警告者となってゆく。ドーバー海峡の向こうで起こった近代社会とその暗黒面はフランスでもようやく人々の注意をひきはじめるようになっていたからだ。

たとえば『黄金の眼をした娘』の冒頭でバルザックが、パリというすべてを貪婪《たんらん》に呑みこみ、仮面をかぶったような無数の群衆が「黄金と快楽」とをもとめて右往左往する都市をダンテ的ヴイジョンの中で力強く表現しているのはよく知られている。そして、社会主義者とよばれた人々、サン・シモン派とかフーリエ派など、理想の共同体ファランステールをはじめとしてあらゆる種類の改革、革命が輩出する。ヴィクトール・コンシデラン、P・アンファンタン、アベ・コンスタン、エチエンヌ・カベ、アルフォンス・エスキロス、など後に空想社会主義と一蹴された多彩な人々だが、かれらは多分に神秘的、理想主義的な要素をもち、ある場合にはロマン派的個人主義の伝統から抜けだせなかったけれども、良心の叫びと警告、檄文、苦闘には尊敬の念をいだかせる社会改造への情熱がほとばしっていた。

実際、バルビエの詩「スプリーン」が産業化という進歩を強く批判したように、ボードレールも変化する時代風潮「進歩」に違和感をもつ。

「フランスは凡俗な時代を通過している。パリは世界の愚行の反映にしてその中心だ。モリエールやベランジェがいたとはいえ、フランスがかくも急速に『進歩』の道を歩もうとは誰も信じてはいなかったろう──芸術の問題、未知ノ領域ダ」

このボードレールのメモ書きは『悪の華』序文草稿に記された時代観で、別の草稿にも同趣旨の表現があるところからみると、パリの俗化と「進歩」はよほどボードレールを苛立たせたのであろう。たしかに詩人の伝記をみれば、七月王政ルイ・フィリップ時代の「神経のみが過度に昂奮した」浮薄な青春から、しだいに下層に生きる人々、ミュルジェールをはじめとするボヘミヤンの芸術家たち、あるいは社会主義者たちを知ってゆくように、詩人自身の心にも変化が起こっていた。当時、民衆詩人として人気のあったピエール・デュポンについて書かれた文章には、風俗の浄化さえ期待するボードレールを見いだす。それほど当時の社会は大きな格差の中で不満が鬱積していたのだった。実際、一八四八年革命の一年前に上演されたフェリックス・ピアの大衆劇『パリの屑拾い』はブルジョワ階級の偽善をあばいて、大受けとなった。そして、舞台を見たある将軍は「革命近し」と思ったという証言があるほどに世論は沸騰し始めていた。そこには、革命という出来事それ自体をキリストの再来として受けとめ、人民の血が大地を浄化するのだという天佑になぞらえるような神秘的な解釈さえも民衆のあいだで唱えられていたのだった。こうした風潮のなかで、人を食ったダンディな詩人として俗物をからかい度胆をぬき、審美家として時代の低俗な趣味を否認することは、現状に甘んじないという一点で、逆説的だが良心の声をあげる社会主義者たちとごく至近の所にいたはずである。

そして、四八年の労働者革命が勃発すると、ボードレールはモン・サン・ミッシェルの波洗う牢獄から釈放されたばかりのオーギュスト・ブランキが創設した急進的集団「中央共和党員会」に名をつらねる。ダンディズムから極左への急転は決して不思議ではなく、詩人のブルジョワ階級にたいする嫌悪が社会状況にしたがって所をかえたにすぎない。けれど、その後、最終的な名簿から詩人の名が消えていること、保守的な新聞の編集者になったりする所から、今日の通説では彼がたちまち右傾したと考えられ、大部分の年譜はこの意見を踏襲している。

とはいえ、この見方はあまり説得力がない、とわたしには思われる。何か新しい証拠があるわけではないのだが、一時的な熱狂にもせよブランキの線にまで突きすすんだ癇癪がそう簡単に引きもどせるものなのだろうか、というのが素朴な疑問だ。後年、詩人は当時を回想して、「破壊することの自然な陶酔」に駆りたてられて、「皆それぞれ蜃気楼のユートピアを追っているのが面白かった」などと回想しているが、この詩人の転向とみえるものの原因は革命に熱狂した徒輩への幻滅でしかなく、彼自身の心底にはニトログリセリンのように溜っていた現実への不満や癇癪はそのまま残ったのではないか。それは、後の辛辣な散文詩、『悪い硝子屋』、『貧乏人を撲殺しよう』や、一時期、恋の対象であった女優マリー・ドーブランの裏切りがテーマと考えられる『聖母に』、あるいはこのエッセーの冒頭でとりあげた作品『旅』などの激しい現実批判と皮肉の毒がこめられていることからもわかる。ボードレールをたんに詩作品の審美的な完成だけをもとめた芸術家として見るのは充分ではない。彼の今すこし大きい詩魂の根底には、当時の歴史状況へのはげしい抵抗ないし嫌悪があったにちがいない。

けれど詩人は実際には政治的な活動からも、現実からも遠ざかってゆく。これを芸術家のエゴイズムというのはあまりにたやすい。もしそうであればボードレールは幸福を恢復しただろう。ところが一連の憂愁を謳った詩篇が示すとおり、長雨に物すべてが黴びるような湿った部屋、ドラクロワが描いたタッソーの牢獄に似た部屋で、ボードレールは孤独に病んでゆくのだ。

ここでボードレールの「憂鬱」の歴史的側面、言い換えれば近代社会における芸術家の「疎外」について触れることができる。詩人はブルジョワ的凡庸に対してダンディズムというバイロン風の一見ひねくれた態度で反抗した。しかし、それだからといって逆にパリの庶民や労働者、群衆と深く共感できるかといえば、それは無理であった。ここに詩人の限界をみる評者もいるだろうが、ボードレールを耐えがたくさせたのは民衆の自尊心の欠如や無知蒙昧、平等思想に酔った権利の主張だった。言い換えれば、詩人の立場は、歴史の進歩と人間性のあり方の双方に嫌悪と懐疑の眼差しをむける厭世観にあった。こうした詩人の立場は、当時では時代に逆行する思想で、後に近代文明への幻滅をまってしてはじめて理解されるようになる孤立者の思想だ。歴史はどこかへ向かっている。権力によってか、あるいは大衆の本能的選択によってか、あるいは神によってか、歴史は鈍感な化物のように動いている。けれどボードレールは接神論者《テオゾフ》や空想社会主義者のように、それがユートピアへ向かっているとは思えず、ユゴーのように進歩を信じなかった。人間の叡智よりも愚昧をより深く信じていたのだった。

この点からいえば、ユゴーが一八五六年十月、亡命先のオートヴィル・ハウスからボードレールに宛てた手紙、「貴殿は新しい戦慄を創った」という『悪の華』への伝説的な讃辞をふくむ手紙は、いわば最たる皮肉だった。なぜなら同じ書簡でユゴーは、「今私が苦しんでいるのは進歩のためであり、また進歩のために死ぬ用意ができている」と続けているからだ。ユゴーは大義に生き、詩人が人類に貢献するという崇高なロマン主義的な使命を信じられたのに対し、ボードレールにはもはやそうした錦の御旗はなく、彼のスプリーンはむしろ時代の流れからも脱落し、孤立者のいら立ちと無力という袋小路へとしだいに陥ってしまったのではないか。

もはやボードレールには、『悪の華』の『白鳥』とか『小さな老婆たち』といった傑作から例を取れば、都市に適応できない流謫者（exilé）としての「白鳥」をうたい、棄民に等しい「老婆たち」は詩人の寓意的な対応物そのものでもあって、そこに一瞬閃く魂の孤高な美を謳うほかなかった。大都市のなかの孤独、現実から自らをも疎外したまま、歴史の動きを傍観するほかない単独者の眼差しでもある。『おのおのシメールを負えり』という人生の不条理を寓意的に描いた散文詩をみれば、こうした詩人の孤独がよくわかる。詩人の精神は、いってみれば現実というものの外側へなかばはみ出して、そこに近代社会における芸術家の疎外という無用者の運命が待っていた。

最晩年、ベルギーで講演旅行中、ナミュールで昏倒した詩人は言葉を失い、その後は「クレノン（畜生）」という言葉しか言えなかったという。この悲劇はまさに近代ブルジョワ社会における疎外された詩人を象徴する言葉のように思えるのだ。

四　美と理想

人は憂鬱に永住することはできない。憂鬱が深ければ深いほどどこかに慰めを求めざるをえないものだ。人間性の愚昧に愛想をつかし、『サン・ペテルスブルグ夜話』の著者ジョセフ・ド・

メーストルのカトリック護教論にひかれたボードレールは、人間の原罪こそ人間のあり方をよく説明しうる唯一の解答だと思うにいたったのであろう。この立場はもはや反近代でも反時代でもなく、人間の普遍的な現実として、自然と生命そのものの欠陥に原罪を認めることになる。そして同時に、人間性が根源において不完全なものであるという原罪観から、人に与えられた自由意志にもとづいて神を求めるという伝統的キリスト教の考え方を信じるには、ボードレールはあまりにも懐疑の時代に生きていた。バイロンの『マンフレッド』の神に反逆する響きは当時のとりわけ若者を魅了していたのであった。ただ、このことによってボードレールに宗教的感情がなかったわけではなく、その逆である。疎外という境地で彼を単独者として生き、詩人として偉大にしているのは、ひとつはこの裏返しの宗教的感情であるとわたしには思われる。

そして、ボードレールにおける美の問題が位置づけられるのもこの地点なのだと思われる。彼が詩作にあって形式、比喩、音楽性などの修辞の面で自覚的であったことは今までにも繰り返し強調されてきたが、それはゴーチエ風の工匠的なものではなかったし、脚韻の豊富さにおいても友人の詩人テオドール・ド・バンヴィルにはるか及ばないと言われている。むしろボードレールはきわめて率直に憂鬱と倦怠とにふさぐ心を慰める刺戟、感覚的な美の力を求めてやまなかった。そして、この美への衝動こそが彼の詩作品や批評精神に優先しているのだ。ただ、彼の求める美がなにひとつ現実の救い、つまり破綻してゆく暮しの助けにならないという苦い内省はあったにちがいない。先まわりしていえば、ボードレールは先輩詩人ゴーチエ譲りの「詩は詩以外の目的をもたない」という「芸術のための芸術」という審美観によって追いつめられ限界づけられてもいたのだ。

ボードレールの美の世界をみるとふたつの特徴があると思われる。もちろんその双方とも憂鬱におちた詩人が痙攣的に希求するポエジーの世界にはちがいないのだが、彼の詩的宇宙の複雑な構造はこのふたつの特徴が入りみだれていることから来ているのではないか。

一八六二年上梓された『人工楽園』の「アシッシュの詩」第一章に「無限への趣向」という文章がある。

「自分自身を観察する術《すべ》をもち、種々な印象を記録にとどめておく人々、あるいはホフマンのように精神の気圧計をつくることを知っていた人々ならば、時おり思想の気象台で、美しい季節、幸福な日々、甘美なる時間などを記録した経験があるにちがいない。若々しく精気にみちた天分を感じながら眼をさます日というものが人にはあるものだ。眠りで封印されていた瞼がほんのわずかでも開くやいなや、世界は力強い浮彫り状となり、明確な輪郭と驚くべき豊かな色彩となって映るのだ。精神の世界もまた、新しい光にみちた広大な眺望をくりひろげるのだ。不幸にしてごくまれに、しかも束の間の、この至福に恵まれた人はあたかも芸術家となって、より真正に、一言でいえばより高貴になったように感じるものだ。けれど、月並な日々の生活の鬱陶しい闇にくらべ、大げさではなく楽園的とでも言ってよいこの精神と感覚との特異な状態にあって、一層不可解なのは、それがどんなはっきりした原因、分かりやすい原因からも生じていないということなのだ」

この文章は大麻による陶酔の描写をみちびくためのものではあるが、生活の闇とそれを照らす光との対比は、ボードレールの美なりポエジーというものの魂におよぼす効果を記した貴重な表現だ。このすこし後で、詩人はこうした現象を「恩寵」とさえ名づけている。つまり手短かにいえば、曇り空が鍋蓋のように蔽いかぶさる憂鬱な世界にひととき思いがけない光がどこからともなく落ちてきて、世界が輝く刹那、それがボードレールにとって美の瞬間、「恩寵」なのである。

大切なのはこの新鮮な驚きにみちた覚醒は、ドラクロアの華麗な色彩が原因であってもワグナーの扇情的音楽であってもいいし、『人工楽園』の主題のように麻薬である場合もあるということなのだ。ただそこに非日常の「恩寵」的な世界がひらけ、倦怠で無感覚となった魂にショックを与え、幼児の眼にうつる外界のように驚異と好奇にみち溢れていればよい。そして、ボードレールはその境地を超自然とよぶ。今ここに例として『悪の華』よりドーブラン詩篇の『とりかえしえぬもの』の五、九詩篇を引用する。五節は悔恨にくるしむ憂愁から光をまち望む心であり、九節は芝居小屋でそうした光、つまり女優ドーブランに出会う場面である。

泥のような暗黒の空を輝かせうるものか?

星あかりも不吉な雷光もなく
松脂よりも濃厚で朝もなければ夕もない
この暗闇を引き裂きえようか？
泥のような暗黒の空を輝かせられるものか？
（五詩節）

＊　＊

時にわたしは見た、平凡な芝居小屋の奥に
高鳴るオーケストラが賑わうなかに
一人の妖精が地獄の天に
奇蹟のような曙光をともすのを。
（九詩節）

これに似た例は他にも『虚妄の愛』があるが、本質的には『美への讃歌』も同工異曲である。いずれにせよ『人工楽園』が光のイメージでみたされているように、明暗の対位法とも名づけうるものが到る所にうかがわれる。ボードレールが自己幽閉にも似た生活に陥れば陥るだけ、この覚醒の刹那がますます求められたのである。

けれど予想されるように無償の刺激の刹那を追って生きるのは失墜と紙一重である。ただ神経の昂奮を求めるだけでは、呪わしい疎外の運命を克服するどころか、ますます病気は重くなるばかりである。いかに理想が高くとも、詩作において工匠的芸術家の「仕事をなす」晴れやかな満足さえも得られず、一層都合の悪いことは、こうした刹那の美はいったん人間性を否認した詩人にとってはしだいに感覚的、皮相的次元におち、現実の外観しかとらえられなくなる、という点だ。つとに名高い『悪の華』の恋愛詩群を読んでみると、詩人が女性の心理にはさほど深入りせず、女性の形態的な美、たとえば彫刻的美（サバチェ詩篇もつまるところ同じだ）を鑑賞するように謳っていることに気づくだろう。トルストイが『芸術とは何か』のなかで、ボードレールをデカダンスの徒ときめつけたのも一面の真理をついている。

しかし、ことはそう簡単ではない。もしボードレールが単なる耽美の詩人でしかなかったら、『悪の華』はとうに本棚の片隅に置き忘れさられていたことだろう。詩人として不運な生涯を送ったボードレールを偉大にしているのは、彼の美学の背後に歴史も時代も超越して、人間の魂がもとめる「彼方へ」の思いがあるからなのだ。このエッセーの冒頭でひいた『旅』の最終章で、航海の船長の口をかりて、未知なるもののなかに「新たなるもの」を求めて死に向かって出発するのだという帰結は有名だろう。つまりそこで、新しさというモダニズムへの架け橋であると同時に、覚醒の刹那は地上をとおりこして、超越的な世界と結びつく二重性をもっている。今まで地上において詩人を困難に陥れていたすべてが価値を失う逆転の「脱出」がそこにある。外見上の破綻の末に超越的な世界への憧憬、「恩寵」の世界への希求だとすれば、詩人は天に盗まれてしまったのである。

さて、どのようにしてボードレールが「万物照応」を頂点とする地上ならざる世界へ思って行ったかという興味ある問題は今のわたしの手にあまる。ただ、すでに指摘しておいたように、フランスでは十八世紀カトリックの権威が大いにゆらいで、不条理にみちた近代社会の現実をみた人々が救いや人生の形而上的意味を問おうとしたとき、もはやカトリック教会にすがりえなかった。ボードレールの実父ももとは聖職者で啓蒙主義の影響からか還俗した人物であった。より広い文脈で見れば、マルチネス・ド・パスカリイ、クロード・ド・サン＝マルタン、ファーブル・ドリヴェ、スウェーデンボルグといったテオゾフ（接神論者）とか神秘思想家、バランシュとかアベ・コンスタンといった詩人たちの影響と流行があった。カトリック教会から離れたこの神秘思想の流行は、地上の現実を超越しようとする意志の一表現であって、歴史意識の次元ではユートピアを夢みさせたのと同じような思念であったと思われる。

こうした時代の思潮のなかでボードレールはバルザックの『ルイ・ランベール』や『セラフィタ』をとおして神秘思想に接近していったのではないか。とりわけサン＝マルタンやスウェーデンボルグの神秘思想を小説化した『ルイ・ランベール』は早熟な天才が超越的世界をもとめるあまり傍目には狂人とも廃人ともいえる姿になりはてる悲劇をあつかったもので、ボードレールにとって刺戟的な書であったにちがいない。ルイ・ランベールは象徴派たちの原型だといってもさしつかえないのではなかろうか。

このような神秘を思う詩人はたんに美辞麗句をあやつる者でも、己の感傷をただ抒情詩にたくす者でもない。人間の有為転変きわまりない歴史の上に、永遠の宇宙を冠のようにかぶっている精神である。そして、自然は解読されるべき謎の言葉にみち、花や雲や海原、ようするに被造物たる森羅万象はその背後にある絶対者への道を暗示しているのだ。さらにこの絶対者は世界を創造したことによって偉大な芸術家であり、また夢想者でもある。ボードレールの『万物照応』に霊感を与えたと思われるアベ・コンスタンの問題の詩篇はこうした神秘観をよく伝えている。

眼にみえる言葉で形成された
この世界は神の夢想。
神の言葉は象徴をえらび
精霊はそれらを己が火でみたす。

わたしはこの詩篇をはじめて読んだとき、少なからず衝撃をうけた。現実の地平の彼方に今ひとつの世界への扉がひらかれたような驚きであり、こうした詩想はポーの『ユーレカ』などと同じように、西洋精神ののぼりつめていった抽象衝動による観念世界の好例であるように見えた。

さて、ボードレールが抱いた理想的「詩人」も、自然が語りかけてくる「謎の言葉」を翻訳できる能力をもつことで創造の秘密を盗み、「人生の神秘」「神の夢想」を解読し、ひるがえって創造神さながらの想像力で新たに被造物の世界を創造し表現しなければならない。この点についてはマルセル・レイモンの名著『ボードレールよりシュールレアリズムまで』から引用したい。

「他方、ボードレールは外部自然に対してきわめて注目すべき態度をとっている。彼は自然の中に自然による自然自身のために存在するレアリテではなしに、アナロジーの無限の宝庫、想像力のための一種の刺戟剤を見ているのである。『可見の全宇宙はイメージと、想像力がのちに相対的な場所と価値を与えることになる記号との陳列にすぎず、想像力が消化し変形せねばならぬ一種の牧草のようなものだ』と彼は語っている。そこから被造物たる世界は解読されるべきさまざまな表情の集合として考えられねばならない。ちょうどラヴァテルによると、人の顔の特徴を解釈することで、人の性格が判断されるのと同様に。あるいはまたボードレールが『象徴の森』というように、世界はその隠れたる意味を発見せねばならない神秘的アナロジーと考えねばならない」

これは今では少々古くなった象徴主義詩論と見えるかもしれないし、神秘的美学のいかにも西欧的観念論ともとれようが、詩《ポエジー》というものの性質について語られた見方として大きな示唆をふくんでいる。ただ、こうした神秘性に触れたボードレールではあるが、他のテオゾフにちかいアベ・コンスタンや『エバルの夢』をかいたバランシュといった詩人たちとくらべると微妙な相違をみせているのも事実だ。ボードレールは神秘世界解釈という点では劣りつつも、その世界や絵画や女性、刺激剤などによる美による「恩寵」を夢みる点ではるかに感覚的で人間的な芸術家だった。いわば、ボードレールの『万物照応』は詩の美学として鋳なおされたのだった。

五　蛇足少々

今までボードレールをその周辺に関連づけながら素描してきたが、最後にわたしにとってもっとも感動的な面を記しておきたい。

詩人は徹底して自我の内面に眼をむけているように見えるにもかかわらず、不思議なことに詩篇においては描かれる対象が常に生きいきと把握されている。これこそがユゴーと並んでボードレールの詩がきわめて印象的で鮮烈な理由だ。

たとえば一連の「猫」詩篇、あるいは『パリ風景』に集められる作品群は、対象物を心理的／精神的寓意《アナロジー》に変換する一方、逆に心理的／精神的な内容を、それに対応する事物に変換するという素晴らしい手腕をみせている。これは、ある内面の思想や感情をそのまま直接単純に表現するのではなく、その思想や感情をそれに見合った何か具体物に仮託することで豊かな暗示性、喚起力を獲得するという古典的な詩法なのだ。寓意的対応物（J・スタロバンスキー）とか客観的相関物（T・S・エリオット）などと呼ばれる技法だ。こうした立場から解釈すれば、ボードレールの有名な作品『通りすがりの女に』は、パリの群衆のなかに一人のさまよう孤独な女を発見しただけではなく、まさに彼自身の「流謫」の運命に出会ったのだった。そこまで達しえた詩人の心の目、洞察、あるいは魂の姿に感銘しないではいられない。詩人が表現する言葉の世界は、魂のプリズムによってある美という秩序へ変換された世界、つまり芸術美という「恩寵」の世界へ救済されてゆくのではなかったか。

ポール・ヴァレリーの影を見ながら

詩集『コロナ／コロニラ』にふれて

ここで書いてみたいのは、大変個人的なことで、わたしの過去に起こったささやかな偶然、ポール・ヴァレリーとのかすかな縁と詩人最後の詩集のことである。

まだわたしが嘴の黄色い学生だった頃、つまり一九六〇年代、日本におけるフランス文化の占める位置は今よりも遥かに大きかった。若者は「デイト」と言うかわりに「ランデヴー」とか「アヴェック」といい、「ブルー」と言うかわりに「アンニュイ」と表現した。要するにフランス文化がアメリカの大衆文化にとって代わられる最後の時代であったと思う。相当に怠け者の学生であったわたしでさえも、堀口大学の訳詩集『月下の一群』冒頭六篇のヴァレリーの詩を読んでいたし、教室では鈴木信太郎教授のヴァレリーの『旧詩帖』を習ってもいた。ただ、フランスとその文学の世界は、当時のわたしの日常からはかぎりなく遠いものだった。

それがどうした風の吹き回しか、劣等生だったにもかかわらず留学生試験にパスして、南仏の香水の町グラースに住んでいた指導教授の求めに応じて、ニース大学に旅立ったのはもう二十代最後の夏だった。一向に上手にならないフランス語を、九月始まりの大学に登録するまえに、すこし訓練しておこうと通ったのがニースの「天使の湾」に面した地中海大学センター（ＣＵＭ）というところだった。ところが、この南仏のコレージュ・ド・フランスとも言われた文化施設の初代所長はヴァレリーだったのである。フランスがドイツに占領され、ヴィシー政権時代は罷免されたものの、戦後はふたたび所長に任命されている。これがヴァレリーとの最初のかすかな縁である。

ただ、当時、このセンターにもニース大学にも日本人学生は一人もおらず、まことに明るい地中海の陽射しを浴びながらも、正直、寂寥を感じたものだった。

他方、フランス南西部の伝統校モンペリエ大学にはジャック・プルーストという『百科全書』研究の世界的な権威で偉大な教授がいたので、十八世紀文学を専門とする秀才たち、同窓の友人鷲見洋一さん、早稲田の市川慎一さん、東大出で後に立教の先生になられた原好男さんなど豪華メンバーが揃っていた。

そこでモンペリエに遊びに行くことにした。すると、豪華メンバーが歓迎してくれて、原さんの空色のシムカ・ミル（リア・エンジンの小型車）で、近郊のヴァレリーの生誕の地セットへドライブに連れだしてくれて、港や「海辺の墓地」を案内してもらった。「白い鳩の歩むこの静かなる屋根は／松木立、墓のあいだに煌めき」である。地中海のさざ波はダイヤモンドのようにきらめき、十字架のならぶ白い墓地の風景はまさにヴァレリーの歌ったものだった。おまけに、港の岸壁にある小さなレストランで、初めて地中海の魚スープに舌鼓をうったことを今でも懐かしく思い出す。これが幻のヴァレリーとの二度目の縁である。

　残念なことに、歴史の浅いニース大学の図書館はいまだ充分資料が揃っておらず、夏休みになると、古本屋めぐりや図書館などの便利さもあって、フィレンツェよりも遠いパリにたびたび向かった。しかし留学生の身分、高価なホテルには滞在できない。そんな折、どうして見つけたのか今ではまったく思い出せないのだが、定宿としていたのは、リュクサンブール公園にちかいゲイ＝リュサック通り十二番の、今はもうないホテル・アンリ四世であった。名前だけはおそろしく立派だが、家族経営のようなホテルで、気の良いおしゃべりな女主人がいるだけの質素な下宿ホテルであった。

　ところが、である。ある日外出から帰ってくると、歩道に面した入口の石壁に「ポール・ヴァレリー、この家に住む、一八九一―一八九九」というプレートが打ちこまれているではないか。三度目のヴァレリーとの邂逅である。詩人の年譜を覗くと、友人のピエール・ルイスが主導した同人詩誌『ラ・コンク（ホラ貝、一八九一―九二）』の時代から結婚するまでのあいだ、ここで暮らした、とある。すると長いあいだ詩作を放棄していたヴァレリーの沈黙時代と重なる。おそらく『テスト氏』もこのホテルでの独身時代に着想されたのではないだろうか。そう想像してみると、何のゆかりもない異国の学生であったわたしも、昔の同居人のようにヴァレリーにちょっとした親しみを感じた。

当時、ヴァレリーは現代最高の知性人のように扱われていた。けれども、『旧詩帖』などを読んでいたわたしには、直感的に、彼を知性の偶像に仕立て上げるのはどうも偏っているように思えた。父方からコルシカの血、母方からジェノヴァの血を継いでいるとくれば、きわめてギリシャ、ラテンの古代異教的な感性に恵まれた詩人、さらにセットに生まれ、モンペリエに育った詩人の内面には南仏の太陽と青い海がかならず輝いているに違いない。詩人というものが産土の風物と深く結びついた存在だと考えていたこともあった。最近、ユーチューブで詩人本人が朗読しているると思われる「海辺の墓地」を聴いてみたが、その発音はあきらかに南仏なまりで、アンドレ・ジッド、ピエール・ルイスといった友人たちのパリの仏語とはずいぶん違っていたと想像する。彼にはどこか地方出身の青年のような初《うぶ》なところがあるといまでもわたしは見ている。

別の言い方をすれば、ジッドがピューリタン的な環境から脱出するようにして求めた『地の糧』の世界は、ヴァレリーには初めからたっぷり与えられていたに違いないということだ。ただ、彼の膨大な著作をよく読んでいるわけではなかったので、それはわたし個人の思いでしかなく、「海辺の墓地」の二十六番目の詩節について、G・コーアン教授のつよく指摘した官能性の存在にひそかに共感していた程度だった。

こうした詩人のややもすれば隠れがちだった官能的側面については、近頃では随分と言及されるようになってきたようだ。二年前に出版された清水徹著『ヴァレリー、知性と感性の相克』(岩波新書)では、詩人のいくつかの恋愛遍歴をたどりながら、そのなかのエロス的な情念のあり方を詳しく論じている。

ここから話は一挙に一九八二年に飛ぶ。当時、わたしは、勤め先から研究休暇を許され今度はパリに滞在する機会を与えられた。ところが、である。着いてしばらくすると、とんでもない話が舞いこんできたのだった。

中世仏文学者で、フランス社会に知己のおおい松原秀一先生から、ヴァレリーの書簡が売りに出されていて、それを慶應義塾大学が競売で購入するつもりだから、パリ滞在中の鷲見さんと本物かどうか大学の代理人のところで見てきてほしいという連絡であった。またしてもヴァレリーとの四度目の縁、今度はいきなり詩人の内面に触れる異常接近である。

そこで鷲見さんとわたしは代理人タジャン氏のオフィスを訪れ、書簡集を見せてもらい、また も驚くことになった。その未公開の書簡集は、詩人が最晩年の恋人ジャン・ヴォワリエ（本名はジャンヌ・ロヴィトン）へ宛てた恋文と愛の詩で、手書きやタイプライターで書かれた「コロニラ」（仏語発音では「コロニイラ」とも）と言われる貴重な資料で、わたしたちは物珍しく点検した。記憶に残るのは、詩人が時々タイプライターの赤リボンを使って、強調したい言葉を打っていることだった。詩人のちょっとした遊び心を眼にしたように思ったものだ。

結局その年の夏、モンテ・カルロで行われた競売で、タジャン氏が慶應の代理人としてその「コロニラ」を競り落とした。この間の詳しい経緯については、松原先生が「三田文学」（二〇〇一〇、夏季号）誌上に詳しく書いておられる。それ以後も、ヴォワリエ宛書簡がさらに購入され、今では同校の三田図書館貴重書室に保管され、デジタル映像化もされて、見るだけであればモニター上で調べられるようになっている。

モナコの競売で成功した後、鷲見さん夫妻とわたしは、ヴォワリエ夫人宅に招待されることになった。今度は、詩人の私生活に触れる五度目の縁である。正直言えば、わたしは「ナルシスの歌」の献呈先がヴォワリエであることも忘れていたし、彼女が『わがファウスト』に登場する秘書リュストのモデルだとは、とんと知らなかった。ただ、この競売がきっかけになって詩人の伝記的な事実を知り、追想の旅にでかけるように好奇心も手伝って訪問したのだった。

そうこうして、とある日、シャンゼリゼ大通りに近い、モンテーニュ通りの瀟洒な邸宅の前に鷲見夫妻とわたしは立っていた。やがて、扉を開けてくれたのは、アジア系のメイドさんだった。そこは、いかにもブルジョワの暮しを思わせる広い住まいで、控えの間に招かれて待っていたが、薄茶色の壁にはヴァレリーが描いたという帆船（夫人の筆名「ヴォワリエ」は、「帆船」を意味する）の縦長の絵が掛かっていた。

やがて輝くような白髪のヴォワリエ夫人が姿を現した。今から振りかえると、夫人はすでに八十歳ちかい高齢だったはずで、すこし膝を悪くされていたと記憶するが、にもかかわらず、矍鑠とした精神と大柄で（松田浩則氏の発言では一六八センチあったという）、若い時にはさぞ利発で魅力的な女性であったろうと思わせる豊かな存在感のある方だった。実際、夫人は戦前では珍しい才色兼備の弁護士で、出版社を経営する職業人でもあり、パリの文学界や外交官サークルではは名の知れた伝説的な女性であったことをわたしは知らなかった。やがてわたしたちは昼食のテーブルに招かれ、ポンディシェリ出身（インド南東の旧仏領）の給仕人にサーブされながら、「コロニラ」が彼女の願いどおりに日本に買い取られたことを祝ったのだった。残念ながらそのときのほとんどの会話は忘れてしまった。

こうして「コロニラ」は日本に来たものの、ヴァレリーの名誉にかかわることを恐れた遺族の強い要請で公開できず、ほそぼそと専門家の研究に供するだけだったし、わたしもそんな条件があるなかではと……帰国後、忙しさの中で忘れていた。

またしても、ところが、である。今年（二〇一二）になって松田浩則・中井久夫共訳『ヴァレリー詩集、コロナ／コロニラ』（二〇一〇、みすず書房）をたまたま本屋で見つけた。未公開だったはずの詩篇が翻訳、出版されたのかと驚くと同時に、まことに遅まきながら、すでに二〇〇八年にフランスでは、『コロナ／コロニラ、ジャン・ヴォワリエ宛詩篇』（ファロワ社）と題した詩集が出版されていたことを知った。

ここでわたしは不思議な疑問に捕われたのだった。「コロニラ」の原草稿は、競売以降、三田の貴重書室に保管されて、限られた研究者の眼にしか触れていないはずである。ところが、ファロワ版も、みすず版の草稿も基本的にはフランス国立図書館草稿部にあるというマイクロフィルムに依拠しているが、それならばそのマイクロフィルムを一体誰が作ったのだろうか、という素朴な疑問だった。つまり、慶應義塾大学所蔵になる以前に原草稿は撮影されていたことになるのだとすれば、誰が撮影したのか。この謎は専門家に聴くしかないが、ちょっとミステリーじみた話ではある。

以上のような経過をたどって、ヴォワリエ夫人に会ったことは、ヴァレリーとの縁をさらに強くし、学生時代から数えて半世紀ぶりに詩人への関心が積極的なものへと変わってきたのだった。なんというのんびりした時間の使い方であろう。そこで、松田・中井共訳のみすず版、ファロワ版、さらに「三田文学」ヴァレリー特集号に掲載された田中淳一・立仙順郎共訳による「コロニラ」からの二十二篇（原草稿に依拠）を加え、六度目の縁で、やっと読んでみたくなったのである。

ただ、邦訳でもファロワ版でも、原草稿に含まれるすべての詩が読めるわけではなく、松田・中井版もファロワ版も、それぞれの編集方針にもとづいて詩を選んでいる。

まず初めに「コロナ」（「冠」を意味する）と題された一連の詩があり、この原草稿は松田氏によれば、一九七九年競売にかけられ「スイス人愛好家の手に渡った」そうである。そして、松田・中井版もファロワ版も、ともに二十三篇を収録しているが、大部分の詩は重複しているものの、三分の一ほどが異なっている。ということは、両詩集を読めば結果的に三十一篇ほどの詩を読んだことになるわけだ。

また、ファロワ版は、「コロナ／コロニラ」として含まれる詩篇の数は多いけれども、その選択と構成についてはよくその意図がわからず、あまり編集がよいとは言えない。当面、信頼できるのはよくまとまった邦訳版の方だと思う。

さて、わたしのように初めて「コロナ」を読む者は、ヴァレリーのそれまでの高踏派《パルナシアン》風に彫琢された作品とはことなって、恋心のごく率直な流露にまず驚く。それまでのヴァレリーの詩といえば、その多くはヘレニズムの記憶を背景として展開していて、流麗な音感を重んじるみごとな修辞によって描かれる詩は、小さな絵画や動画のようにみえる。つまり、ヴァレリーの詩作態度は匠の製作のように、とりあえず言葉という素材によって対象をみごとに描くことが優先されていると思えるにたいして、「コロナ」の詩篇は（「コロニラ」も同じだが）、現実の恋人に書き送ったものなので、二人の関係の機微と推移そのものがテーマになっている。まさに愛の抒情詩なのである。

ただ、この恋の歴史には、あるいかんともしがたい思いが通奏低音となって詩篇を性格づけている。解説を読むと、詩人の最後の恋の始まりは一九三七年、時に詩人六十六歳、ヴォワリエは三十四歳の若さであったから、この年齢差こそが、詩人にとっては常に懸念の種子として意識されていた。前に触れた松原先生の回想には、「六十歳を越えていたヴァレリーは年を取っていることを気にしてメランコリックになることが多かった」という夫人の証言が記されているのも理解できることであろう。そして、そこに読み取れる詩の心は、大きな愛の喜びであると同時に、読む者を切ない気持ちにさせる老いらくの情念と言ってもよいと思う。まるで、詩人が哀願する僕で、恋人の方が女王セミラミスの振る舞いをしているようにさえ思われる。

たとえば、(ぼくの夕暮れの花)という仮題をもつソネはその好例かもしれない。邦訳には、みすず版と「三田文学」版の二種類があるが、ここでは後者を引用してみる。

ぼくの夕暮れの花、ぼくが飲む末期の蜜
苦さと舌を刺す魅惑をたたえた杯、そうだとも、百合よ
一日一日がぼくをおまえからゆっくり引き離す
舟の帆が岸辺の眼差しから消えてゆくように、

おそるべき運命の皮肉ではあるまいか、
あなたのすてきな贈り物の甘美さが、
この唇とその沈黙と君の諾いが
色薄らいだ最後の翳りに近々と身をよせ

きみの眼に添えて薔薇と蜜とをぼくに差しだすとは、

いま、ぼくの内に残るかぎりの生命は、もう遅すぎる、と呻き
ぼくの肉体は無惨にも闇に向かって後ずさってゆくのに。

けれどもぼくは絶望とともに杯を飲み干し、
そしてきみを言祝ぐ、美しいひとよ、わが夕暮れの戦利品よ
きみの愛の眼差しはぼくの黄昏を金色に染める。

なんという率直な表現だろうか？　老境を意識しながらも、あり得ないことが起こったという恋の喜びが伝わってくる。「蜜」だとか「百合」、「薔薇」といったメタファーもまったく率直だ。「戦利品」という語は、原詩ではペトラルカを思わせる「勝利《トリオンフ》」で微笑ましくもあり、「帆（ヴォワール）」という単語も、帆船をも意味する恋人の名前ヴォワリエを知れば、容易に察しのつく掛詞で、全体的にみると語彙の無理が感じられない。この詩などを読むと、ヴォワリエが実際にどんな気持ちで老詩人と接していたかなどという詮索は、どうでもよいことのように思う。むしろ大切なのは、ヴァレリーが己の老境という危うさを覚悟で本当に惚れこんでいた、と感じさせることだろう。若きヴォワリエは命の世界への道であり、他方、詩人は歳月の重みに落ちてゆく存在だったのだ。ここに青春の恋にはない運命の低音が流れていて、現実には静かに破局へ向かって進行してゆくしかないものだった。そんなことがわからないヴァレリーではないはずで、メ

ランコリックになるのも致し方なかっただろう。

そして、以上のような含蓄のある美しい詩の内容と同時に、わたしが強く惹かれるのは、この詩篇がフランス詩の形式（ペトラルカ風ソネ、四、四、三、三行）や畳韻法といった古典的詩法を守っていることだ。原詩では、一行十二音節（仏語でもっとも美しいとされるアレクサンドラン調）で、行末の脚韻もa,b,b,a/a,b,b,a/c,c,d/e,e,dとなっていて定型を踏まえている。もちろんのこと、こうした仏語詩の音韻構成を邦訳することはできないし、その必要もない。

ただ、わたしが言いたいのは、翻訳の過程で見えなくなる要素のなかに原詩の形式があって、その形式は即興的なインスピレーションを支えるたしかな器になっているという点なのである。この二詩集には、諷刺詩、オート、歌謡、物語詩《バラード》、短詩、聖書詩篇形式などの形式が巧みに取り入れられていて、詩の内容によって形式が使い分けられていた。翻訳では、どうしても内容の方に眼がゆきやすいものだが、詩には、言葉と心があることを常に意識させる好例でもあるだろう。

話を詩の内容にもどすと、「コロナ」にまとまる詩群は、すでに指摘されていることだが、かなり推敲されていて詩集としてまとめる意図が窺えるのに対し、姉妹詩篇群の「コロニラ」ではよりくだけた即興性が強いように思えた。詩が一五〇篇をこえるという原草稿をすべて読んだわけでないので断定はできないものの、二人の関係が軽口さえ可能なより安定したものになったことを推測させる。たとえば、松田、中井訳で「美女さんよ……」の仮題をもつ便箋にかかれた軽妙な即興詩はその典型だ。便箋の上部には「モロッコ革の絵」（「三田文学」版では「便箋の版画」）

のイラストがあり、両手をあげて「いらっしゃい！」とでも呼びかけるような人魚姿の海の精《セイレン》に向かって、ボートから飛びこむ漁夫が描かれている（前掲岩波新書版　一六一ページに写真あり）。洒落たユーモアである。

美女さんよ、ほら。これが僕たちの雛形、
小さな舟もいっしょにあるよ
ぼくの忠実な指はこの舟を
きみの肌のうえに直接置きたがっているよ。

セイレンはヴォワリエで、飛びこむ漁夫は詩人というわけである。

こうした親密な関係から性愛についてもかなりあらわに歌われている。「奥深き薔薇に寄せて」、「カンツォーネ」、「セレナーデ」といったエロティックな詩があるのも事実で、慶應義塾図書館が企画した「現代フランス文学・受容と展開」のカタログには、詩人が女体のデッサンを添えている詩篇も収録されている。こうした作品を見ると、恋人同士の秘めた書簡だとはいえ、ヴァレリーの好色性というか、官能性というか、予想をこえる大胆な表現に驚きを禁じえない。おそらく詩人はヴォワリエの若い心も体もともに熱愛した。ただ、そうして一体になろうとする愛撫の表現にも、下品さや病んだようなところがなくて、むしろ心身をこえてプラトン的な合体の至福の愛を求めているように見える。それをオート（讃歌）やオマージュ（讃辞）として歌えるところにヴァレリーの地中海的な詩魂があると言えば過言だろうか。

まだ、『コロナ／コロニラ』について序の口でしかないが、こうした愛の詩をよく読んでみると、そのときどきの気分が反映していて、とりわけヴォワリエの不在に耐えきれず思いあまって送る嘆きの詩も少なくない。「ペトラルカ風に」と題されたソネの最終連三行を引用する。

独り寝ながら涙を流すのです、
嘆きかこちながらに、きみを深く愛することこそ、
私の崇高な責め苦なのですから、甘やかな「きみ」よ。

（松田・中井共訳）

あの知性の人の、もっとも赤裸裸な嘆きの歌である。このラウラを恋するペトラルカのようなヴァレリーにわたしは親しみを感じる。

そして、ほぼ八年にわたる二人の関係は、一九四五年、ヴォワリエからロベール＝ドゥノエル（彼女は二年前から彼の愛人であった）との結婚を切りだされて、突然、終わる。詩人にとっては恐れていた日がとうとう訪れたのである。女神であり、命でもあった恋人から見放されたヴァレリーは、その三週後に文字通り死ぬ。

ところで、この詩人の晩年の恋と死は、ヴァレリー固有のドラマであったのだろうか？

両詩集とも指摘していないが、詩人がヴォワリエと親しくつきあった期間は、ヨーロッパがまさに第二次大戦下にあった。詩人の死は、パリ解放から一年も経っていない一九四五年のことである。

思うに、死あるいは生命の危機とエロス的高揚とは手をとりあっているのではないだろうか。鉤十字が死をもってフランスに押し寄せてきた時代、人心のエロス的感性が平時よりも過敏になっていたと想像することは突飛なことではないように思う。そうした時代の気分のなかで、老齢であった詩人ヴァレリーの命への情熱が、ヴォワリエという生気あふれる薔薇にむかって身を投げるように後押ししたのではないか。この二詩集は、そうした時代の翳りのなかで花開いた愛の高揚と運命でもあったようにわたしには思われてならない。

一九八二年、わたしがヴォワリエ夫人に尋ねた問いをひとつだけ覚えている。

「ところで、ヴァレリーという人はどんな性格の方だったのですか」

「快活な人でした」

二人の関係から、夫人が語ったように詩人には「メランコリック」な憂慮があったと思うけれども、この即座の答えもまた真実であると思う。

ヴァレリーがどのように知的な修辞《プレシオジテ》を操ろうが、彼の魂から地中海の輝きは失われていなかったはずで、彼を詩人にし、明晰な思惟の人にしているのは、その透明な光、それが彼の天分なのではないか。そんな光のほしい時には、ヴァレリーの詩をこれからもじっくり読んでみたいと思うのである。

第二部

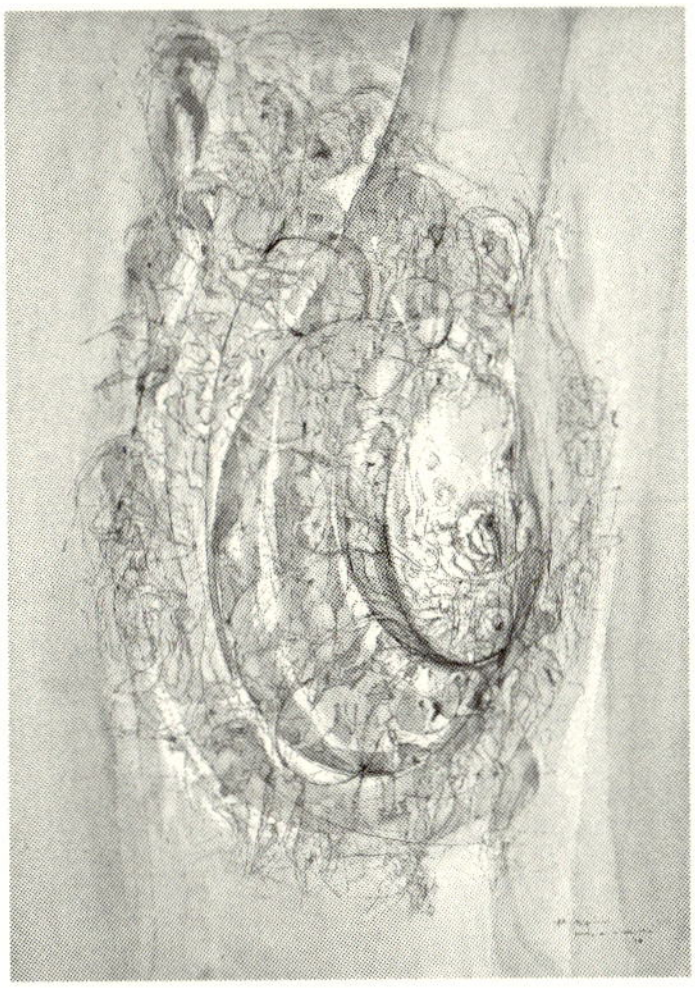

至福のオリジンへ向かう詩

江森國友の詩業

江森國友の詩業をめぐって今こうしてペンを執ると、詩人との出会いからすでに二十年以上もの歳月が流れていて、その時々の思い出が詩作品の印象とかさなりあいながら甦ってくる。江森はわたしが知るごく少ない詩人のひとりなのだが、といって親密なつきあいをしてきたとか、酒席を多くともにしてきたというほどでもない。

けれどそんな風ではあっても、時たま江森と会えばたちどころに打ちとけて詩の話ができるような印象を持ちつづけてきたのは、彼が大学の先輩であることも確かにあるが、それ以上にまれな詩人として尊敬してきたからだと思う。物静かな優しい口調でややうつむきかげんに話される言葉のなかにも、詩について揺るぎない信念を感じさせる。しかもそれは産土から生いたった美しい核のように生得のものとして詩魂の奥ふかくに保持されている、といった印象なのだ。そして、その核が江森の詩業をみちびき、第一詩集から『山水』や『鳥の歌』まで粘りづよく独自のポエジーの世界を着々と築きあげてこられた姿を見る時、何とも言葉にはなりにくい敬意と羨望を感じてきた、とまず告白しないわけにはゆかない。

言うまでもなく、詩人が悩んだり、詩作の問題にひとつひとつ答えを与えるべく努めてこられなかったはずはない。それにもかかわらず羨しさの気持をいっそう強くするわけには、江森の詩作品全体をとおして詩の喜び、詩の幸福が深く息づいているからに他ならない。詩人はこれを快楽原則というフロイト流の言葉で控え目に説明したことがあるが、おそらく詩作品のなかではむしろ「ポエジーの至福」と名づけた方がふさわしいのではないかとわたしには思われ、この点についての江森の姿勢は一貫している。

だからすべての優れた詩を説明することが本来不要であるのと同様に、江森の詩作品についても何か論評するということはせいぜい蛇足でしかないだろう。読者は詩人の心の歩みに同道し、花の色、鳥の声、山野の風姿を讃え、その至福を深く共有できればそれで充分なのだ。そんな至福を強調したいがためにわたしはあえて蛇足を加えることにしたい。

というのも、江森の詩作品には自然の輝くばかりの根源《ラディカル》への深い信頼感が息づいていて、日常をこえた万象の命の生成の場へと読者を誘っていることを伝えたいからなのだ。そして、ひとたびこのことに気づくと、江森の詩のあり場所が、いわゆる自然を背にした抒情詩ではなく、自然についての観想そのもの、あるいは花という現象の詩的哲学にちかいことを読者は認められるにちがいない。詩作品はそうした花の歓喜にあふれた場を示す標識、あるいは記号、あるいは矢印という性格を常に保持していて、そのねばり強い詩作には驚嘆の念を禁じえないのだ。現代詩人のなかにあっても、江森ほど詩を花という自然の作品と関連づけて詩想を深めつづけてきた人は少ないのではないかと思う。花と言葉である詩の二本立てで自然のさまざまな風姿を見せることで、現代が失ったものが何であるかを悟らせる批判も含んでいると言いかえることさえできるだろう。

そこでは詩というものが、現実の上っ面の描写や反映ではなく、自然（人間の歴史的現在をもふくめた）の命の内奥、根源をも啓示しようとしていることを忘れてはならない。その結果として、江森が築きあげてきたものはまさに時の劣化に耐えようとする力を秘めていて、しかもそれが現代詩として表現されている所に刮目しなければならないのだと思う。

一般的に言えば、詩を読む、あるいは聞くということは言葉の広くふかい喚起力に誘われて、想像のひろがってゆく波紋をたどることではあるけれども、ひとりの詩人のすべてを聞きとり読みとることはとてもできないものだ。ましてや江森のような独創的な詩人の場合は奥がふかい。そこで順序として昭和四十六年に上梓された第一詩集『宝篋と花讃』から詩集『鳥の歌』（一九八六年）までの詩人の歩みをたどってみたいが、これは結局わたしなりのひとつの読み筋を記してみることにとどまるだろう。

『宝篋と花讃』には、その後この詩人が大きく展開してゆく愛の抒情、自然への観照的で時として自然科学的語彙や思索をさえ思わせる観察、あるいは言葉の流れをあえて切断するような単語ひとつひとつを助詞なしで並列させる独特な語法などがすでに予告されている。

興味ぶかいことは、この詩人の中核的ヴィジョンであるといってもよい「花」とか「花讃」という言葉がはやくも題名に使われていることだ。この花というテーマないし言葉は、日本古典に結びつく抒情や審美性をふくみながらも、江森にあって天上の花、曼陀羅華に相当すると同時に、分析的なニュアンスをあわせもった象徴であって独自の性格が見られるように思う。作品の文体からみれば、戦後の「荒地」以後に生まれた平明な口語体につながっているように感じられるが、江森ほど激しく花という言葉を中心において自然の原理を追求してきた詩人は少ないのではないか。この江森の東洋的な自然思想と現代物理学の世界像は、わたしには『現代物理学の道《タオ》』（フリチョフ・カプラ）の読後感を思いおこさせるような不思議な経験でもあった。

実際、花という言葉を自然ないし命の秘められた鍵としてふんだんに使いながら、安易な抒情に流されることのない江森の詩には、やはり戦後詩によってつちかわれた認識主体としての詩人の個性というはっきりした刻印が押されているように感じられる。

ところで、この第一詩集に収録された作品の初出一覧を調べてみると、多少の組替えがふくまれているものの、ほぼ逆年体に配列されていることがわかる。詩人が詩集制作の段階でどのような意図からこうした構成をとられたのかを知るよしもないので、最新作をまず示すというそれほど珍しくない方法に従っただけとも考えられるのだが、今から振りかえってみるとまことに当を得た選択だったと思わざるをえない。

というのも、この詩集のページを読み進むことが、結果的に江森の詩のオリジンへさかのぼることになるからだ。詩の発語がなされる瞬間、沈黙と言葉の裂けるいわば運命的な瞬間、人間としての言葉をもった不幸と詩人として言葉をもった幸福が同時に誕生する劇的な場へ読者をつれもどすことになる。このわたしの指摘はかならずしも牽強付会《けんきょうふかい》ではなく、この瞬間について詩人自身が後の『幼童詩篇』のなかの一篇であつかっているばかりか、時代や流行あるいは歴史的流れに寄りそうのではなく、むしろその劇的な発語の瞬間へ飛びうつるようにポエジーが構想されている。「イズムに行き暮れ／リズムに出はずれ／泉には道遠し」（「回って　舞って　曲って」）というようなごく簡明な詩句にも江森が当時感じとっていたとおぼしい現代詩の状況と求めるものの齟齬が読み取れるのではないか。

たしかに、ここでは「泉」と名ざされているものの姿はまだ熟してはいない。けれどもそれが、時間の湧きだすオリジンであるばかりか、言葉の源、まさに生命の発芽の瞬間として流れだす「泉」なのだ。わたしは今「泉」というイメージを色々な言葉で説明せざるをえないけれど、江森にあって、その「泉」は生きた感覚であり、体験でもある。ここに命のオリジンへ参入しようとする意志とまたそこへと招かれた感受性が、江森という詩人を時代や歴史をこえた世界へ導くのだ。後の『鳥の歌』に一連の「時の劣化を防ぐ」という詩群が置かれているように、江森のなかで果実のように熟し、詩の論理ともなってゆくこの時間をさかのぼる行為は、くしくも第一詩集にあって逆年体という構成をとおして早くも見ることができる。

そして、この第一詩集を逆年体の目次にしたがって読み進んでゆくと、堀川正美を中心にして刊行されていた同人誌「氾」に発表された一連の愛の詩篇にゆきあたる。ポール・エリュアールを思わせる「愛・詩」と題されたこれらの詩篇を一青年が愛の喜び、愛の力について美しい讃歌を綴っている。そこには堀川正美や大岡信らの初期詩篇のもつ世代的な若々しさと共通の、生のもつ肯定的な明るさが感じられ、個人的体験なりイメージがより具体的に表現されている。

降りつもる雪のかさなりあう土地に
雪は村を隙間なく埋めた
まちにふりつもる雪に　ぼくは
はじめに失っていたものの
原形をさがす
雪のかさなりの
雪のむらがりのしたに
ぼくのからだの
たくさんの隙間を
ふりつもる雪のために
埋めてほしい

ゆきのなかの
くちびる
ゆきのなかの
ちぶさ
ゆきのなかに
しっかりふみしめられたあし
その奥に火を溜めて　そこから
草々や樹々がもえでた　そしてなによりも
もえるものだけが生きた

『愛・詩Ⅳ』からの部分引用であるが、いまだ詩人の独特の語法は確かでないとしても、柔軟な口語文体によるこの詩は愛による再生のヴィジョンである。ひとりの女性のイメージから自然全体、冬からの再生の気配をみせながら、いかなる死と破壊（具体的には戦争であろうが）からも甦るのは愛であるかのように歌われている。ここに江森の愛あるいはエロスがまれな牧歌を奏でながら、自然への祈りと献身の原形となっている。そして、こうした詩魂のあり方は『山水』に至るまで変わることのない主調低音として、江森という詩人の喜び（同時に苦痛を反面にひめていても）の底に鳴りつづける。「緊張をとくことが／喜びの声を近づけるための最初の愛撫だと（いつかわかってくれ）」（『抒情詩』）という詩人の熱い訴えは一体、何に誰に向けられているのだろうか？　まずは恋する女に、ではあるだろう。けれどもこの詩句の射程は意外に長く、効率をもとめて合目的的にのみ走ろうとする現代人の精神の悪癖（体制）にも向けられていて、この訴えのなかに生の本来もっているはずの豊かさを今一度かえりみる必要を詩人は書きたかったのであろう。こうした配慮から、この詩人が深い叡智を求める者であることを認めねばならない。「――終末の掟が楽しみを告げる」という皮肉なエピグラムをもった作品『論語』には「われわれは／喜びのために生きる／ほかにない」という印象深い書きだし、そして、「往くことを人間は択《えら》んだが／還ることを教えてくれたのは／ほんとうは猿だ」という頷きたくなるようなアフォリズム風詩句でしめくくっている。これは猿のうちに人間あるいは命のあるべき姿が示唆されているという、喜びへ「還る」叡智のマニフェストでもあるだろう。

江森の詩篇を特徴づけている今ひとつはその独特の語法であろう。初期の抒情詩群を難解と言うことはできないが、やがて多くなる（ ）、〈 〉、《 》などの括弧の使用は素朴な読者を驚かせるはずだ。江森の詩集が話題になるような場合、かなりの人々がこれら括弧をどう解釈すべきかについて語りあうのも事実で、私自身なるほどと納得することも正直困惑することもある。

ただ、この括弧の使用をひとつの例として、植物や鉱物、あるいは医学用語などの固有名詞の多さもふくめ、この詩人は語彙について独特の考えを抱いているように見うけられる。つまり言葉を分析的に扱って、同音の問題や「てにをは」の選択機能を徹底的に生かそうと実験したのはおそらく言語学の流行に先立つ江森だろう。第一詩集にあってもこうした手法はすでに始まっていて、初期の抒情詩のあとに、体言止めの多い詩行や、語りの部分を地の文から区別する以上の役割をもった多彩な括弧の使用が見られる。

乳海攪拌
昔　あの地の　子安貝
(ヤッカミ〈神〉)の指が
《桃源》は　無い　と
告げた(が)

(しかし)
青年の主題は
緑の音を　撤いて　とく去りゆく者!
(それは)
今宵の

『(横臥した海)』と題する関東平野西部の古代海岸を思わせるような背景をもった作品で、化学方程式と呼んだ人もいるそうで、読者はやはり奇異な印象をもつと思うし、朗読することの困難もあるだろう。その上、括弧に出あうたびに読み手は意識の流れを中断され、「これは何か」という思いへさそわれる。それが詩人の狙いなのか、あるいは言葉の多面的な重層性に気づかせようとしているのか、おそらくその両者であろうとわたしは推察している。

(ヤッ〈カミ〉)のカミはいささか邪な神を引きだし、《桃源》や《春の水》は想像界の玉座に置かれ、(が)はまさに(しかし)(それは)のように以後の文脈の選択肢を示している。言い換えれば、江森の詩作行為にはひとつひとつの言葉が呪術的に生みだしてくる種々なイメージや音を可能なかぎりすくいあげ、言葉そのものの豊かな命(それはまた詩人の想像力に他ならないのだが)を甦えらせたいとする強い意志がこめられていると見るべきだろう。そして結果的には言葉の分節化と、分節された言葉を想像力によって思いがけない再組織化とが試みられ、さまざまな括弧による言葉の階層化(あるいは遠近法)がおしすすめられてゆくことになる。読者は散文を読むようにひとつの直線的な文脈に身を委ねることではなく、ただ一行の詩句でさえも複数の支線をもった文脈を追わねばならない。そして、江森の特徴は普通の詩であれば暗黙のうちにおかれる掛け言葉、同音異義の言葉などを詩人自らが指定するおもしろさにある。それゆえ、こうした手法は言葉遊びとは性質が違うことを指摘しておきたい。江森の詩論をまとめたエッセー集『詩と自然の内なるもの』から「詩について」を引用したい。

「詩の言語を、時代の言語の領域（生活圏）から脱出させる。詩人の思想のヴェクトルを遠く伸ばすことによって、あるいは、生活圏の引力から瞬発力によって引き離し、言語の通用する日常圏《テリトリー》を破壊し、破格に至る」

この強い調子で書かれた文章から読みとらねばならないことは、詩作行為が、ともすれば平凡な意味で織られている日常の文脈に風穴をあけ、言葉の真の自由を取りもどそうとしている点だろう。江森が詩とは「野の思い」であり、「体制」に対立するものだと同じエッセーで述べている理由も明らかになってくる。ただ、この詩人の場合、「野の思い」にしろ精神的故郷にしろ、かなりはっきりした原風景があると思われる。「兎追ひしかの山、小鮒釣りしかの川…」と童謡で歌われるような親和的な麗しい産土が詩人の心になお生きていて、その楽しさや喜びが詩魂を潤してやまないように見える。その意味で、江森は「故郷喪失《ハイマートロス》」の詩人ではない。

一九七六年刊の第二詩集『慰める者』になると、詩人の息づかいに余裕がうかがわれる。野山を闊歩する詩境は清澄な空気を吸ってあかるく、詩業全体からみれば第一詩集と次にくる『花讃め』とのあいだにおかれた間奏曲といったおもむきだ。やや観念的な要素を残していた第一詩集から、外光の世界へと感性をひろげ、序詩にいう「私は　ほんとうは　生物相から　学ぶ」という地点へ詩人は踏み出している。これは同時に後にますます深化されてゆく産土の発見あるいは再発見であり、命が自然全体へひろがり、樹木や花をふくむ彩色みだれる風景とその風景をなりたたせているエネルギーへの恋心がたかまってゆく時でもある。ゲーテは詩人であるためには恋をしていなければならないと語ったと聞くが、その恋心が女人にのみとどまるものではなく、産土の山河への郷愁となって拡がることも理解できることだ。そうした意味で『慰める者』はふと詩の歩みから西脇順三郎の散策と近いところに立っている印象を受ける。ただあえて比較すれば、西脇の散歩は淋しく、江森の方がはるかに真っすぐに樹木や山野といった対象との距離をつめようとし、自我を捧げつくそうとするはげしさをひめた傾向がみられることを指摘しておきたい。

ところで括弧の使用とともに、江森の詩語には耳なれない、ほとんど日常では使われることのない固有名詞が頻発する。地名、植物名、岩石、生物名、あるいは「視床下部」のように大脳生理にかかわるものまで見られる。「陽起石　絹雲母片岩　緑泥片岩／蛇紋石　火成岩　紅簾岩花崗片磨岩」あるいは「野行曲路」という詩には「蚣／蚯蚓／蛾／蜥蜴／蝶／蟋蟀／蟻／蜻蜓／螻」など虫偏の祭さえある。あげてゆけばきりがないのだが、次の詩集『花讃め』には「黄地緑彩雲鶴文皿／赤絵人物四方鉢／黄地紅彩龍文小壺」など出土品とか骨董とか美術館で出あうようなおもしろい名前もある。これは固有名詞によって正確に物を名ざそうとしているのだろうか。

その場合にはかえって物が見えない。いやむしろ、一種の呪文のように音読すべきなのだろう。江森が漢字にある好みをもっていることは理解されるが、それ以上にこうした正確無比であるがためにかえって本来なら詩的喚起力の少ない詩語は音によってあわよくば物そのものを注釈なしで置こうとする試みなのではなかろうか。物を声の宙空のなかに……。

宇佐見英治の味わいぶかい序文が添えられている第三詩集『花讃め』（一九七七）は詩人がこころみてきた方法がひとつの結実をみた作品集といえる。やや誇張して言えば、ここで詩人は第一詩集の「詩は〈存在〉の柱頭に花咲かすもの」という言葉そのままに、作品が花そのものになろうとしているかのようだ。江森の花への傾倒はほとんど信仰にちかい。

詩集劈頭をかざる「声明慈音」とよばれる「花讃メ（序）」は祈禱か呪文で、すでに第一詩集の冒頭を飾った様式でもあり、一度詩人自身がどのように声にだして読まれるのか聞いてみたいほどのものだが、おそらくその響きがかもしだす声楽は東洋のものであろう。ただ、仏教だとかヒンズー教だとかと定義することは無用で、花と鳥と月とが音もなくとびかう幻想の曲、古楽器箜篌《くご》の一曲として感じられるという。そこには西欧音楽に親しい超越的イデーも聖なる女人もいない。むしろ、花という命と言葉という「祈り」とがむすびあった神秘の顕現、言いかえれば自然の生成の神秘が声とともに感じられてくる。現代のように感覚にうったえかける刺戟のみがおおく、およそ存在の深みにいたるような声のすくない時に、この「花讃メ（序）」の浮かびあがらせる花天月地への祈禱は驚くにたる。同時に詩人がいかに現代の文明に危機感をいだいているかも理解される。

年年歳歳花相似たり
歳歳年年人同じからず

世に膾炙する劉廷芝の二行にうたわれた絶対の定めも、今危ういこの地球に、人間にとっての〈花〉の記憶を、祈りとともに、あのペルシャ王の楔形文字より深く刻みこんで捧げたい、と念じて。

と江森自身は「詩について」のなかで書いている。

花をテーマとする連作、あるいは一篇の長詩という性質をもったこの『花讃め』は、構成のレヴェルでは前詩集とさして大きなちがいはなく、旅や山野を歩む詩人は路傍の花に眼をとめる。けれどもその花はもはや花ではなくて、自然と詩人の魂そのものだと言ってよい。開花しようとして循環する生命、循環する歳月、循環する空間のすべてが花のなかにそれこそ愛の命として咲いている。詩人の言葉づかいはさらに深められて落着きをまし、自由に飛翔している。次の小品の美しさはまれに見るものだ。

花陰

イヌフグリの開花は三月九日
接骨木《ニワトコ》の芽（眼）が耳殻を割ってヒゲをのばす
母の墓域に咲いていたベニワビスケ
幼いイタドリが舌を尖がらして赫らむ　春

はるかに花綬をくわえた鳥の
〈求愛給餌〉
翼をふるわせてする餌（恋い）
翼をふるわせながら口移しする

花朝　花下
《君》の　花唇を　摘む

わたしがこの詩を好むのは現代まれな早春の愛の詩で、しかも充分に肉感的でもあるという理由だけではない。そのような主題の詩なら他にあるかもしれない。むしろ、この詩が口語散文体でありながら言葉の可能性をみごとにひき出し、なおかつ新鮮な現代詩として成功しているからだ。実際、《君》と名ざされた存在は隠されていることで花のように瑞々しく輝き、しかもそれは「墓域」という言葉と映発しあって生と死をともに浮び上がらせている。江森は古典詩歌にも造詣が深いが、わたしの知るところ決して現代詩の立場を離れたことはなく、この「花陰」のように古典を消化して今日の表現を生みだそうと努めてきた。そして、「梅が風に乗って文化の香りを／蓮が仏を乗せて海を渡ってくる／呪師が花狂いし／呪詞が花のかたちに移り／桜が　収穫と風流を」（「花冠」）と日本文化史をふくむ詩句は花と名ざされるものへの讃歌でも鎮魂の歌でもあろう。詩人は「花」を救わねばならない、（咲くまでの項《うなじ》のうつむく柔かさ）（「花茎」）をいとおしまねばならない、とふかく期しているようだ。

『花讃め』という詩集はそのような意味から、江森の花への祈りが言葉の瑞々しさと自在さにとけあって編まれたと言える。実際、一語一語に想像を働かせて熟読してゆくと、わたしたちの眼前にあらわれてくるのは命を生かそうとしてくれるまるでシヴァ女神の舞踏でさえあるかのようだ。

『花讃め』のなかの「四季」に「幼少時　感覚が爽やかに充足し／世界を所有する喜びに生きている」というまことにこの詩人らしい表現が、『幼童詩篇』（一九八〇）の「（発語と音との間になにか重いものが……）」という作品にふたたび取り上げられている。

ここでのテーマは幼児における言葉の発生をあつかったもので、「生命の呼吸が『音』を噴出して　呼ばわい　告げ／『気』が『他者』に一体化しようと遍在する空間／幼児を全身の柱として　ひととき『世界』は『祈り』に吊るされる」と江森は発語を詩的に解釈している。

大人になればどうしようもなく世界を切り分けるメディアとなってしまう言葉というものが、幼子の発語の瞬間にあっては世界をもちあげ抱擁するための行為そのものであることを、詩人は苦く思い出させようとしていると思われる。とは言うものの、この詩人はまるでアッシジのフランシスコのように鳥の声を「華経　華経　(法)　法華経」と聞きとることのできる優しい耳をもっていて、幼童はもっとも詩に近い存在と言ってもさしつかえない。読者は懐旧の念にあふれた『幼童詩篇』のなかに、詩人の素顔をかいまみることができるだろう。

けれどもこうした無垢な至福の根源をもとめつづけようとする詩作の道は決して平坦なものではないと想像される。むしろそれは激流に逆らってゆくような苦しい行為で、人間が時間という魔物のなかに住むかぎり、時間はわたしたちを劣化させ(後の『鳥の歌』のなかに「時の劣化を防ぐ」連作がある)、いつも澱みに突き落す。

詩集『山水』(一九八四)に至って江森の一見幸福な山野行は巡礼にもにた旅の歌の響きかなでる気配をみせて、ある宿命をふと感じさせる複雑な味わいをかもしだすようになった。『山水』の「あとがき」に「『山水』連作の内実が語るもの、詩集全容が明らかに照射する光源への溯行を期するのみである」と言葉少なに記されているだけなので、詩人の主宰する詩誌「南方」

（二十八号）から詩集発刊の意図をより詳しく綴った一文を参考のために書き移しておきたい。

「日本語の詩語としての豊かさを生かし証すという思いと、また同時に、一国語といった思いを超えて、わたしにとってこれは世界語・人類の言葉といってもよい人間根元の思念による「果」と感じている。

この二つの柱の間に、現代人の思いを混沌に戻し、始原の言語の海に人間存在を求めようとした。

詩とは、知恵の顕現である。禪門の法語の散文脈と詩文脈とを併合した用法をにらみながら、なお野狐禪をいましめ、抒情詩にして叙事詩を懐い、俳諧にして、音楽を響かせること。知に棹ささず、愚を懼れず、なおかつ先人の羇旅《きりよ》につながらんとする。――人間の記憶をして、未来の開放系につながらせんと絶望のうちに希望を注いだ」

これ以上に江森の到達した、あるいは到達しようとする苦闘と高い理想をよく示す文章はないだろう。その志の高さに敬意を払うと同時に、最後の一行はずっしりと重い。高い理想の裏には深い絶望も隠れている。現代における生命の危機を背景に至福のオリジンを求めて、やわな詩句をあまり見せなかった一徹な江森のなかにも、ある宿命が訪れてくる。

実際、『山水』に収録された詩篇はいずれもが安定した出来栄えと、成熟した詩語が見られる。

ゆたかな語彙を危なげなく駆使することはたやすい業とは思えない。以前にくらべ、詩の核心となっているもの、あるいは詩の設定の仕方に大きな変化は見られないものの、想像の飛躍が抑制された分だけ、作品は今までにない拡がりを獲得しているのではないだろうか。

そして、『山水』は現代の旅の詩としての体裁をとりつつ、土地土地の記憶である歌枕を新しい形で生かそうと試み、捨身になって山水自然に文字通り参入し、世界の回春をふたたび招こうとする。優れた詩である「なみわくら覚書」に「地を讃え／叩き　揺るがせ／賦活させることができるか」と詩人ははげしく自他に問うている。これは今までにこの詩人が一貫して追求してきたエネルギー源への汎神論的な崇拝（大日如来と言いたくなるが……）であったし、またそうありつづけるだろう。自然の森羅万象を喜びの空間で生き生きと踊らせることなのだと思う。「無何有之郷に誘われ／桃源の庭に突如立つ」という詩句を突飛な飛躍と思う人はおそらくこの世に生きることの不思議さをいまだ知らない人であろう。

『山水』の作品では「葉山星空」のように文字通りノスタルジーの幻境を奏でることもあれば、「山遊び」や「媾曳《あいびき》」のように恋の色をたたえることもあるが、多くはオケージョナルな旅の枠組みのなかで、「想像力を正しい場所にまで導いて／あとは　その働くに任せるのが味噌！」という詩作の要諦をかたり、自由自在に至っているように見える。そして、自在のポエジーを奏でられれば奏でるほど、その詩はまさに「未来の開放系」につながることだろう。

江森の花のポエジーの歩みはまだ進行中であって、どのような新たな展開がもたらされるかは今後の楽しみである。ただ「時の劣化を防ぐ」という一連の詩篇になると一段と落ち着きがまして来ている印象をもつ。江森が今までにありあまるほどもっていた色彩の綾が水墨の世界へ移り、新たに澄んだ喜びが待っているのではなかろうか。

このエッセーを書き出すに当ってこの文が蛇足でしかないと記したが、江森の詩業を読みなおし、わたしの読みスジを書いてきたけれども、詩篇のみが美しく自足しているという印象は一層ふかい。

「皿川《さら》／打穴川《うたの》／吉井川に結ばれて／（高瀬舟　夢に浮べる）／鏡野の雨」このようないかにも日本の詩的感受性に響きあう詩句（「美作」）の魅力を語るにはさらに枚数が必要だろう。今は蛇足のままに道案内を終え、路傍の花や海山の風景については読者それぞれに味わってもらうにまかせよう。

最後に、江森が詩というジャンルに深い信念をたもたれ、現代詩というよりは現代に書かれた詩にあって、新しい花や自然の解釈と日本語の可能性をひろげつづけてこられたことに敬意を表したい。

断絶と継承と

大岡信の近業を読んで

大岡信の最近の詩作と散文の両面にわたる旺盛な執筆活動については目を見張るばかりであるが、この機会をとらえて、そのなかからとりわけ興味を強く惹かれたいくつかの論点について詩人と対話するように書いてみたいと思う。

大岡の作品についてはすでに折にふれて書いてきていて、そのもっとも新しいものは『岡倉天心』についてであったから、ここで話題としたいのはそれ以降に書かれた著作ということになる。とはいえ、この五、六年の、大岡の多産ぶりは驚嘆の一言につきる。『紀貫之』につづく本格的な古典論『うたげと孤心』（一九七七）で、源順、藤原公任、後白河院など中世の歌のとった姿を詳細にたどり、掘りおこし、一方『日本語の世界』第十一巻「詩の日本語」（一九八〇）では古代から近代におよぶ広範な視野から詩の言葉／日本語の表裏をかたっている。また、おそらく現代詩人では大岡以外にはできまいと思われるユニークな撰集『折々のうた』や、『悲歌と祝禱』、『春　少女に』の二詩集にくわえ、「見えないまち」が二年間の連載をおえたばかりだ。このほかにも、「櫂」同人との共著『連歌』、『日本詩歌紀行』などまさに枚挙にいとまがない。しかもこうした著作であつかわれている話題は多様でひろく、その博覧強記には驚くほかはない。

こうした著作のなかから、わたしがまず選びたいのは『うたげと孤心』、『日本語の世界』十一巻で、これがやはり詩人の関心の核をなしていると思われる。その理由は、そこで日本の古典詩歌、つまり伝統の継承あるいは断絶現象がどのような問題なのかを作者が今まで深く考えていて、これは大岡個人の問題というよりは現代詩にとって普遍的な問いかけだからだ。これらの問題、あるいは問題群が、今という歴史的にも近代というものの終焉を思わせる時代に生きる詩人にとってどれほど強い関心事になりえるかは言うまでもないのではなかろうか？　このことは大岡自身、こうした書物のあとがきで、古典渉猟への動機が現代詩を書くという創造行為に由来するものだと繰り返し述べて、読者が作者の意図を誤解しないように促していることからも十分に察せられる。別の言い方をすれば、現代や現代詩に開かれた創造的な立場を放棄することなく、古典詩歌とその周辺をまさぐりながら、いわば現代詩の創造とそれをとりまく環境を思い描き、今の詩人や読者をひろく啓発することも含めて、現代で詩をかくことの意味、あり方を問い続けていると言ったら良いのではないだろうか？　「日本語によるポエトリー」のありどころとはどこかを追求した本だと言ってよいだろう。

こうした大岡の姿勢には、日本古典を語るときに排他的な文化ナショナリズムに陥らないという戦後詩人の抑制と決意をまず見ておくべきだろう。その証《あかし》は大岡の文章が日本語として可能なかぎりの明晰を求めており、論旨を展開するにあたって労をおしまない手続きを踏もうとしている。ごく一例をあげれば、『うたげと孤心』の後白河院の今様狂いをとりあげ、この皇帝が三熊野詣を何度も繰り返したことに触れた章だ。この着目点は保田與重郎の『後鳥羽院』にも同様な指摘をみることができるものの、大岡はできるかぎり定家の『明月記』などを引きつつ、旅の真相に迫ろうとするのにたいして、保田の文は実感からはるかに想像してみるという性質のものだ。こうした文章に明晰な根拠と論理を保とうとする大岡の姿勢は、ひとつには若き日に愛読したというポール・ヴァレリーの教訓であろうし、今ひとつは現代の暮しからいわゆる日本的／和風と言われる風俗が失われたり批判されてきた、その後の世代が持たざるをえない新しい視点であろうとも推量する。実際、大岡はある歌人なり古典を取り上げるに際して、まず本当はどうだったのかという認識の正確さを求めるところから始めていて、その好例は大岡描くところの『岡倉天心』だろう。「アジアは一つ」という言葉だけで天心を語ってよいのか？　というわけで、おかげで岡倉がおおくの読者に親しい存在になったと思う。大岡が古典詩歌を語るようになって日本回帰を始めたというような批判はおよそ創造的ではないと思う。

さて、こうした大岡の古典詩歌渉猟が始まるにあたっては、『紀貫之』を執筆したことが大きかったと一読者として想像するが、その背景には現代詩をどう見るかという、微妙な、単純にはわり切れない問題群が詩人の心にながくわだかまりとしてひそんでいたにちがいない。大岡は現代詩人としてという自覚を強くもちつづけているが、かといってそれがそのまま現代詩の作品について、あるいは現代詩の状況について肯定的であるとは思えない。このことについてあからさまに表明した詩人の文章は目にしてはいないが、おそらくかなり厳しい見方をもっているのではないかと考えるのは、大岡の古典主義的な詩の文体が他の現代詩人たちと大変ことなっているからだ。言い方はとても難しいが、現代詩のなかでの大岡の立場はかなり独特なものだといえば、今の大岡の業績を知る人は意外に思うのではないだろうか？　端的に言ってしまえば、大岡の問題群は日本語による詩作そのものの場に出現するなやましい性質のものだ。わたしたちの近代詩の歴史には、現代詩にいたって過去／古典の作品との断絶と継承の問題が残されたまま、それが十分に考慮されず、定型をもたず自由詩にいたって、作品は一回かぎりの独創性しかもたない、そこからさらなる継承なり洗練があらたな伝統や継承を生むことが難しいという傾向がさらに拍車がかけられてきたようにみえる。たしかに個々の詩人の作品はその人の独創性によるのだから継承などという話は相対的で論外だという議論もわからないでもない。それぞれの詩人が好きなように書けば良いという議論も成りたつし、また伝統の継承と断絶という興味ぶかい問題は、洋の東西を問わず近代詩からアヴァン・ギャルドをつらぬく共通の傾向で、「新しさ」を追求することに急で断絶することが逆説的な伝統になってきた、ということもあるだろう。

そうであれば、たとえば定家『詠歌之大概』で「和歌に師匠なし、只古歌をもって師とする、心を古風にそめて、詞を先達に習えば、誰か歌を詠まざらん（和歌無師匠　只以舊歌為師　染心於古風　習詞於先達者　誰人不詠之哉）」というような、考えてみればかなり常識的な学びや習熟ということは起こりにくかった。とくに日本近代の、文化・言語にまでおよぶ急激な西欧文明との邂逅という歴史のもとでは、伝統の継承や古典を正当に評価し、日本語による表現として参考にすべき古歌も古風も定めうるものではなかったし、新しい詩のモデルは西欧文学であった。それでも近代詩人の場合は、まだ世代的にも古典詩歌とのつながりや教養があって、大岡が『うたげと孤心』で書きとどめているように、白秋、春夫などが『梁塵秘抄』を愛読したのはよく知られている。だが現代詩の世界では、定型の音数律という枠組みをすてて自由詩へむかうことで作品の文体が散文的な記述へと流れていったようにみえる。

ところがわたし自身、どう考えてみても、また古今東西の名詩と言われるものをおもい浮かべても、歌や抒情のもつ響き、つまり詩句を記憶にとどめる音楽的な特徴を否定することはできず、もしこれが正しければ、音楽性の要求するある種の形式がどうしても話題にならざるをえないだろうと思われるのだ。たしかに歌や抒情はもっとも素朴な起源をもつにはちがいないが、それであってもどのように高度に方法化された詩作品にあっても失われてはならない詩の種子のようなものではないのか。こうした詩の根底にある性格と日本語の問題にふれて、大岡は次のようにきわめて率直に悩みを書きしるしている。

「……しかし、抒情という要素を排除することなしに、一層複雑な観念世界を詩の中できずきあげ、時には長大な詩篇をも堅固な言葉の建築物としてそそりたたせるというようなことが、私たちの日本語で可能なのかどうか、という問いは、たえず、いわゆる現代詩人である私の前に立ちふさがるように思われる。

なぜそんな問いに悩まされたのか。ひとつには、他愛ないことかもしれないが、西欧語による詩というものを、学生の時から読みかじることをおぼえたからである。ボードレールであれランボーであれ、ヴァレリイであれT・S・エリオットであれ、読者として熱心に読みふけるときの楽しみは、いざ自分が詩を書こうとして観念の肉化という問題に呻吟しはじめるやいなや、すべてそのままで悩ましい絶望感の源に転じるのだった。マラルメのような詩人にいたっては悪夢とよぶほかないような作者だった」

『うたげと孤心』の「序にかえて」より引いた詩人自身の告白で、これほど東西の言葉と詩の性質のちがいによる困惑を率直に記した文章をわたしは知らないし、まったく同感できる。ここには西欧語／詩に一度は親しんだ人なら、たとえ翻訳で読んだとしても、誰にも覚えのある「悩ましい」経験であり、ひとたびこの問題につきあたると日本語や日本文化のもっている特徴についてあらためて考えざるを得なくなる。そして、これはたんに詩の領域にとどまらない現代の日本文化／語の混沌とした現状そのものに出会うことでもある。ただ、補足したいのは、大岡のあげた西欧の詩人たちの長編詩は、皮肉なことに今日の日本の現代詩にくらべれば、かならずしも長くはないことだ。T・S・エリオットの『荒地』が最長で四三三行、ボードレールがもっとも短く『旅』の一四四行で、行数からすれば、たとえば西脇順三郎の四千行におよぶ長大な『失われた時』にくらべるべきもない。むしろ西欧詩の場合は、サン・ジョン・ペルスの『遠征』とかペギーの詩、あるいは古典の物語的詩に、よりよい例があると言えるかもしれない。むしろ最近の日本の現代詩のほうがバブルのように、はるかに饒舌になる傾向をもっているのではないだろうか？

とはいえ、大岡の語りたいのはより詩の本質にかかわることだ。「一層の複雑な観念世界」とか「観念の肉化」という言葉でしめされている西欧詩の特徴は、たしかに日本語では見いだしにくいものだと考えられる。というのも日本語は事物や情感の個別具体性をこまやかに分節化することにたけているといえようが、抽象性を必要とする思考や観念の表現となるとおよそ詩的表現にふさわしくない、日常からかけ離れた漢字のならぶ文体になりやすい。その不運が日本語による哲学だっただろう。つまり言いかえれば、日本文化のなかに個別具体性、こまかく分節化する傾向はつよいが、何らかの思念や論理のもとに全体を体系化する力がはなはだ希薄で、それゆえ体系化できるような抽象言語が成熟してはいなかったのではないだろうか？　かりに、もしそうした言語を探すとすれば、それは一般の読者から遠くはなれた漢文による思想や仏教教学の世界であったろう。一方、西欧語には宗教的な超越の観念や形而上学的な思想を過去にもつことによって、「観念世界」や「観念の肉化」を具体的な言葉から表現できる成熟した抽象性をもってきたといえる。ところが日本語の文脈では「観念」というのは、はなはだ評価が低いばかりか、ここに大岡のあげたような西欧詩の思想的な深みという魅力に圧倒されながら、いざ日本語で同じような試みをしようとすると、みずからの言語の限界というはなはだ「悩ましい」経験をするということであろう。

さらに大岡のとりあげた詩人たちの長編詩も、たんに行数の量の問題ではなくて、より一層およびがたい性格として「言語の建造物としてそそりたたせる」という西欧詩のもつ建築様式や交響楽の多声楽的《ポリフォニック》構造など、日本詩歌の持ちえない、「堅固」な思想のあり方なのである。こうした東西文化の伝統に根ざす相違は、日本語の世界だけにいたのではわからず、たまたま西欧文化との邂逅という日本近代の歴史をとおして自覚されたものであるから、ひとりの詩人の問題ではありえない。

大岡が現代詩を見渡して、またみずからの創作の困難さに直面したとき、日本語のあり方を問うことはよく理解できることだ。そして、日本ではどのように詩が生まれ、よき詩と判断され、また日本人や文化にとって詩歌とはどのような意味をもっているのかという問いを抱いたときに、現代詩が古典詩歌にたいして架橋する労をとっていないように大岡には見えたのではないだろうか？　西欧文芸からの衝撃を受け、そのつど新しい理論を「様々なる意匠」として追ってきた過渡的な近・現代詩というあり方から、（とりあえず）日本語／人の詩的感受性にふさわしい「詩」のあり方を見定めて、いわば『古今集』的なカノンを探してみたいと思ってみるのは自然なことと思われる。だがことは言うはやすく、実際の探求には大きな力量が必要であろう。正徹のように、定家を絶対として、そこに確立された幽玄体を追うというわけにもいかず、宣長の『排蘆小《あしわけお》船《ぶね》』のように「から心」を批判すればよいというような文化ナショナリズムの時代に生きているわけではない。実際、近代詩人たちが新体詩に失望したときに、伝統的な短詩型文芸に帰りきれないなにかが、逆に現代詩がまがりくねりながらも、今日の表現としての可能性を垣間見させてきたこともあるだろう。こうした過渡期的な時代を生きる立場から古典詩歌の意味をさがすことは、同時にどうしても啓蒙的な役割をも担うことになりやすく、大岡みずから『折々のうた』の後書で述べているように、「常識作り」という控えめな了解になるだろうが、実はこうした仕事は誰にでもできるものではなくて、むしろ大岡の試みに敬意を払いたい。戦後詩人として、伝統的な古人のあとをたどるとか、あるいはそれに依拠するというのでなく、新しい観点を模索するという、より現代的な仕事と想像されるからである。

さて、『うたげと孤心』を読み、わたしがもっとも強く印象づけられたのは大岡の古典詩歌を読みとる精妙な感性とするどい論旨の展開であった。源順、藤原公任と和泉式部、後白河院と乙《おと》前《まえ》といった中世の歌人がここでは絵巻をみるようにいきいきと描かれていて、わたしの不案内な世界であるだけに読み物としても感嘆した。と同時に、そんな記述の背後に、詩人はあきらかに現代詩界のあり方を意識しているので、比喩的にいえば、紙背にひそむ二重の意味を失わないように読んでいった。そして、この一巻から大岡の主張として浮かびあがってくるのは「批評」の重要さということだろう。わたしはすぐに折口信夫の『歌の円寂するとき』やT・S・エリオットの『伝統と個人の才能』を思い出した。ハレの場とケの場を暗示する宴と孤独という主題もさることながら、詩歌の言葉ひとつひとつの気配を読みとり、機微をあじわい、文芸として達成度を評価できる批評こそが詩人の念頭にあるものであろう。それが究極的には人間という摩訶不思議な存在を理解することになる、詩歌の心と姿は人の心と姿なのだ、と信じているからだ。『うたげと孤心』のなかで、藤原公任と和泉式部の心理の機微をたどり、同時に「ハレ」の詩の保持者と「ケ」の歌人との創作上でのちがいなどの指摘はことのほか興味ぶかく、作品を判断するさいの考慮すべき視点を示唆されたように思う。また、後白河院と乙前における伝統継承のあり方は特殊な芸能世界をのぞけば現代のわたしたちには縁遠いものなのだが、師弟の信頼によってのみ成り立つ伝授というある感動をともなっている。ここにも近代的な意味での批評というより、注釈を骨子とする新しいもの、古きものとの真の交換が行われるという考え方、つまりは古典伝授の精神が述べられている。

こうした批評が歌合の場から生まれるというのは国文学の常識と思われるが、この「座の文学」がのちに「連歌」「連句」などに徹底的に様式化されていったのはおそらく日本文芸の独自のあり方であろう。『正徹物語』を読むと、歌合のこまごまとした規則が語られていて、詠んだ歌を座主に手渡す順序から、官位名の書き方まで指南されている。こうしたしきたりや形式は当時の階層社会を反映し、今では意味を失っているけれども、歌合における歌の優劣をきめるさばきには、ただ当時のしきたりを反映したもの以上のなにか、つまり、日本語で書かれた詩歌の機微にふれる何かが認められるというのが大岡の関心なのだ。
実際、言葉とは不思議なもので、どのような孤独な魂から発せられようと、言葉になったその瞬間から、他の魂に共振し伝染し、言葉みずからがあたかも霊あるもののごとく、みずから宴の場を開いてしまうのだ。そうした歌合という孤心で完結しない共同の作歌の場をさばく者の一例として藤原俊成をあげ、「詩の日本語」のなかで次のように語っている。

「つまり、判者というものは新時代の歌が典拠としそうな古歌、古語について、常時正確深切な知識を持っており、臨機にそれを自らの批評の中に生かしうる力量の持主でなければならなかった。また修辞上のルールの監視者でなければならなかった。
一言でいえば、彼は学識を持ち、当代の言語のあり方を、前代までのそれに照らし合わせて批評するだけの見識を持っていなければならなかった。それが「詩人」とか「歌人」とかよばれる人々の、あるべき最も理想的な姿だというのが、現代とはちがう中世の詩歌人の常識だった」

これは率直に言って痛烈な現代の詩歌界への、そしてわたし自身への批評にもなる言葉ではなかろうか。「無能無才にしてこのひと筋につながる」などと謙虚を装っても始まらない。事実、大岡としては珍しいほど声高に、今日の批評を軽んじる「知的な怠け者」を叱咤している。

原理的にいえば、詩人はさきほど述べたように、人間性のまさにもっとも精妙な心理や思いを読みとり、見定め、つくるものであろうから、知識にとどまらず、優れた見者、知者であってしかるべきであろう。これに反対するものはいないはずだ。ただ、ここで同時に起こることは定家のように歌作りの家系として官位をもつといった詩歌の専門化、伝統では家元とか流派の形成ということであろう。こうした文化伝統継承のあり方は現代よりはるかに濃密なものと想像されるが、同時に秘伝伝授といった閉ざされたものになりがちでもあるはずだ。実際、『新古今和歌集』を代表するひとり、西行の歌のもつ瑞々しさは定家の修辞にはかならずしもみられないということも本当であろう。そうしてこうした判者が凡庸でたんに有職故実の官吏のように機能すると、鴨長明の『無名抄』における「せみ小川」論争のような瑣末なことにこだわりかねない。つまりここで言っておきたいことは、素朴な表現から表現方法の意識化と芸術的洗練へという流れがある一方で、素朴さをも求めるという民衆的な文化のパターンがあり、大岡もこれを見極めていて、一方に高度の洗練された『新古今』があれば、同時に今様の『梁塵秘抄』もあるという、表裏を指摘して忘れていない。

それにしても言うまでもないことではあるが、大岡が古典詩歌を批評的に検討してゆくさいに、相当に大きな背景となったのは『古今集』序ではないだろうかと想像してみる。これをどのように受けとるかは個々の詩人にゆだねられているとしても、何といっても、十世紀における日本文化の詩的マニフェストと呼ぶべきもので、わたし自身はじめて読んだときの衝撃を忘れることはできない。西欧詩の「複雑な観念世界」や「観念の肉化」に親しんだ人ならば、定家の歌だとか、言語の負数的表現や音の修辞である沓冠《くつかぶり》、正徹のいう幽玄体などはむしろ理解しやすいと思われる。詩歌を知的に分析することに習熟しているから、詩法を見抜いてゆけばポエジーを言語の構造としてとらえることができるはずだ。それに反して、『古今集』仮名序を読むと、その対象である和歌、つまり日本語の短歌とはこうした世界だったのかと驚きを禁じえないのではなかろうか。そこには日本人のおそらく心情に深く根ざした詩的創造のあり方が述べられ、それはいわば「やまとうた」という民族的なマニフェストであるからだ。煩をいとわず今一度再読してみよう。

やまとうたは、ひとのこゝろをたねとして、よろづのことのはとぞなれりける。よのなかにあるひと、こと、わざ、しげきものなれば、こゝろにおもふことを、みるもの、きくものにつけて、いひだせるなり。はなになくうぐひす、みづにすむかはづのこゑをきけば、いきとしいけるもの、いづれかうたをよまざりける。ちからをもいれずして、あめつちをうごかし、めにみえぬおにかみをも、あはれとおもはせ、をとこをむなのなかをもやはらげ、たけきもののふのこゝろをも、なぐさむるはうたなり。

紀淑望《きのよしもち》の真名序ではこのあとに「和歌に六義あり。一に曰く風、二に曰く賦……」と『詩経大序』にのっとっている。

なぜこの仮名序に衝撃をうけるのかといえば、ここにおける「やまとうた」を詠むことが、蛙や鳥が歌うのとまったく同じ次元でとらえられていて、生きとし生けるものの本能だという認識が見られるからだ。たしかに生きとし生けるものがとりわけ恋のために歌うというのはそのとおり自然な現象だろう。しかし、それは詩歌を詠むことと同列の行いなのであろうか？　つまりわたしの言いたいことは、詩歌はただたんに言葉を「いひだせる」ものではなく、「うた」という言語の形式をもった人間の作為的な発明でもあるはずで、そこには本能的な表現欲とそれを言葉の形式に変換するという、性質の異なる二つの行為があたかも自然そのもののようにおかれている驚きなのである。いや、それは無理もない、『古今集』十世紀の素朴な考えなのだと言い切れるだろうか？　むしろ、わたしには、これは日本人の心に深く根づいているようにみえる自然と人間の作為を区別しない深層の心理／認識のようにもみえてくるのだが……。

大岡はこの名高い、しかもなおわたしたちの詩歌のもっとも根源的な動機を示し、また常識としているかもしれない序が、いかに劉勰《りゆうきよう》なる人の『文心雕龍』、鍾嶸《しようこう》の『詩品』に影響をうけつつも、当時の日本人の感性にあわせて切り取られ、消化されたかを説いて、「つまりここには、自然を人間中心の観点から体系的にとらえ、超越してゆこうとする中国文学の強い衝撃と影響を受けながら、にもかかわらずしたたかに生きのびているアニミズムというものがあるといえるだろう。アニミズム、ただし極度にまで洗練され、言語化されたアニミズム」と記している。そして、さらに加えて、「体系的な文学理論に不得手であったこと、その結果として自然と共生的な一体感のうちに、いってみれば感情の洗練へ歌がすすんでいった」とおそらく『新古今』を念頭に記している。こうした大岡の分析は冴えており、十分な説得力があると思う。つまり「自然を人間中心の観点から体系的にとらえ、超越してゆこうとする中国文学」のあり方を考えれば、真名序は感性的な人間論とよぶべきもので、仮名序を女性原理として理解してみたい気がする。

こうした感性的な人間観が生きている文化にとって、人間をまさにこえた存在である超越とか、物質世界をこえた思惟のメタフィジックスという観念が欠けるとすれば、何が認識の基底になっているのだろうか、と考えざるをえなかった。そして、実もふたもないのかもしれないが、感性の裏側には混沌とした虚無があり、一切の現象をのみこみ一切を相対化してしまう「価値」づけのない無限をあるがままに抱擁するということがあるのではないだろうか。こうしたところでは物事に立ち向かい、そこに差異化（意味づけ）をもたらすものは、唯一は「形」であって、たんに「様式」といってよいのだろう。ここに「やまとうた」という短歌の音数律の重みがあるのではないだろうか。「やまとうた」という形式こそが、感性的で素朴な表現欲を芸術的な／あるいは美学的な意味あるものとして唯一混沌からすくいあげる装置なのだ。

そこで大岡がいうように、日本人が体系的文学理論に不得手なのであれば、芸術論ではなく、芸談や口伝をとおして美や詩歌が語られたというのはよく納得できるし、観念による超越や言葉による理論がむしろ怪しげなもの、信用できないもの、として退けられ、生きた手本、すなわち目に見える芸の体現者しか信頼しないという日本文化の根深い傾向をもわからせてくれる。

「理論がないのではない、ただその理論は一人の歌人、一人の俳人、一人の役者が、その修業の全過程を通じて、徐々に、かつ全感覚的に体現してきた創造原理そのもので、それを別の人間がわがものとするには、自分も同じような苦しい修業の過程を忠実に履む以外にはないのである。芭蕉にとって「古人」という観念がどれほど重要であったかを考えてみればよい。彼にとって詩歌の原理とは、「西行」という名、「宗祇」という名にほかならなかったのである」

（「詩の日本語」）

この考え方は、『うたげと孤心』のなかの、乙前から後白河院へと続く今様の継承にまつわる物狂いと正確に一致するし、ここに響いているのは世阿弥の『花伝書』や芭蕉における『三冊子』などほぼ日本の芸道全体にいえる伝授／習得のあり方だろう。理屈ではなく師のすがたを感性的にも精神的にも徹底的に追体験することで、伝統の理想的な継承が可能になるという日本古典文化のあり方を指摘し、こうした芸術の継承が現代では失われて、個々の芸術家はすべて初めからゼロからやり直さねばならないといういささか不毛な努力を強いられることを暗に言っているのではないか。この指摘に、伝授する、あるいは継承する者の人数の問題をのぞいて、わたしは納得することができる。

こうした観点から繰りひろげられる大岡の評論の特徴は、詩と詩人という評伝の形をとりやすく、とりわけ人間的な魅力にあふれ、行動的な文人に光をあてることが多い。与謝野鉄幹、岡倉天心といった文人への理解と後白河院への言及には実践的な人間性への共感とその業績の再評価が認められる。懐の大きな、世を一期の遊びと感ずるような憂愁をたたえたような文人への秘かな共感が脈々と流れているように思われる。夢みがちな詩精神と古典主義的な方法論との接点こそが大岡という現代詩人の詩心を刺激するのではないか。と同時に、現代詩人として大岡はこうした先人たちの伝統の継承のあり方もふくめて、悩ましい思いで見つめることもあるのではあるまいか？とわたしは思ってみる。

なぜならこうした文芸の継承や理想のあり方が失われた現代をわたしたちは生きているように思われ、現代詩人もその渦中にいるはずだからである。そこにはすでに述べて来たように大岡の文章を律しているのは論理であり、しかも実証的で分析的な論理である。しかし、詩人として大岡には創造にかかわる生得というか自然なというか感性のおもむくところもあるわけで、そこに伝統継承についても詩人自身ゆれ動くこともあるのではないかと推測する。なぜなら『うたげと孤心』という力のこもった古典論には、まさに行間から時としてある種の悔いのような感慨がにじむことはあるように思う。このことは後で触れてみたいが、大岡の最近の詩集のなかにノスタルジーの遠い響きが聞かれることと無関係ではないだろう。いわば戦後のアヴァン・ギャルドという欧米からの影響とそれぞれの文化の深層にひそむノスタルジーとの乖離と言ってもよいのかもしれない。

かつてわたしは大岡の美意識に触れて、それがきわめて戦後的であると書いたことがある。戦後の美意識は天心の『茶の本』や谷崎の『陰翳礼讃』的ではなくて、むしろ「秘する」性格が少なくなり、エロス的な性格が表に出やすくなったように散見されるが、たとえば大岡の言葉「肉」のニュアンスにはなまなましいところがあり、そこにあえて戦後芸術のほてりを感ずることがある。そうした詩人が日本古典詩歌と接した時、何を掬いとってくるのか興味がつきないのだが、今回の「詩の日本語」では次の記述のようにかなり明確に示されたのではないだろうか。とりあげられているのはアルメニアの詩人セバスタツイの恋歌である。

「こういう形でなされた熱烈な女性の神秘化、聖化という要素が、日本の恋歌にはほとんど見られないのである。熱烈な恋の思いの吐露はある。しかし、そこでは自分自身の熱望や渇きや苦しみ、孤独、忍びに忍びつづけて人には洩らさない秘めた心等々の表白という点に圧倒的に比重がかかっていて、相手の男なり女なりの、いわば目に見えるような形での、客観性をもった形象化にほとんど関心がないらしく見えるのが、日本の古典詩人たちの共通の特徴なのである」

わたしはセバスタツイなる詩人を知らないが、アルメニアが世界で最初のキリスト教国であったことを思うと、女性の聖化という情念は東方の聖母崇拝と関係がありそうに思う。そして日本の文化における大岡の指摘は正鵠を射ているのではないか。というのもかつて色道論（衆道をふくむ）を読んだ折に、近代以前の恋情のなかにここでいう聖化への契機はまったくなく、徹頭徹尾、男女の心理と生理のなかに終始していたことに驚いたことがあったが、日本と西欧のもっとも大きな文化的な相違もそこにあると断言できるように思われたものだ。閨怨とか後朝といった恋にまつわる感情のあり方は洋の東西を問わないであろうが、文化背景として決定的に異なるように見えるのは、エロスの存在とアガペー（神的な愛）の存在の有無なのではないだろうか。おおざっぱな議論になってしまうが、実は、日本近代詩の出発にはキリスト教の影響もあって、この神的な愛の問題は透谷などによって問われたと思うし、超越や観念的な思惟と切りはなせないとわたしは考えている。ということは、今引用した大岡の文、日本の古典詩人は愛なり恋なりの相手を、たとえばダンテのベアトリーチェのように「客観的な形象化」にしないというのはかなり大きな文化的な特徴で、大岡という現代詩人にとってもあえて言えば悩ましい発見ではないだろうか。

なぜか。大岡は心深くに恋情をたたえた詩人であるからだ。その厖大な著作のなかに絹糸のように輝いているのは恋の詩人像への傾倒であるからだ。わたしがかつて目も覚めるようにして読んだ「恋の詩人としての芭蕉」とかインドの佳人プリヤムダヴァ・デーヴィへの岡倉天心の慕情、あるいは『うたげと孤心』の藤原公任と和泉式部との関係などについて、大岡の筆は一段と冴えていると思う。こうした洞察力は『折々のうた』の女流歌人への歌の注釈にも感じられる。
同時にこうした恋情をたたえた詩人である大岡にとって、古典詩歌にあらわれる恋人の「客観的な形象化」の不在という問題は、ちょうど観念や超越的な詩作品が困難であるのと同じように出現するのではあるまいか？　ドニ・ド・ルージュモンの『愛と西洋』を見ると異端であるカタリ派もまたマリア・ソフィアを崇拝したように、女性の聖化という心のありようは詩人の側につよい宗教的観念の力が必要であるようで、日本文化には縁遠いものに思える。大岡の散文から受ける印象は、こうした女性聖化へのふかい関心を抱きつつも、日本の文化における生理を中心とした、いわば、現世的かつ日常的な領域に恋情にて、女性が特別に聖別された形象として出現するのは、日本文化では聖母マリアというよりも「母」としてなのではないだろうか？

玉ゆらの露も涙もとどまらずなき人戀ふる宿の秋風

手にとらば消えん涙ぞ熱き秋の霜

最初は『新古今集』巻八哀傷にある定家の歌、母の死をいたむ。俳句は『野ざらし紀行』中の、芭蕉が伊賀上野で亡母を思った句。こうした作品にみられる母のイメージはそれぞれの母であって、聖母マリアのような「母なるもの」に聖化された像ではないが、日本人の母の表現として興味ぶかい。おそらく大岡の『日本語の世界』でつけ加えることができたものはこの母の文化的な位置ではなかったかと想像してみる。

この本はまことに話題豊富で、いくつも触れたいテーマが残されるが、あえてひとつ選ぶとすれば、「『花』の一語をめぐる伝統論」であろう。大岡は用意周到に「花」が中国における梅中心から桜へと移行する嗜好の変化を述べ、さらに「花」がひとつの芸術上の美学（これは『花伝書』にふれた『逢花抄』所収の文章にくわしい）となる経緯を書いている。ここでもっとも重要なのは、「花」をいわばメタファーとして美の性質や魅力を語った、フランスの象徴主義美学にも通じるような『花伝書』であろう。ほとんど実体としての花の物質性をうしなって美とその魅力の観念として語られるというのは芸術論として今なお生きていると思うばかりか、すでにふれた戦後の傾向としての秘すことのない魅力と鋭く対峙する美学ではないかと考えている。

大岡はこの点について散文では最終的な解答を記してはいないが、今述べたような探究に道をつけたことは確かで、そうした意味で「詩の日本語」の啓発的な役割は大きいと言わなければならない。

こうして大岡の近著と対話しながら書いてきて、とりわけ欠かしてはならないと思うのは『折々のうた』であろうと思う。いわゆる現代詩が短歌俳句をふくむ伝統的な詩歌の作例をふくむこのアンソロジーを軽んじてはならないと思う。なるほど新聞というマスメディアに掲載される以上、読者は詩歌の専門家ではなく、作品の選択は四季という伝統的な枠組みを取り入れるなど、現代詩の側から見れば、「やはり、これが日本の詩歌なのか」という思いはなきにしもあらずであるが、啓蒙的な役割を思えば理解できることだ。

それ以上に重要なことはアンソロジーを組むというときに、必然的に働くであろう作品の品さだめという批評意識と、それの及ぼす手本としての大きな役割であろう。近・現代詩史のみをふり返れば、時代の流れを画してきたのはまさに名訳詩集であったり、西欧の詩論の導入であったりした時代が終わり、日本語による詩的達成が詩作品の見本や手本となるというのは大切なことで、その時、現代詩はより広い読者層からの検討に耐えなければならないことになるだろう。わたしはそこで採取された作品例の古今東西の幅のひろさに啞然とする態で自分の無学を恥じるだけであるが、言ってみれば、大岡は現代詩人でありながら、日本語による詩の成果をとりいれるという広い展望をもっていることが特徴であろう。岩波新書版の後書に、和歌、俳句、近・現代詩を区別する常識に反対し、「詩」という、より高い観点に立とうとしたい、と記されていることからもわかる。それだからこそ『梁塵秘抄』や『閑吟集』からも、漢詩、訳詩からも採取され、たのしいアンソロジーとして読むことができると言えるだろう。

ただ、ひとこと言っておきたいのは、和歌、俳句、近・現代詩というものを並べてみると、「詩」という、あるいは「ポエトリー」という上位の概念でくくれることは他の文芸のジャンルと比較するとき可能であるが、それぞれの詩のもつ定型や形式が時代の流行や要請といった、使命とまでは言わなくても役割を担いながら出発してきたのも確かではないだろうか。その意味では、近・現代詩はすでにこの対話のなかでふれたように西欧詩との「悩ましい」邂逅をトラウマとして出発したことも忘れてはならないと思われるのである。

『折々のうた』は現代詩人である大岡が、現代詩という枠をこえて日本語による詩歌のバックグラウンドを提示して、それをひとつはより広範な読者層へ紹介し、ふたつには和歌、俳句などの古典をも同列にあつかって、現代の日本人、日本語の詩的な感性や詩作品という枠をひろげつつ、「詩」というものの世界を豊かにしようとする大切な試みと言える。大岡はこうした試みのできる数少ない詩人であって、わたしは多くを学ばせてもらった。

さらにここで、大岡の近業のなかで、詩集について述べたかったたが、それは次の機会に譲るとして、一読者としてわたしの心に深く刻みつけられたのは、古典渉猟のなかで、短歌であれ、俳句であれ、作品として自立しうるものは、たとえば定家や芭蕉にみられるように、すぐれた詩法、方法意識に支えられているということだった。この点からいえば、伝統的詩歌も現代詩の世界もつまるところ同じであろうと思う。「やまとうたのみち、あさきに似てふかく、やすきに似てかたし」（『近代秀歌』）という実朝に与えた定家の文言も静かに心におさまるのだ。断絶のなかの新しい継承とはあり得るのか、あり得るとすればそれはどのようなものなのか、現代の詩人の言語が日本語であるかぎり問い続けなければならないだろう、と大岡の著作をよんで思うのだった。

入沢康夫　トラウマと方法

現代詩人のなかでも、詩作についてもっとも自覚的な方法意識をもった詩人のひとりである入沢康夫の作品を、いま手元にあるかぎりの詩集や散文集を再読してきて、なおある宿題を充分に果たしきれなかったというささか隔靴掻痒の「もどかしさ」を感じながら書き始めなければならない。

『倖せ、それとも不倖せ』（一九五五）というどこか洒脱で悪戯好きでもある第一詩集から、『わが出雲・わが鎮魂』（一九六八）や『死者たちの群がる風景』（一九八三）といったきわめて多産な作品群を残して、さらにまた連作『漂ふ舟　わが地獄くだり』（一九九四）、『かりのそらね』（二〇〇七）にいたる創作活動と、『詩の構造についての覚え書』（一九六八）を中心とする詩論にかかわる散文は戦後の現代詩の歴史にあってもっとも刺激的な成果に入ると思われる。

これら一連の作品はその性格からしてさまざまな読みが可能で、そのことは後にふれてみたいが、まず真っ先に読者としてのわたしの心に浮かび上がってくるのは、ふたつの大きな特徴である。ひとつは隠された主題としての物狂おしい情念の秘められたトラウマ（心的外傷）であり、もうひとつは詩作という行為についてのきわめて言語学的でもある綿密な分析である。

このふたつの大きな特徴はもちろんのこと切り離せるものではなく、相互に支えあっているのだが、まず作品の方から感じ取れるのは、読者の容易には知ることのできないある出来事、もしくはトラウマの存在だと言って良いのではないかと思う。しかし、わたしは詩人の人生についてせいぜい出身が島根で「素封家」（岩成達也）の育ちである程度のことしかしらず、そのトラウマが実際に何であったかについてはわからないし、またわかることに意味があるのかどうかも定かではない。その上、入沢の詩作の手法自体が人生での経験を具体的にあからさまにすることを好まず、書いたものを最後にみずから消去するような体裁やオチをもっている結果、トラウマのような私的な経験はおそらく故意に見えにくくされている。この文の冒頭に言及した「もどかしさ」という困惑はわかったようでわからないままに取り残されてしまった後味なのだ。

そこであえてこのトラウマの存在を詩作品から推量してみれば、時代の流行や思想といったものと一切関係はなく、詩人の心の深層から響いてくる死者や異形の者の狂おしい悲鳴のような何か、詩人を一挙に不安や危機におとしめかねない不気味な夢魔ではあるだろう。もしかすると、この詩人は、人がふつう現実と呼ぶところのものを放棄しかねないほど、生をこえたどこか彼方へ、たとえば死者の国への激しい誘惑に曝されているのかもしれない。けれども、それはあくまでわたしという一読者の推測でしかなく、謎は謎のままとどまる。このあたりの事情については後の読者、あるいは研究者に委ねることとして、今のところでは、あるもどかしさを抱えたまま書いてゆくしかないのだが、それでも大方の読者は入沢の作品を読み進むにつれて、この詩人の魂の最深部にほとんど神話のように存在するあるトラウマの存在に遅かれ早かれ気づくにちがいない。

ひと言でいえばそのトラウマは「失われた母」ではないだろうか。入沢に親しい詩人、ジェラール・ド・ネルヴァル、E・A・ポー、ラフカディオ・ハーンなどを結ぶ運命の共通の横糸は「失われた母」であって、推測にしかすぎないが、おそらく詩人自身もこの運命をなにほどか共有しているのではないかとわたしは疑ってきた。けれどもこのことに気づいたところで、入沢の独創性を理解し、描きだすことにはならない。かりに「失われた」というトラウマが入沢のポエジーの根源であったとしても、作品は「失われた」対象への嘆きや悲哀といった感情吐露によって読者の心に訴えかけるような単純な構造をもった詩ではないからだ。むしろ読者がテキスト上で出会うのは、いくえにも「私性」を消去するような詩作の方法や言葉であって、そこにこそこの詩人の真骨頂があり、ページをめくる読者はそれをどう読むか、という手品のような難問に直面する。

この難しさというのは、詩人という詩の書き手と作品のなかの発話者が同一人物だと見る無自覚な私小説的構造が入沢作品にはもはや当てはまらないことによる。このことは詩人自身の詩論の中核をなす認識で、詩作品というものを分析するなかで何度も注意を喚起していることなので、また後でもふれたい。

ところが以上の書き手と発話者の分離を認めるとしても、そうなると、『わが出雲・わが鎮魂』あるいは『漂ふ舟　わが地獄めぐり』という「わが」という題名の「わが」は一体誰をさすのだろうか？　詩人入沢をさすのか、詩作品のなかの発話者をさすのかが曖昧になってきて、「わが」という言葉もまた安定した意味をもたず揺れ動きはじめる。このような曖昧さは『かりそらね』のうちの『偽記憶』にもあてはまる。題名からいえば、そこに描かれた少年の掌小説のような記憶はすべて虚構でもありうるし、反対に詩人の体験そのものかもしれない。この二重性とも曖昧ともいえる入沢の作品をひもとく読者は、その言葉の揺れになんとも船酔いのような居心地のわるさを経験する。

ただ、こうした曖昧さのなかでも言えそうなことは、この手法自体の探究が創造の原動力になっているとまでは断定できないのではないか、ということだ。つまり入沢が詩作品を「言語の構造」として捉え、よくあるような無自覚な「私詩」的感情の吐露を批評して、詩作品という言語による構造物を緻密に考察してきた詩人であることは確かだが、かといって詩人に詩を書かせる本当の動機なり創作力そのものは、そこにあるわけではなく、むしろトラウマの方なのではないかとわたしは推量している。

というのも初期の作品にあっては、方法の探究自体にある悪戯で快活な気分をともなうことはあったが、『牛の首のある三十の情景』（一九七九）のようなほとんど夢魔とさえ呼びたい生々し

いヴィジョンにふれたりすると、詩人が不吉な力に呑みこまれかねない心理的な経験をしている
に違いないと思えてくるからだ。なぜならトラウマがそれを持つ者（詩人）と、作品中の発話者
と別々に分け持たれているとは通常は考えられない。詩人がトラウマの力に抵抗しながら、必死
でそれを無力化あるいは誇張し言語に定着させようとする方法的な努力にもかかわらず、かえっ
てそのことでますますトラウマの深刻さがあからさまになってしまうという逆説的なあり方が、
入沢作品を読みとく上での難しさとなっている。

わたしにとってこうした入沢作品を読む難しさは戦後詩の歴史のなかで画期的となった作品
『わが出雲・わが鎮魂』から同じように島根を舞台にしているらしい『かりのそらね』のうち
『偽記憶』まで続いていて、その方法に目をみはればみはるほど、作品から感動という言葉でし
か言い表しようのない衝撃をもうひとつ受け損ねてしまうのだ。なぜだろうか？

その意味では『わが出雲・わが鎮魂』という詩集は題名もさることながら興味ぶかい例となろ
う。詩集の「あとがき」で入沢は述べている。

「本文と注とから成るこの『わが出雲・わが鎮魂』の制作は、私にとって、たしかに一つのオ
ペレーションであった。しかし、この全体を、詩作品と呼んでよいかどうかは、私にも判らな
い――というよりも、次に述べる理由で、これはおそらく詩作品ではあり得ないだろう」

詩人自身が読者より先回りして自己診断する言葉からもわかるように、そこには悪魔払いのような、あるいは言葉によって詩作する以前の、心中の創造行為そのものがより大切だったようだと見る詩人がいる。ことをはっきりさせるためにやや誇張して言えば、この創造行為の結果が言葉による詩作品として結実しようとしまいと、むしろ肝心なことは詩人の精神のなかで演じられた「オペレーション」あるいは「パフォーマンス」によるカタルシスそのものであったと詩人は言いたいのではないだろうか。

今一度、『わが出雲・わが鎮魂』にもどれば、この入沢自身が「オペレーション」と呼ぶ仕方によって成りたった作品は、その創造行為自体がポエジーであったと考えるほかなく、残された言語化された作品はその抜け殻にすぎないと言っても許されるだろう。これは言葉で詩を書くという行為が孕む根本的なパラドックスで、忘我的な熱中と自覚的な書くという行為のあいだには自己分裂の罅《ひび》が走ると言ってもよい。

わたしたち読者が、戦後現代詩にあって、この独創的な作品『わが出雲・わが鎮魂』と向かい合う時に感じる、ある歯痒さの感覚は、おそらく作品自体にひそむ出雲へのノスタルジーと、そんな出雲は存在しないという分裂した詩人の覚めた認識から生まれるのではあるまいか。ということは存在しない出雲を言語を駆使することで存在へと転換するという必死懸命の作業が「オペレーション」と言われるものではないのだろうか。出雲という入沢にとって愛憎の対象である産土を主題としながらも、それを表現する言葉は、時に寄せあつめの、時には引用でもあり、詩人の精神からは浮遊状態にあって、そこからもう一度出雲を再構築しなければならない。しかし、その結果は詩人自身が判定している。

やつめさす
出雲
よせあつめ　縫い合わされた国
つくられた神がたり
出雲
借りものの　まがいものの
出雲よ
さみなしにあわれ

と書かねばならなかった自覚的な詩人は、言葉という媒体によって再構築される出雲が、「借りもの」であり、「まがいもの」でしかなく、ついに「本物」の出雲にはなりえないという「オペレーション」の苦く皮肉な結果を掉尾に記さざるをえなかったというべきか。出雲という作品は表出されるまえにすべてが終わっている「宴の後」の淋しさを残す。比喩的にいえば、読者は燃えかすの灰から炎の激しさを推し量ることになり、だからこそ詩人は「これはおそらく詩作品ではあり得ないだろう」と書かないわけにはいかなかったのだ。

「考えてみれば、それもこれも、詩作品が言葉でできていること、そして言葉とは日常一般の生活においては主として伝達の手段として用いられること、という必ずしも同じ意図をもたない言語の性格から来ているわけだ」

現代詩の難解さについて書かれた「詩人の仕事」というエッセーからの引用である。ここからわかることは、すでに見たように詩作品は言葉の構造物であるがゆえの曖昧な性格をもち、またそれだからこそ可能性を孕む。つまり、一方にあっては言葉はちょうど貨幣のように手垢のついた意味伝達の記号として働くが、他方にあっては特有の美的機能（不在の対象を喚起するなど）をもっており、そのことから新たな意味や解釈を生み出すという二重性をもっている。そして、入沢は早い時点でこの言語観を詩作の前提としたと思われる。「ドガさん、詩はイデーによって書くものではありませんよ、言葉によって書くものですよ」と語ったというマラルメの有名な逸話を思い出すけれども、現代詩人でこの前提を疑う人はまずいないだろう。いやそれどころか、日本の伝統的な短詩形文学のなかでさえもこのことは早くから自覚されていた。

おそらく、詩作品が言葉の構造でできている、と自覚することは間違いなく詩人の創作態度の決定であり、詩人同士の差異をもつくる。なぜなら、詩人がこうした自覚をもつとき、避けがたく言葉という媒体《メディア》あるいは記号を対象化し客観的に分析する意識をもちはじめ、日常語という自然（慣習によって）から乳離れしてゆくことになるからである。

さて、ずいぶん回り道をしたようだが、入沢について語ろうとする場合には、いままで述べてきたように、詩人の言葉にたいする批評的態度を考えないわけにはゆかない。もちろん、その批評的な関係といっても、曖昧さを排除しきれない言葉の世界では他の詩人に比べればということだが、入沢の作品を近代詩あるいは現代詩一般から分かつものは、作品の主題ではなく（近代詩の大きな主題が故郷喪失とノスタルジアだとすれば、この詩人もまた同じ主題を共有している）、言葉の記号性に早くから注目して、その美的機能を虚のために、あるいは不在のために、積極的に利用できた点ではないかと思われる。実際、第一詩集からすでに、こうした言葉との批評的な関係、そこから生まれる詩作品の機能への関心、さらには作品と詩人との関係が意識されていたことが窺われる。

さらに加えて、すでにふれたことだが、もうひとつの問題がある。入沢は詩作品のなかの発話者が、作者その人とは区別されなければならないことを執拗に説いた。最終的には詩人と発話者はあいまいな相互依存的な関係になると主張をやわらげているが、これまたきわめて悩ましい問いなので、そのためには近代詩史・現代詩史における画期的な『詩の構造についての覚え書――

ぼくの《詩作品入門》（一九六八）を検討の対象としなければならない。この「ぼくの《詩作品入門》」という《 》で括られる意味深長な副題をもつ考察は、詩の構造性について今日読み返してみても西脇順三郎の昭和四年に上梓された『超現実主義詩論』とともに現代詩のあり方を考えさせる優れた詩論だと思われる。

「「構造」という言葉は、ただちに「構築」という言葉を連想させ、そこから「つくりもの」という観念を呼びおこす。この「つくりもの」という観念が、どうも日本人の心性には「うさんくさいもの」というふうに受けとられがちだったのではあるまいか。そして、詩人や詩の読者、批評家の心にも、この「うさんくさい」という感じ方はひそかに生きていて、それが、詩の構造というような事をとかく等閑に付して来る原因になったのではないだろうか」

こうした『覚え書』の背景となるものは、とりわけ抒情詩を中心とする近代詩の素朴な（というより言葉にたいする無自覚な）構造をもった詩作品への批判や、詩概念が混乱しはじめた口語自由詩の登場以来の歴史を踏まえている。手短かにいえば、詩＝韻文という伝統的な形式をそなえていなくとも、ポエジーは成立すると散文詩がおしえたことで、詩語や文体がさらに口語をベースにすることで、かえって詩《ポエジー》とは何かという問いが自覚的な詩人たちの頭をなやますことになった。（ちなみにフランス語が対象であるけれども、ジャン・コーアンの『詩的言語の構造』

によれば「口語は性格上散文である」としている）そして、この問いにたいしてふかく頭を悩まし、『青猫』の後書で詩の形式について書いた朔太郎は詩論においては「横笛の響き」であるとか、西脇の超自然的な「情緒／驚異」といったような作品の内容によって詩と非詩をなんとか区別・定義しようとするような試みが近代詩人たちによってさまざまになされてきた。さらに戦後の『マチネ・ポエティック』の詩人たちのように定型をもった構造（例えば詩節の行数、脚韻の形式など）をフランス詩型にならって移入し、詩の性格を得ようとした。

それにたいして入沢の『覚え書』の画期的なところは、言語の記号性を検討することで、詩作品は「表現」ではないこと、作者と詩作品のなかの発話者は同一ではないことをはっきりさせたところにあった。作者の「私」性をカッコに入れ、詩人はむしろ言葉の批評的な演出者の立場にたつ。そのことで、詩人は「虚」を生み出す言葉の自由と記号性を手にいれるのである。十年後、入沢自身が『覚え書』について次のように述懐している。

「いま、十年が経つて、あのときあんなに性急なまでに私を衝き動かしてゐたものが何だつたかと振返つて見ると、それは結局、当時においてはまだほぼ一般的に信じられてゐた「作者↓作品↓読者」の天下り的一方交通の考へ方に対して、何としても疑問符を貼り付けたいといふ欲求に他ならなかつた。作者が作り、読者が受け取るといふ安直な図式が、その時までの体験によつて、しだいに信じられなくなつてゐたのである」

（『詩的関係についての覚え書』一九七八）

あるいは、

「私があの時、ぜひ言はねばならなかつたのは、詮じつめれば、「詩の作品中で一人称で語つてゐる人物（作者によつて仮構された人物）と作者を混同してはならない」といふ一点につきてゐたのであり、その他はすべてなくもがなだつたとさへ思ふ」

（同一三ページ）

『詩の構造についての覚え書』の肝要な点は、詩が内容でもなければ形式的な規則でもなく、言葉の関係性そのもののなかに存在している、という主張である。理論的には無限ともいえる組合わせをもつ関係性そのものを詩の構造と考える入沢の立場は、当然ながら、「真実」を吐露する（と思われる）言葉が感詩人のものだと思う立場とは大きく隔たる。けれども、そうは言うものの、詩作品にピューリタン的とでも言えそうな「真実」を求めようとする一般的な読者の傾向は詩人の側にも読者の側にも常に、そして今でも存在している。詩は「述志」だというような伝統的な見方にも、詩は「真実」を表現するものだという考えがあるからで、入沢とてもこの「真実」そのものを否定しないだろうし、かりにそれが詩の主題であったとしてもかまわない。力点が置かれているのは、作者と、作品のなかの「私」あるいは「発話者」とは私小説のようにただちに同一人物ではありえない／あるいはある必要はない、ということである。『覚え書』にあげられた与謝野寛の「誠之助の死」についての分析が以上のことをよく示している。

大石誠之助は死にました、
いい気味な、
機械に挟まれて死にました。
……………………
有ることか、無いことか、
神様を最初に無視した誠之助、
大逆無道の誠之助。

ほんとにま、皆さん、いい気味な、
その誠之助が死にました。

この詩を読めばわかるように、大石誠之助を「いい気味な」とする詩のなかの発話者と作者の与謝野寛を同一視することはできないのは誰の目にも明らかだろう。むしろ架空の発話者を導入することで、作者与謝野は自分の考えとは反対のことを言わせることができる。つまり作品のなかの発話者は、あくまで詩の構造の中でのみ成り立っている。このことは入沢がエリオットの「J・アルフレッド・プルーフロックの恋歌」を引用して、作者が中年男の恋を書いた時には若い青年だったことを言っていることでもある。

入沢がこの点について執拗に主張しなければならなかったのは、やはり日本近代文学における作品中の「私」と作者をほとんど当然のように同一視する自然主義的前提に楔を打ち込みたかったからではないかと想像される。

しかし、この問題は実はかなりやっかいである。これまでの流れからして、詩人と作品中の発話者が同じではないと言える。しかし、今引用した与謝野寛の詩は実際には書いた本人の名前があり、その本人が作中のような意見をもつはずがないと考える読者には有効に機能するだろうか。詩人と作品中の発話者は同一ではないという入沢の理論が、読者の無自覚な両者の同一視ないし混同を批判する点では有効ではあるが、むしろこの理論は明らかに物語、戯曲、小説といったジャンルにふさわしいはずだ。シェークスピアとハムレットやマクベスを同一視する観客はいないだろう。

しかし、「おう又吹きつのるあめかぜ／外套の襟を立てて横しぶきのこの雨にぬれながら、あなたを見上げてゐるのはわたくしです。／毎日一度はきつとここへ来るわたくしです。／あの日本人です」という高村光太郎の詩を読んで、言語学的には光太郎と「わたくし」は別だとしても、読者はまちがいなく詩人と発話者とを同一視するだろう。これが普通の読み方であって、詩というものが好むと好まないとにかかわらず「私性」に結びついているのでないだろうか。
入沢は『詩の構造についての覚え書……』の後半部で、詩人と作品中の発話者は「相互に依存的」でもあると主張をやわらげているが、この入沢理論が有効に機能するのは戯曲や小説的な散文の世界なのではないだろうか。事実、入沢の生み出してきた詩の世界は「物語」の世界ではなかったか。そこには同じような構造によって繰り返される単純な当時の詩作品への入沢の不満や批判があったと見るべきものだろう。ただ、それにしても入沢はなぜ「偽」という語をつけるのだろうか？この「偽」という言葉は、当然ながらその対概念として「真」の存在を予想させる。

こうした詩人の分析的な性格をよりわかりやすく言い換えれば、一作品を前にした読者のあり方を想定してみればよい。読者は、作品という言葉の集積をまえにして、日本語の慣習化された（それゆえ自然に感じられる）文法コードにしたがって、その作品を解読、ないし解釈しようと試みるだろう。けれども、詩という作品は散文とはことなり、しばしば文法の上でも語彙の上でも通常のコードだけでは理解や意味がとれない逸脱が含まれていることが多い。そのため、文法や文体、語彙、それらによって成り立つ詩という言葉の構造に向かいあって、読者は新しいコードをさがしたり、自らつくり出さざるをえないという批評的でもあり創造的でもある読みを求められる。あえて言えば、これはロールシャッハ・テストのイメージをどう解釈し言葉を与えるかという行為と似ている。読者は既存のコードによる解読が不可能であると知って、創造的な行為

＝解釈へと踏み出すことなのではないだろうか？

実のところ、こうしたプロセスはすこしでも書くことに自覚的な人であれば、常に書き手のなかでも起こっていることなのだ。書き手は同時に自分のうちに読者を持つ。推敲という行為はまさにその詩人のなかに共存する書き手と読み手の共同作業なのだ。ただ入沢の詩作行為が他の詩人と異なるのは、この書き手と読み手の関係がきわめて緊張度のたかいものであって、常にその両者が相手を呑み込みかねないほどの相拮抗した力を保持しているということであろう、と思われる。

以上のようなあり方が、入沢の場合、言葉によって独特なイメージを連ねるときでさえも、言葉の質感には、言葉が名指している事物のもつ具体性ではなく、記号としての非現実（あるいは抽象性）的な正確さを感じさせるのである。言葉をオブジェとみなして審美的に詩の素材とするのではなく、記号としての言葉だけが喚起するイメージを記述するところから生まれる質感なのである。

実際、言葉をオブジェとして扱うというある種の詩法は、言葉のシニフィエ（意味するもの）を具体的な実体そのもののようにオブジェとして扱うやり方で、すこし考えてみればこれは言葉の通念となった意味／イメージによりかかった保守的な態度であるといえる。

これに反して、入沢の作品の特徴となっているのは、言葉という記号表現（シニフィアンといってもよいだろう）が喚起するイメージの正確さだと言えそうである。この意味で入沢の作品は観念的《コンセプチユエル》である。

こうした入沢の言葉の質が、このエッセイの冒頭で述べたようにある秘められたトラウマに由来するものなのか、言葉の機能を熟慮した結果から生まれたものなのかを問う必要はないだろう。むしろ現実の「私」や「情念」を一旦捨てて、言葉で仮想された作品という世界で今一度「私」や「情念」を再獲得する試みがこの詩人にとっては自己回復の道であったように思われる。このような詩人の精神のあり方は、同時に詩人内部に分裂的な要素を抱えてしまうという「倖せ」と「不倖せ」をもたらしたにちがいない。

わかりやすい例として、処女詩集のなかでも有名な「失題詩篇」を挙げれば、「心中しようと二人でくれば／ジャンジャカ　ワイワイ……」という何とも滑稽で乾いた詩句をユーモアとしてのみ解釈することは入沢の詩作の方法から考えてできないはずである。むしろこの詩句の背後には、文字通り悲劇的な経験がひそんでいて、ただ、それを私小説風に素朴に記述するのではなくて、この詩のなかの「山」（これが詩人の意識であろう）という視点から自己を客観化しつくしたあげくの滑稽と解釈すべきであろう。そして、時としては自己客観化できる余裕がかえって若々しい幸福感をもたらして、ハイカラでノスタルジックな光景と戯れることができたのが初期の詩篇群の特徴だった。つまり自己が絶対ではなく相対化され、何かがすでに終わった、という意識のなせる結果なのである。

昔、わたしを導いた神々も
多くはすでに古びてしまった
死のことや　愛のことを
藪の赤い実のように唄うには時がたちすぎている。

このような現状認識は、詩が栄光でありそのまま人の暮しである、という神話的なあるいは幻想的な時代はとうの昔に終わり、詩人が自らを「遅れてきた者」として位置づける言葉なのだ。やや大げさに言えば、ハイデガーのヘルダーリン論にみられるように、現代の詩人（いやむしろ「詩人という存在」はといった方がよいのかもしれない）はおしなべてポエジーの楽園がすでに終わってしまっているというアイロニカルな意識の持ち主であって、詩作を「天分による（sui generis)」作業と思い得たロマン主義的な立場と対峙している。

この認識は、すでに西脇順三郎にもみられ、そこから詩のスタイルに散文性《プロザイズム》にもとめるという道が開かれたと言ってもよいだろう。そして入沢の場合は、散文もどきの記述性を批評的に利用しながら、「私」を「架空のオペラ」として、詩を「構築」するという一層ラディカルな方法へ歩んだのである。たとえてみれば、「神」が音声記号としての「カミ」になって、意味内容を失った「カミ」からふたたび「神」がよみがえるかどうか、という賭けにちかい方法が入沢の現代性なのである。

こうした詩の言葉にたいする批評的姿勢は、入沢の場合、言葉の記述する機能に注目して『覚え書』の中心的なテーマである「擬物語」に結びつけている。

これは詩的フィクションの可能性を追求することで、言葉をごく普通の語法で用いながら（つまり素知らぬ顔で）非日常的な仮想の領域を展開してみせることである。作品としては『ランゲルハンス氏の島』（一九六二）がその試みだろう。散文のもつ一見確実に見えるリアリティを逆用して謎めいた大人の童話にちかい島での生活を記述した作品である。初期の作品群にみられるユーモアや洒脱な感覚はそこでも生きていて、抒情の吐露や「述志」といった旧来の詩とはほど遠い作品なのである。にもかかわらず、この入沢の作品もまた詩としか呼べない作品なので、近代詩的な常識からすれば稀有な詩人の出現であった。そして、おそらく現代詩における記述的な文体（プロザイズムといって良いだろう）は入沢をひとつの源流としているのではないだろうか。

『覚え書』における綿密な詩の構造への考察は詩の可能性を広げるという意味ではたしかに画期的なもので、媒体としての言葉の審美的な機能や、「私性」の排除あるいは隠蔽への注目は卓越したものであった。にもかかわらず、これですべてが終わったわけではないのだ。たしかに、「私性」を消すような詩的仮想＝作品を考えることはできる。けれども、わたしたちは「私性」のない精神、「私性」というアイデンティティをもたない精神や、「私性」の刻印をもたない非人称的な作品が現実にあり得るとは思われない。

おそらく問題はこうなのであろう。「私性」を相対化しうる精神は既存の言葉と容易に一体化して他者となり、そこからあらためて「私性」を再構築するという手間暇かかる創造の回り道が要求されるということではないだろうか。それは詩が終わった時代に生きる文明の詩人が、詩を取り戻すための逆説的な行為なのではないだろうか？　そこにパロディーや引用、換骨奪胎といった伝統や過去を負った手法の存在理由があろう。自らの言葉はもはや自らの言葉ではありえないという痛み深い自覚があればこそ、自らの言葉＝「私性」をあらためてさがす道が始まる。入沢の『覚え書』が示唆する擬物語、また作者と詩作品の中で発話する者との関係などの考察が重要なのは、こうしたまさに詩の置かれた状況への自覚にあると言ってもよいように思う。

さて、こうした詩についての理論と実際の作品の仕上がりとがかならずしも一致するわけではないが、入沢の作品には、媒体としての言葉＝記号がどのようにポエジーを醸しだすかを深く考えてきた詩人ならではの特別な質をもっているのは確かである。たとえば『死者たちの群がる風景』では、詩人は死者たちに立ちまじって、いや、死を言葉によってよみがえらせながら、ある謎めいた悲劇を歌いつくそうとしている。ここで驚かされるのは、このエッセイの冒頭で述べた「失われた母」という記憶（「母は私が十二の時に死んだ」）であり、同時に出雲という入沢にとっては根深い原風景であり、こうした主題の執拗さにはどこか常軌を逸したものがある。そしてこれは入沢の個人的トラウマそのものである。けれども、同時にこの私的要素は、言葉、同じ運命をもつ文人の記憶、あるいは出雲にまつわる荒ぶる神の伝説といった鏡をとおして増幅される結果、私的ではありながら詩人に共通の運命として普遍化され展開されている。そして、こうした手法こそが『死者たちの群がる風景』に複合的な構造をもたらしているもので、かつて失われたものを言葉という媒体によって取り戻そうとする悲劇的な作業こそが入沢の務めとなってゆくのである。

死者たちが、私の目をとほして
湖の夕映えを眺めてゐる。
涙してゐる。
あの猿の尻のやうなまつ赤な雲を見て、
たまには笑へ、死者よ、死者よ。

ここで詩人は宍道湖を眺め失われた国に住む死者たちと親しく、むしろ現に生きている者からは遠い、という流離の主題がはっきりと（あるいは正直に）現れている。そして、入沢の言葉との関係もまた、この流離という現在とのズレ（現れとしては旧かな）を共有しているのではないだろうか。詩集『駱駝譜』（一九八一）のあとがきに、「ところで、これら〈狂詩〉は、これまた作品に勝手な存念では単なる〈言語遊戯〉や〈知的遊戯〉ではなくて、一篇のこらず胸かきむしる「悲劇」であるのだけれども……」と作品の表面しか読まない読者に間違えないでほしいと婉曲に語っているのも同じ事情によると思われる。言い換えれば、「いかに書くべきか」という意識的な作詩法の探究にもかかわらず、故郷喪失《ハイマートロス》の情念にきわめて素直に揺り動かされている詩人がいる。そうした面から言えば、入沢の占める詩史上の位置は、明治以降の近代詩の大きな主題、故郷喪失を共有するけれども、その主題を自覚的にあつかうという私性をカッコに入れた書き方によって、その近代詩の詩法の反語的な帰結と言えるのではないだろうか？

わたしたち読者が、戦後現代詩にあって、この独創的な作品と向かい合う時に感じられる、ある歯痒さの感覚は、おそらく作品自体にひそむこの強いノスタルジーの情念とさめた自意識という分裂に起因するのではあるまいか。結果的に、ときに言葉はあまりにも意識の明るさに曝されることで、陰影を失っているように見えるのも、すべてのオペレーションがコンセプチュエルな次元で展開されているためではないだろうか。出雲という入沢にとって愛憎の対象である故郷を主題としながらも、それを提示する言葉はあえて言えば根をもたない浮遊状態にある記号となっている。

しかし、こうした自覚をたんに入沢康夫に固有の認識ということはできず、ある「意地悪さ」なくしてポエジーを思うことができないという状況こそが、聖なるものが姿を隠した時代の悲劇的な特徴であり、そこに生きる詩人に狂おしい内面の亀裂をもたらすものではないだろうか。

（二〇一五年四月）

追悼　飯島耕一さんの思い出

（以下は、二〇一四年九月十四日神奈川近代文学館で行われた「飯島耕一の詩の魅力を語る」で話す予定であったものを、急病により欠席したため、文章化したものである――筆者）

二〇〇六年、飯島耕一さんの最後の詩集『アメリカ』について次のような書評を書く機会があった。

飯島耕一の最新詩集『アメリカ』を読んだ。

正確には何回かゆっくり熟読した。後書によると齢七十歳半ばに達したという（信じがたい！）飯島はわたしにとっては定型問題もふくめて常にいろいろ考えさせてくれる詩人だ。その上、こうして書評を書くことにもなったのでますますゆっくり熟読した。飯島の詩集を書評するのは『ゴヤのファースト・ネームは』以来二度目である。

さて、『アメリカ』という詩集であるが、最初に気づくのは飯島独特の作詩法が健在だということだった。たとえば、

「コルトレーンの　悲鳴が／この蒸し暑い九月の朝に／もっともよく似合うのは　なぜか」

「コルトレーンの九月」という詩の第二連。ここでコルトレーンという名前が登場する。詩集冒頭の「ヘルペス病中吟」の場合はヘルダーリンだった。そして、こうした名前にそうように、「わたし」の場が平行して同時に展開する。飯島の作品にはこうした二重、ときとしては三重の場面が同時進行するという構造をもつものが多く、その場合の多重構造は「わたし」という存在とその「わたし」が思う人物（おもに芸術家）のエピソードや言葉で構成されている。その意外性をもった対置こそが飯島の基本的な修辞で、今回の詩集もまたこうした作詩法による作品が多い。

そんなわけで多くの人名が、それも芸術家の名前が頻発する。ソニー・ロリンズ、バド・パウエル、マイルス・デイビス、セロニアス・モンクなどモダン・ジャズのヒーローたちかと思えば、ヘミングウェイ、スタインベック、フォークナーといった小説家、メキシコの超現実主義者ヴィフレド・ラム、さらには荻生徂徠や伊沢蘭軒など江戸の儒者たちの名前である。まさに飯島の連想は東西をこえ時代をこえて跳躍する。ただ、これらの固有名はかならずしも伝記的な事実を伝えているわけではなく（そうした途端に散文的記述になるだろう）、詩のなかで呼びかける象徴的な相手として登場する。飯島という詩人の並外れた思い入れる力には感嘆する他はない。ここに飯島の詩魂がある。

初めから飯島作品の修辞的な特徴を書いた。けれども、この詩集の重要な通奏低音はあきらかに危機の意識である。詩人自身が後書で「戦後詩の最終ランナー」かもしれないと自覚するある見切りの気分、それに加えて同時代への批評ということになるだろうか。この詩集に丁寧な栞を寄せている新倉俊一は、飯島の詩は修辞をこえた「毒草のような刺激」を与えると書いているが、たしかにかなり直截な現代への批判が見られる。

この危機の意識は詩人自身の老いもあろう。だが、危機はむしろ衰弱する現代日本社会の虚しさとそれに対する怒りだろう。これに共感する人は少なくないと思う。これは何も日本だけではない。詩集の題名にもなっているアメリカでも同じなのだ。

そこで詩として呼びおこされるのは、生気にみちた五十年代から六十年代にかけてのモダン・ジャズのプレイヤーたちであったり、キューバのヘミングウェイであったり、驚くことにヴードゥー教の狂熱の世界だったりする。こうした芸術家たちのエピソードを折りこみながら、飯島は病みあがりから力を獲得するプロセス、静から動へ転換してゆくみずみずしく詩が甦るプロセス、命とリビドーの復活を願っているのであろうか。実際、この詩集からは詩が吹きあがってくるような印象がある。

そんな例を引用したい。ただ小さな物語ふうになっている詩篇から断片だけを引用しても充分伝わらないのではないかと恐れるが、たとえば「陰気なマレンボ」よりヴィフレド・ラムの絵に触発された詩句を引用する。

人間は植物
植物は人間

馬は植物
植物は馬
(中略)
詩をつくるってことの　底の底には
みどりの　汁の
肉的欲望が　渦巻いている

どんな老年の詩人であろうと
言葉で　もう一度
この森羅万象と　取引しようというのだもの

わざわざ横浜桜木町まで見にいったラム展覧会の印象から生まれたこの詩の文体がいかに口語

的であるか。またいかに戦後詩らしい言葉の性格をもっていることか。飯島は今なお現実に近いところで戦っているのだと思う。『他人の空』から随分と遠くまで詩人は歩いてきたのだ。

この詩集で意外な人物に思えたのは江戸時代の儒者たちだ。詩の雑誌「ミッドナイト・プレス」に連載された「白紵歌」というこれまた時空を飛びこえる連想ゆたかな小説に登場した儒者たちがこの詩集にも出現する。「荻生徂徠　走る」というような詩である。飯島は江戸の俳人や漢詩人に詳しく四方赤良ふう諧謔の擁護者であることも知られているので、徂徠が登場しても一向におかしくない。ただ、詩集全体の文脈からみて、荻生徂徠の役割は何であったのかと思う。この意外性がこの詩集の幅というか、動きを与えているのは確かなのだが、わたしにはすこしわかりにくく思われた。飯島の連想の跳躍力が、あたかも走る徂徠のように大股なのだ。

詩集の題名は「アメリカ」だ。そして、この題はとても同時代的だ。この数年、ネグリなどの『帝国』論などからアメリカについては帝国というキイワードで語られることが多かったからである。ただ、この詩集でいうアメリカは、詩人の記憶にまつわる現代文化の担い手であった六十年前後のアメリカと、その輝かしさを失った「武器の谷」アメリカのことである。詩集最後の詩では突然、アメリカという言葉から鮎川信夫の未完の詩「アメリカ」が想起されている。この場合のアメリカはいまだ発見されざる「アメリカ＝新しい自由の国」を意味している。これはいまだ獲得されていない自由の精神と戦後詩の原点への連帯を暗示するものであろうか？

飯島の言葉がアクション・ペインティングのように踊り、賑やかな（でもちょっと寂しい）詩集となっている。詩人が現代と戦いながら詩（戦後詩と言わずとも）を擁護しようとする、その軌跡がこの詩集だと思う。飯島という詩人は現役なのである。

「すべてがマス・メディアのなかで芸能化し、かたや多様化するサブカルチャーに埋めつくされる時代、そのなかで詩はひっそり生きのびる絶滅種のような存在でしかないかもしれない。しかし、詩には人の存在にかかわる一切がひそんでいる。詩的な感受性が荒廃することは、結局はひとつの文化と言葉が荒廃すること、人心の貧困が始まることであるとはわたしは思う。飯島耕一の詩集はこうした時代への詩の抵抗だと思う」

（詩の雑誌「ミッドナイト・プレス」春号二七号）

読売文学賞の対象となったこの『アメリカ』についての書評が掲載された数日後、思いがけなく飯島さんから一枚の葉書が春日井市の勤め先に舞いこんだ。書評についての感想だったが、最後に「いつまでもニースを思い出します。私は四十歳、君は一体いくつだったのか!!」と書かれてあった。ああ、良かった、と胸を撫でおろしたものだ。飯島さんとすごした南仏ニースの夏は私にとっても懐かしい。ちょうど三十歳をこえたばかりの修業時代だった。

そもそもどのような縁で飯島さんと出会ったのか、思いだそうとしても過去は霧のなかだ。しかし、はっきり覚えているのは、数年フランスへ修業にゆく直前の一九六九年夏、同人誌『ドラムカン』十四号で当番の吉増剛造の主張だったと記憶するが、同人仲間で評判の高かった飯島さんをゲストとして寄稿してもらうことになった。幸いにして快諾して下さった飯島さんから四連の長い詩「朝日がのぼる」が送られてきた。

そのすぐ後、私はニース大学へ旅立ち学生寮に落ちついたが、しばらくすると飯島さんが休暇を取られてフランスに滞在されることを知った。そして、一年後の一九七〇年夏、ニースですこし長く滞在したいので手頃な貸家でもないだろうか、という連絡が入った。

当時、ニースに在住する日本人は数人しかいなかったが、そのうちの一人を紹介され相談した。するとまことに運よくこの方の伝手で、ニースの天使の湾（ベ・デ・ザンジュ）を眼下に一望できる丘の葡萄畑に、ひとり住まいにはまさに打ってつけの物件、ダイニングと寝室のある石造りの平屋を借りることができた。台所も、小さなテラスもあり、いかにも瀟洒な夕涼み用の離れといった家だった。

遠路はるばるニースに来られた飯島さんもすっかり気に入って下さり、そこを拠点に一ヶ月弱滞在された。ただ、海岸ぞいの中心街から離れた高い丘の傾斜地だったので、バスもあまり通わず、買い物の便もわるい。そこで夏休み中で、中古車をもっていた私が一緒に定期的に買い物のお手伝いをすることとし、旧市街の市場や空港ちかくの巨大な屋内モール（これはル・クレジオの『物質的恍惚』の舞台）へ通ったものだ。

しかし、何と言ってももっとも印象深かったのは飯島さんその人であった。飯島さんは目をくりくりさせて、屈託なくよく笑う実に楽しい人で、今でも呵々大笑の声が耳に残っている。そんな飯島さんが私にはいかにも詩人にみえた。たしかに詩人というのは詩を作るから詩人なのだが、「詩人という人種がいる」と思わせるような人物にときとして出会う。飯島さんはそんな人柄だった。この印象はおそらく多くの人々の記憶に分け持たれているにちがいなく、この人は大学の先生ではあるけれど構えたところのない人だと思った。たしかに飯島さんには「定型論」に見られるように論争をいとわない手厳しい批判精神や文学観をもたれていたのは事実だが、そんな時でもどこか大らかなところがあった。

ニースには結構いろいろ観るものがある。シャガールやマチスの絵、マルタン・デュ・ガールの墓もある。おまけに飯島さんが評伝を書かれた若いころのアポリネールの住んだ街、後に興味をもたれることになる「反動思想家」ジョゼフ・ド・メーストルの祖先が住んだところでもある。そこで気が向くと、石壁に囲まれた村サン・ポール・ド・ヴァンスとか、東のフェラ岬やモナコの方へも遊びにいった記憶がある。南仏の太陽、葡萄畑、コルシカ島へ青い空と海とを割って出航する白い定期船、そんな底ぬけに明るい風光は、岡山出身の飯島さんにはどこか瀬戸内海とかさなるところがあったのかもしれない。

近隣のカンヌへ行ったときのことだ。クロワゼットという海岸通りから渚におりると、海の家がたくさん並んでいる。そこで水瓜が食べられるのを見て、私たちはデッキチェアに座り、水瓜を注文した。しばらくするとギャルソンが大きく割った水瓜をもってきたので、パラソルの陰で食べ始めた。すると突然、飯島さんがギャルソンを呼んだ。何事かと見ていると、「塩をお願い！」と詩人は注文したのだ。ところがギャルソンは「エ？　何で？」と怪訝そうに聞く。フランスには水瓜に塩をかける習慣はない。「いやあ、塩をかけると甘くなるのだ」と詩人が笑いながら答えると、目をまるくしたギャルソンは、それでも塩を持って来てくれた。このやりとりをみて、ああ、飯島さんは天衣無縫にフランス滞在を楽しんでいるな、と安心したものだった。

天衣無縫といえば、飯島さんのスペイン旅行である。「ちょっと知り合いと旅行してくる」といって、「長いスペインへの弥次喜多の旅に出発した（『アメリカ』より）」。帰ってくると飯島さんがちょっと興奮気味に「ジプシーと踊っちゃったよ」と嬉しそうに言う。本当に呆れた。バルセロナかマドリッドあたりでフラメンコでも見に行って一緒に踊ったのであろう、なんと素晴しい旅行者であることか、こんな日本人はいないな、と思った。また詩集『アメリカ』からはバルセロナで闘牛を見に行ったこともわかる。故国での束縛から解放され詩人本来の自由な魂が躍りでたのであろう、飯島さんにはどこかラテン的な気質があった。

しかし、解放された詩人の魂は帰国後、閉ざされたことを風の便りに聞いた。そして、そこからの長い回復期に書かれたのが詩集『ゴヤのファースト・ネームは』で、一読その瑞々しさに感銘した私は「三田文学」に書評を書いた。この詩集には、あきらかに詩「サン＝ポール・ド・ヴァンス」のように南仏滞在から生まれた作品が収録されているばかりか、飯島詩の構造のすべてが出ている。水底から浮かび上がるように回復する命とともに、果実のようにもぎたての衒いのない詩がわき上がっているからだ。

一九七三年に帰国したものの私は無職で、飯島さんが勤めていた明治大学の非常勤講師の口を紹介してくださった。ほどなくして、ある夕方、近くの居酒屋で御馳走になったが、その時の言葉は今も強く覚えている。「君は、意識を失うくらい酔ったことあるの?」と詩人は尋ねた。私があまり飲まないのを見ていたからだろう。戦後派の文学者たちが渋谷近辺で安い酒を飲みながら実存主義だ、マルクス主義だと侃々諤々の議論をしていたという話を先輩の仏文関係者から聞いていたので、飯島さんもそうした世代に近いのかな、と思ったものだった。「いや、ないですね」と答えると、「そうか」とちょっと残念そうであった。そのくらい飲まないと詩人の資格なし、と超現実主義に傾倒した飯島さんは思っていたのかもしれないが、「シュールレアリスムといっても駄目なものは駄目なんだよ」と詩人はきっぱり言われたことも覚えている。

ふたたびフランスで飯島さんと過ごす日々がめぐって来たのは一九八二〜四年の今度はパリ滞在中のことであった。私はさきにモンパルナス駅の裏あたりの質素なアパルトマンに住んだが、ソルボンヌ近くのホテルに滞在した飯島さんが時々お風呂に入りに来られたり、作品の仏語訳を一緒に点検したり、仏人の詩人を訪ねたりした。さすがパリは人の往来のはげしい都会なので、ニースほどの頻繁なお付き合いにはならなかったが、会えばいつも楽しい人であった。

最後に飯島さんと過ごした貴重な時間は、一九八四年十月二十四日、オクタビオ・パス夫妻が来日したさい、草月が飯島さんとの対談をある料亭で企画した時のことだ。そこで、補助の通訳として引っぱりだされたのだったが、パスの強烈なスペイン語なまりのフランス語にはすっかりまいってしまった。

　こうした余裕のある楽しいお付き合いをできる日々が、それ以降、私の方でなくなった。多忙な日々と外国滞在が続くことになったからである。最後にお電話したのは帰国した二〇〇二年の二月、しかし、ご都合が悪く、五月の連休明けに会おうということだったが、かなわず、その後、私は春日井市へ赴任してしまった。お会いできなかったことが今になっても悔やまれてならない。

　恒常的なお付き合いはできなかったが、飯島さんの作品を読んできていつも思うのは、到底足下にもおよばないその多産ぶりである。六〇年代から七〇年代にかけて多産な詩人は多いが、飯島さんもその一人だと思う。詩集だけではなく、ある時期、近代詩史をたどり直されているような白秋論や朔太郎論、西脇論などがあり、そこから当然、現代詩のアポリアとも言うべき定型問題とその論争、そして九鬼周造の『文藝論』への関心、さらには江戸俳諧、また小説、などとその幅広さと健筆ぶりはただ驚きのひと言につきる。シュールレアリスムも芭蕉も乗りこえて行くまことに自由な詩魂の持ち主だった。

　しかし、飯島さんの多面にわたる執筆活動のなかで私がとくに注目することになったのは、バルザックから触発されたフランス十八世紀後半と十九世紀前半の神秘主義についての論考だったのだ。日本ではあまり知られていないこの領域に一九九〇年あたりから興味を持たれていたようで、一九九三年『バルザック随想』第二章には早くもジョゼフ・ド・メーストルへの言及が見られる。ところが、そのころの私は人生でももっとも多忙な日夜をすごしていて、ゆっくり目をとおすことはできなかった。その後、二〇〇五年十一月二百部限定の私家版で発刊された『試論バルザック、ボードレールと、十八世紀フランスのいわゆる「反動思想家」及び「神秘主義」とのかかわりについて』という何編かの調査をまとめられた論集を送って下さったとき、その執筆の動機を読んで瞠目したのだった。

「わたしはかねがね、どうしてバルザックやボードレールのような真の文学者は、しばしば民主主義的であるよりは、メーストルのような言わば偉大な「反動主義者」(たとえば元京大の桑原武夫の研究グループから見ての)や、スウェーデンボルグやサン=マルタンのような神秘主義の人の影響を色濃く受けているのかを謎だと思って来た。これは文学的な難問の一つであって、戦後民主主義の誕生を六十年前、十五歳にして経験したわたしも、もう少しこの謎を考えてみたいと思っている。故齋藤［磯雄］先生も早くからメーストルに注目しておられた」［ ］内、引用者

ここで問題になっているのは、フランス革命の自由、博愛、平等とか、ルソーの「人は生まれながらにして自由である」といった今では常識にちかい近代の普遍的な原理に対して異をとなえた反動思想家メーストル、非カトリック的な神秘主義の思想家スウェーデンボルグ、進歩や自然

科学的な世界観に批判的なテオゾフ（接神論者）と呼ばれた人々のことである。
それではなぜ私が瞠目したかというと、「戦後詩の最終ランナー」と自らを位置づけられていた飯島さんはむしろ前衛芸術の方に目を向け、こうしたいささかおどろおどろした、しかも今では遠い十九世紀前半に関心をもたれているとは予想もしていなかったからだ。戦後日本の超現実主義の担い手の一人であった詩人が？　という思いも正直あった。

しかし、バルザックを熟読していた詩人は、『ルイ・ランベール』、『セラフィタ』、『絶対の探求』、傑作『あら皮』など「哲学小説」に分類される作品群にはスウェーデンボルグやサン・マルタンなどの神秘主義の影響や、テオゾフと呼ばれ古代エジプトの信仰やギリシャのピタゴラスを復活させようとしたファーブル・ドリヴェ、ボードレールの「万物照応（コレスポンダンス）」に影響を与えた神秘主義の詩人エリファス・レヴィ（アルフォンス・ルイ・コンスタン）のことなどを知っておられたのである。その上、二十世紀に超現実主義を率いたアンドレ・ブルトンにはテオゾフへの関心があり、むしろロマン主義的であることを思えば、テオゾフにつなぐ糸は細くはなかったのだ。

飯島さんは、専門家の少ないこの分野にもかかわらず、私家版をとおして西欧の啓蒙主義の裏に隠れている反近代の論客やテオゾフの系列を詳しくたどり、「真の文学者」が「いわゆる『反動思想家』云々」の影響を受けるという謎を解こうと広く文献を渉猟されていた。私は一驚した。
そして、同じ私家版で飯島さんはこの「文学的な難問」の例をパリのサン＝シュルピス教会を訪ねたときに実感し、こんな風に書き残している。

「日本にいて文字の上で反カトリックとか、シュールレアリスムは反キリスト教、とかの文句を並べるのはいとも容易なことだが、現物のカテドラルというものの威圧感はいかにも重い。好きとか嫌い以前の問題としてである。

この時、その重さを身体的に感じたのはバルザックに深入りしていたせいもあったと思われてならない。われわれ日本人の宗教心は至って淡いのである」

飯島さんの受けたこの衝撃は、戦前に高村光太郎がノートル・ダム・ド・パリ教会を前にしたときの感動でもあったと思うし、西欧の文明／文化を真正面から考えようとする時に、ほぼ異教徒といって良い現代日本人が突きあたる高い壁でもあると思う。カテドラルを美しいステンドグラスの入った建築として眺めるだけならまだしも、そうした伽藍を生みだした根深いキリスト教思想を考えるとそう簡単な話ではないし、多くの先人達が明治以来、直面した課題でもあった。一神教のキリスト教文化圏にあって、宗教的な思惟や論理、そしてその観念性や感性は、日本人のまことに素朴なアニミズム的な信仰心や仏教とは大きな隔たりがあると言わざるをえない。

その上、フランス人研究者でもためらいそうな、どこか妖しげな十九世紀前半のカルト的思想を飯島さんが丹念に調べられているのに正直驚き、そのことで強い興味を感じたのだった。

このなかでも、とくに問題となっているのは「偉大な反動主義者」で『サンクト・ペテルブルグ夜話―神の摂理による教皇統治に関する鼎談』の作者ジョゼフ・ド・メーストルのことである。メーストルはウルトラモンタン（元来は「山向こう」の意味）と言われるローマ・カトリック教皇絶対主義者だった。そして、フランス革命軍によって故国サヴォア公国を追われるという経験もあるだろうが、『社会契約論』を書いたルソーを「危険なソフィスト」と痛烈に批判するほどの、現代の常識からみれば「反動的な」思想家である。そして、この本『夜話』は公国大使としてペテルブルグへ亡命するように赴任した作者が、ネヴァ川で舟下りをしながら善悪の問題や統治形態などを三人の客が鼎談というかたちで披瀝したものだ。しかし、正直に言えば、メーストルのギリシャ／ローマの古典を自在に原語で引用するいささか衒学的な文章や、善も悪もすべて神（プロヴィダンス）の配慮であるといった因果応報的な論理を現代の私たちがすんなり呑み込むのはなかなか難しいと言わざるをえない。

ただ、飯島さんがもたれた「どうしてバルザックやボードレールのような真の文学者は、しばしば民主主義的であるよりは、メーストルのような言わば偉大な反動主義者や、（中略）スウェーデンボルグやサン＝マルタンのような神秘主義の人の影響を色濃く受けているのかを謎だと思って来た」という問いに対して私家版のなかではっきりと答えをだされているわけではない。また「真の文学者」というものをどう見るかも聞いてみたいところだ。ただ、飯島さんが「戦後民主主義の誕生を六十年前……云々」という言葉を残していることは、何らかの比較ないし参考として西欧の遠く異なった時代と歴史を見ていたのではないかと思う。

憶測としていうかたちでしか言えないのだが、そうした「真の」文学者たちは日々の暮しの充足だけではなく、「人はパンのみによらず」で、人間精神のもつ生来の傾向としてより美なるもの、より善なるもの、より尊きものを希求していた、あるいは希求したいと思っていたと想像できる。あえて西洋的な発想で言えば、そうした心の動きは形而上的な意味や超越ということではないだろうか？「パンとサーカス」の世俗化した社会では精神、いや魂は飢えるのではないか？大革命から十九世紀前半の四八年の労働者革命にいたる動乱の時代に、カトリックの権威はもはや心ある人々をつなぎ止めるだけの清新な魅力をもった信仰ではなくなりつつあった。また他方で、擡頭するブルジョワジーという新参者に対しても、衆愚政治の危険をつねにはらむ民主主義や平等感に対しても、疑念をもつ一群の精神もあったということだ。たとえばメーストルは個人という存在を認めず、最終的には政体とは書かれたものではなく真意によるものであり、最後は神政政治にまでたどり着くという極端な例ではあるが……。

つまり旧体制の崩壊とともに精神世界にもまた一種の空白の状態が生まれ、それを埋めるようにファーブル・ドリヴェのようなテオゾフと呼ばれた人たちが新しい祭壇を建てようと模索したり、さまざまな空想社会主義もふくめた発想が飛びだして来たある意味では興味深い時代だったのだ。

以上のような昔日のフランス十九世紀の時代状況を、二十一世紀の日本の状況と重ねあわすことはかなり我田引水的な比較かもしれないが、おそらく飯島さんは戦後日本の姿や民主主義の経緯を見られてきて、そこになし崩し的に壊れて行く魂を察知されていたのではないだろうか。詩集『アメリカ』に「二十一世紀の　こんなむなしく　クソったれで出鱈目な／気分のうちに　沈みかけ／胸のわるくなる日々を過ごす」というフレーズもある。

残念ながら、一昨年に亡くなられた飯島さんからこの難問の答えを聞き出すことはできないが、心のどこかに日本の現状について深い憂慮とオーヴァーラップしている部分もあると私は推測している。そんなわけで、この話のつづきはできるならば、向こうの浄土で飯島さんから直接聞いてみたいと思う。

最後に生前のお付き合いを深く感謝し、心より御冥福を祈念いたします。

あとがき

いつから詩論や詩人について文章を書くようになったのだろうか？　思い出すかぎり高校時代に書いた旅と芭蕉を重ねた幼い文であったと思う。最初に近代詩人について同人雑誌に書いたのは吉田一穂論だった。いわゆる戦後の現代詩／詩人については奥手で、むしろ西欧の詩人たちを多く読んだ。コピー機のない時代、エリオットの『荒地』原本を友人から借りて、人気ない図書館で全文筆写した。

日本の近／現代詩を通史的によむ機会を与えてくれたのは、慶應義塾大学の久保田万太郎講座と早稲田大学の文芸学科での近代詩史の講座だった。得難い機会だったといまでも感謝している。

そうこうするうちにこのエッセー集にまとめたような詩人に関する文章を詩の雑誌に書くようになった。ただ、それは評論というほどのものではなく、あくまで詩作品や詩人を理解しようとする私的な読書ノートとして綴ったものだったので、まとめて本にする気はなかった。その結果、散文による本は、今までに二冊の紀行文しかなく、これが初めての詩論や詩人論である。すでに齢七十半ばをこえ、みごとに時代とすれ違ったという感慨を持たざるを得ないが、昨夏、突然、生死の境をさまよったのをきっかけに若書きを推敲し、原型を壊さないていどに改稿し、纏めておこうと思いたった。
それだけではない。詩が詩としての言葉の基本的なあり方や、詩の領域にあったはずの風雅をとりもどすことはできないものかと思った。今でも心に響くのは与謝蕪村の「北寿老仙を悼む」の日本語の調べである。一篇の詩を読んで、生死の不条理をこえる、そんな境地をたずねて詩人たちの門をたたいたのがこの文集である。

二〇一五年四月

穂高有明山山麓にて　井上　輝夫

初出一覧

※本書収録にあたって改題したものもある。

第一部

北村透谷の『蓬萊曲』のことなど　（『現代詩手帖』第一八巻第四号、一九七五年、思潮社）

漱石『草枕』と美と死をめぐって　（『現代詩手帖』第一九巻第二号、一九七六年、思潮社）

蒲原有明のことに　（『現代詩手帖』第一九巻第一一号、一九七六年、思潮社）

啄木と対話しつつ―詩的故郷について　（『現代詩読本　石川啄木』、一九八三年、思潮社）

第二部

自由への痼癪―西脇順三郎 フランス語未刊詩集『感情的な時計』をめぐって　（『アリーナ』第八号、二〇一〇年、中部大学）

西脇順三郎とボードレール―詩論を中心にして　（『現代詩読本　西脇順三郎』一九七九年、思潮社。『定本西脇順三郎全集別巻』、一九八三年、筑摩書房）

存在と諧謔のポエジーについて―西脇順三郎序章　（『三田評論』一九八〇年八・九月合併号、慶應義塾。『回想の西脇順三郎』、一九八四年、慶應義塾三田文学ライブラリー）

『詩想のローズ（バラ／羅針盤）、西脇順三郎の業績』（「西脇順三郎を偲ぶ会」での講演、二〇一三年六月八日、小千谷。『幻影』第三一号、二〇一四年、西脇順三郎を偲ぶ会）
ボードレールの喜劇／悲劇（『現代詩手帖』第一七巻第九号、一九七四年、思潮社）
ポール・ヴァレリーの影を見ながら―詩集『コロナ／コロニラ』にふれて（「ミッドナイト・プレスWEB」第四号、二〇一二年）

第三部

至福のオリジンへ向かう詩―江森國友の詩業（『現代詩文庫八四　江森國友詩集』一九八五年、思潮社）
断絶と継承と―大岡信の近業を読んで（『現代詩手帖』第二四巻第三号、一九八一年、思潮社。『ユリイカ』第八巻一四号、一九七六年、青土社）
入沢康夫　トラウマと方法（『現代詩手帖』第三七巻第十一号、一九九四年、思潮社）
追悼　飯島耕一さんの思い出（「ミッドナイト・プレスWEB」第一三号、二〇一五年）

著者紹介

井上輝夫（いのうえ　てるお）

詩人、フランス文学者、慶應義塾大学名誉教授、中部大学名誉教授。専門はフランス文学。1940年兵庫県西宮市生まれ、1963年慶應義塾大学文学部仏文学科卒業、ニース大学仏政府給費留学生（博士号取得）。慶應義塾大学在学中、吉増剛造氏らと同人詩誌「ドラムカン」創刊。慶應義塾大学経済学部教授を経て慶應義塾大学湘南藤沢キャンパスの新設に参画、1990年総合政策学部教授。慶應義塾ニューヨーク学院（高等部）学院長、慶應義塾評議員等を歴任。慶應義塾退職後、中部大学教授、人文学部長をつとめた。『詩想の泉をもとめて』（慶應義塾大学出版会）で日本詩人クラブ詩界賞。2015年8月25日逝去。

主な著書

随筆　『詩想の泉をもとめて』（慶應義塾大学出版会）、

詩集　『旅の薔薇窓』（書肆山田）、『夢と抒情と』（思潮社）、『秋に捧げる十五の盃』（書肆山田）、『冬　ふみわけて』（ミッドナイト・プレス）、『青い水の哀歌』（ミッドナイト・プレス）

紀行　『聖シメオンの木菟』（国書刊行会）

評論　『ボードレールにおける陶酔の詩学』（フランス図書）

翻訳　コクトー『鎮魂歌』（白水社）、マルセル・A・リュフ『流謫者ボードレール――生涯と作品』（青銅社）、イグナシオ・ラモネ『21世紀の戦争』（以文社）、ヴィリエ・ド・リラダン『最後の宴の客』（国書刊行会）ガラン版『千夜一夜物語』（国書刊行会）、など。

井上輝夫詩論集
詩心をつなぐ

2016年2月25日　初版第1刷発行

著　者――――井上輝夫
発行者――――古屋正博
発行所――――慶應義塾大学出版会株式会社
〒108-8346　東京都港区三田2-19-30
TEL〔編集部〕03-3451-0931
〔営業部〕03-3451-3584〈ご注文〉
〔　〃　〕03-3451-6926
FAX〔営業部〕03-3451-3122
振替　00190-8-155497
http://www.keio-up.co.jp/
装　画――――宇佐美圭司
装　丁――――巖谷純介
印刷・製本――中央精版印刷株式会社
カバー印刷――株式会社太平印刷社

©2016 Maya Inoue
Printed in Japan ISBN978-4-7664-2302-0

慶應義塾大学出版会

詩想の泉をもとめて

ケンブリッジ、ニューヨーク、福江島まで

井上輝夫 著

詩人・井上輝夫の旅にまつわる詩とエッセイ。路傍の木陰にひと息つく古の旅人のように、来しかたを振りかえりながら、詩について、また詩をとおして思いを綴った旅のエッセイ。第12回日本詩人クラブ詩界賞受賞。

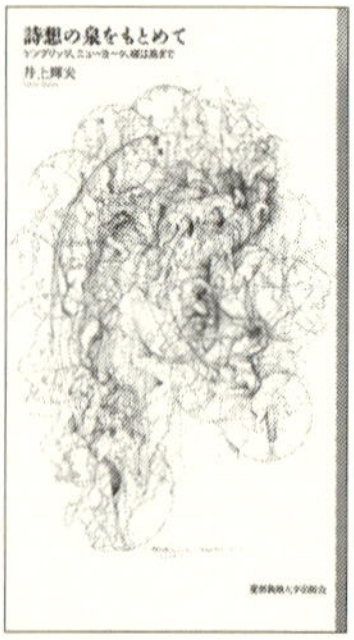

菊判変型／並製／224頁
ISBN 978-4-7664-1802-6
◎2,600円　2011年5月刊行

◆主要目次◆

一章　ケンブリッジ、冬の旅から

二章　山里からニューヨークへ

三章　詩想の泉をもとめて

終章　渚にゆきかう

あとがき

表示価格は刊行時の本体価格（税別）です。